■ブッシュ大統領夫妻、
上下両院議長らとともに、
米議会より贈られた
「議会ゴールドメダル」を手にする
ダライ・ラマ
（撮影 Don Farber）

アメリカ仏教

仏教も変わる、アメリカも変わる

ケネス・タナカ
Kenneth K. Tanaka

武蔵野大学出版会

東京大学印度哲学科大学院留学時代の恩師、

平川　彰先生
早島鏡正先生
高崎直道先生
前田專學先生

に本書を捧げます。

［目次］

アメリカ仏教

——仏教も変わる、アメリカも変わる

［序章］

伸びるアメリカ仏教

■釈尊の誕生日を祝う
花祭りの儀式として、
お釈迦様の誕生像に甘茶をかける若者。
(撮影 Don Farber)

三百万以上の仏教人口

仏教の各宗派が、世界で最も多く集まっている都市は、どこか？　それは、バンコクでも京都でもなく、なんと、ロサンゼルスなのである。このアメリカ第二の都市には、現在、東南アジア、チベット、中国、ベトナム、韓国、台湾、日本等から伝わった八十を超える宗派が集い、共存しているのである。

この現象は、仏教（Buddhism）がアメリカ合衆国で伸びていることの一端を示すものである。今から二千五百年ほど昔に東洋で発生した宗教が、今日あらゆる面で世界をリードしている西洋の超大国で、多くの人の関心を惹いていることは、非常に興味深い現象であると言わざるを得ない。

仏教は、キリスト教、イスラム教と並んで世界三大宗教の一つである。世界の仏教徒は約五億人と言われている。その大半は東南アジア、中央アジア、そして日本を含む東アジアに存在するが、近年、アメリカをはじめとする欧米諸国においても仏教人口は着実な伸びを見せている。現在、アメリカの仏教徒の人口は約三百万人であり、ヨーロッパでは約百万人である[1]。

「アメリカで仏教が伸びている」と聞くと、多くの日本人は、「なぜ？　アメリカはキリスト教の国だったのではないのか？」と不思議に思うであろう。もちろん、アメリカ人の多くはキリスト教徒であり、今後もキリスト教が宗教の主流を保っていくことは確実であろう。しかし、一九六〇年代頃から急速な伸びを示した現在の仏教は、以前と違って「アメリカの宗教」として受け入られるようになってきた。

三百万人のアメリカ仏教徒は、アメリカ合衆国の人口の約一パーセントに当たる。これに、正式な仏教徒ではないものの仏教に何らかの影響を受けている人たちを含めれば、この数字は、数倍にまで跳ね上がるだろう。最近の調査によれば、「仏教に何らかの重要な影響を受けた」というアメリカ人は、約二千五百万人という驚くほどの数となっている。[2]

この仏教の伸びを、アメリカのマスコミは、一九九四年頃から真剣に取り上げ始めた。この年、*Wall Street Journal, USA Today, Newsweek, New York Magazine* や *Christianity Today* というそうそうたる雑誌や新聞が、競い合うように仏教を取り上げたのである。

中でも *Newsweek* は、様々な分野で活躍する仏教徒を紹介した。まず、ニューヨーク州にある禅寺院のジョン・ダイドウ・ローリ（John Daidō Loori）師をはじめとする著名な仏教指導者たちを数人紹介し、続いて、様々な分野で活躍する仏教徒または仏教同調者を取り上げた。その中には、映画俳優のリチャード・ギア（Richard Gere）、ロータスＩＴ開発産業のミッチェル・ケイパー（Mitchell Kapor）、ＮＢＡバスケットボールの監督として十回も優勝を成し遂げてきたフィル・ジャクソン（Phil Jackson）、そして、「菩薩の誓願」という曲で仏道を賞賛したラップグループのビースティー・ボーイス（Beastie Boys）らが含まれている。

また、テレビやラジオでも報道された。その中で、私自身が関わったのは、National Public Radio（日本のＮＨＫに匹敵する公共放送局）の Talk of the Nation（国の談話）という全米ラジオ番組であった。この一時間の番組に私と共に出演したのは、ニューヨークで発行されている *Tricycle* という仏教雑誌の編集長、ヘレン・トーカーフ（Helen Tworkov）であった。我々二人は、アメリカ仏教についての解説を行った後、全米から寄せられた多くの電話質問に答え、活発に議論をした。私はこの経験を通して、仏教がアメリカで広範に普及して来ていることを知ると同時に、質問者の仏教への理解度の高さを切実に感じたのである。

ローマ法王の警戒心

一方、欧米での仏教の発展は、キリスト教会にある種の警戒心を引き起こしている。その代表的なものは、ローマ法王ヨハネ・パウロ二世の著書*Crossing the Threshold of Hope*（希望の敷居をまたいで）であろう。[3] この著書の中で法王は、「（仏教の）涅槃とは社会に対する完全な無関心に他ならない」、「釈尊の体験した悟りとは、この世は悪であり、それ（この世）が人間の悪や苦しみの源であると考えることである」などと、従来の西洋の偏見に基づく誤った仏教理解を披瀝している。また、ダライ・ラマ師に対し「こそこそ西洋を駆け回って仏教への興味をかきたてている」と批判的である。[4]

このような発言は世界中の多くの仏教徒の反発を招いた。それに対し、カトリック教会は、各地で宗教対話の場を設けて、法王発言の釈明に努めた。また、仏教徒の反発が最も激しかったスリランカには、説明と和解のために法王ご自身が訪問された。このような宗教間の問題を引き起こす軽率な仏教批判を、法王があえて自著の中で行ったのはなぜであろうか？　その理由の一つに、宗派内外に対する仏教人気牽制の狙いがある。カトリック神父の間で座禅を取り入れる人が増えているといった現象に対する、教会側の警戒心がきっかけとなったと思われる。

劇的な変化

この著しい仏教の伸びは、アメリカのカリフォルニア州で育った私も肌で感じたのである。一九六〇年代の前半は、私の中学、高校時代であった。当時アメリカでは、仏教についてほとんど何も知られておらず、一般の人の仏教認識は「おへそを眺めながら瞑想をするアジアのカルト」程度に過ぎなかった。そのような環境に育った私は、「あなたの宗教は何ですか?」と聞かれた時に、「私は仏教徒である」(I am a Buddhist.)とは言えなかった。その代わりに「私は町の仏教会に行っています」(I go to a Buddhist church in town.)と答えていた。二つの表現の微妙な差異が、私の仏教徒としての引け目を巧みにカバーしてくれたのである。

しかし、それからわずか十数年後の七〇年代の後半になると、この状況は一変していた。特に知識人の間では仏教への関心が高まり、仏教講演会への来場者数は増加した。例えば、ダライ・ラマ師の講演会には、アメリカ各地で何千人という聴衆が集まるようになった。そして、一般社会でも、仏教に好意的な人が多くなった。こうした時勢に育った私の三人の子供たちは、私と違って仏教徒であることに引け目はなく、堂々と"I am a Buddhist."と言えるように育ったのである。

このように現在までのところ、仏教は確実に伸びてきたが、その将来は必ずしも明らかではない。ただ、私見としては、「アメリカの一宗教」として定着しつつある仏教が将来衰退するとは考えられない。また、仮に今まで以上の著しい発展がないとしても、アメリカ社会への仏教徒の影響力は今後も拡大し、現在の人口の約一パーセントの比重以上のものとなっていくと思われる。これは、同じく人口の一パーセントを占める日本のキリスト教徒が、著書や行動を通して影響を及ぼし、日本社会に対して一パーセントの比重以上の貢献をしていることからの類推である。

目的と姿勢

さて本書は、日本の読者を対象とし、特定の国由来の仏教や特定の宗派に限らず、アメリカ仏教全体を総合的に解説することを目的とする。その際、日本やアジアの仏教との違いを念頭において、アメリカ仏教の特徴を明らかにし、また、その背景にある要素や原因も考えていくことにする。

本書は入門書であるので、特定の課題についてさらに詳しい解説を求める読者は、巻末に「参考文献」として掲載する日本語の学術論文や専門書を参照していただきたい。また、アメリカでの研究も一九九〇年以降急速に発展して、この分野の英語の書物も年々増えている。併せて「参考文献」で紹介する。

すでに述べたように私は仏教徒である。一九六一年、十二歳の時、アメリカで仏教に出会い、北カリフォルニアの浄土真宗のお寺に通い、スタンフォード大学三年の時、仏教学者または僧侶になることを志した。その後、五十才まで学者兼僧侶としてアメリカ仏教の一員として活動してきた。また、仏教連合会を通して仏教各宗派の人々と接することができた。したがって、私は「アメリカ仏教」の当事者であり、また、「アメリカ仏教」は私の人生の重要な一部なのである。

読者の中には、信仰と宗教活動において当事者である者が「アメリカ仏教」を客観的にとらえられるのかという疑問を持つ方もいるであろう。私自身は、それは可能であると思っている。現に私はこれまでに英語のアメリカ仏教研究書を著しており、それらはアメリカで刊行されている。このたび日本語で本書を著すに当たり、単に客観的な論述や狭い意味での学術研究書にとどまらず、私のアメリカ仏教の体験も交えながら、客観性も持つ一般向きの本を目指すことにした。

また、この十年間日本に住んで仕事をしてきたことで、日本仏教の現状も幾分か理解できたと思う。それによって、アメリカ仏教を日本仏教と比較する視点も得られ、それも本書にも導入するように努めてきた。このような比較的視点からも、日本の読者がこの本に興味を示してくれることを期待する。

アメリカ仏教に関する日本語単行本は、非常に少ないのが現状である。この分野の一部を扱ったものや、英語を翻訳したものはいくつか存在するが、アメリカ仏教全体を対象とする日本語の本は、私が知る限り、本書がはじめてである。[5]最近は、「グローバル仏教」とでも呼べる新しい研究分野が台頭しており、筆者としては本書がアジアはもとより、欧米における仏教の研究にも多少なりとも貢献できることを期待している。

日本仏教との関わり——アメリカへの影響、アメリカからの影響

実は、現在のアメリカ仏教の伸びは十九世紀の半ばに起源があり、それ以来、アメリカ仏教は、日本仏教と密接な関係を持って来た。日本仏教のアメリカへの影響は本書でも詳しく述べるが、実は、逆の影響もささやかではあるが、存在したのである。

例えば、芥川龍之介の「蜘蛛の糸」という作品の基となった有名な仏教説話は、実はアメリカ仏教に多大な貢献をしたポール・ケーラス（Paul Carus）の作に基づくものである。この事実は、近年判明し

たものであり、日本ではほとんど知られていないのである。[6] この事を知って、驚く日本の読者は決して少なくないであろう。

この他、現在日本で使用されている仏教旗は、ヘンリー・オルコット（Henry Olcott）というアメリカ人仏教徒がその制定に携わったものでもある。さらに、オルコットが一八八九年に日本を訪問した際、二十万人もの人びとが彼の公開講演に出席し、日本の仏教徒を大いに刺激することになった。仏教青年会もこれを背景にして組織されるようになったのである。[7]

また、十九世紀後半に日本で活躍したアメリカ人の中には、仏教に惹かれ仏教に造詣が深い人々がいた。その中には、ラフカディオ・ハーン（小泉八雲、Lafcadio Hearn）、アーネスト・フェノロサ（Ernest Fenollosa）、およびウィリアム・ビゲロー（William Bigelow）もいる。一説では、ハーンの来日の動機のひとつは仏教への強い関心であったと言われている。[8] また、フェノロサとビゲローが日本で仏教徒になり、仏教美術の保存と振興に大いに貢献したことは、よく知られていることである。

■ Endnotes

1 Martin Baumann, "Buddhism in Europe," in Charles S. Prebish and Martin Baumann eds., *Westward Dharma: Buddhism beyond Asia* (Univ. of California Press, 2002), p. 95.

2 Robert Wuthnow and Wendy Cage, "Buddhists and Buddhism in the United States: The Scope of Influence," *Journal of the Scientific Study of Religion* Vol. 43, No.3 (September, 2004): 363–380.

3 日本語訳としては、曾野綾子、三浦朱門訳『希望の扉を開く』同朋舎出版、一九九六年がある。

4 Pope John Paul II, *Crossing the Threshold of Hope* (Alfred A. Knopf, 1994), pp. 85–86.

5 多田稔氏の『仏教東漸』（一九九〇年）は、日系仏教、特に禅を主に扱った二十年前に出版されたものである。安守屋友江氏の『アメリカ仏教の誕生』（二〇〇一年）も日系仏教（戦前のハワイ）をテーマとしたものである。

藤治氏の『心理療法としての仏教』（二〇〇三年）では、同書の一部にアメリカ仏教における心理学・心理療法の受容についての解説がなされている。川添泰信氏等編集『犀の角―世界に拓く真宗伝道―』（二〇〇五年）は、浄土真宗関係の指導者十名のインタビューを通してアメリカにおける伝道を考察したものである。佐藤哲朗氏の『大アジア思想活劇』（二〇〇六年）には、オルコットや万国宗教大会など、アメリカ仏教に関する人物や出来事の詳細な解説が含まれている。五木寛之氏の『21世紀　仏教への旅　日本・アメリカ編』（二〇〇七年）は、旅行者としてアメリカ仏教の発展の一部をインタビューを通して巧みに描いている。

次に、翻訳書であるハモンド・フィリップ、デヴィッド・マハチェク著、栗原淑江訳『アメリカの創価学会―適応と転換をめぐる社会学的考察』（二〇〇〇年）は、一つの教団に焦点を当てたものである。この他に翻訳としては、ダイアナ・L・エック著、池田智訳『宗教に分裂するアメリカ―キリスト教国家から多宗教共生国家へ』（二〇〇五年）とP・ヌームリック著、阿部貴子訳「アメリカ仏教徒、ヒンドゥー教徒、シーク教徒」（二〇〇八年『世界の宗教教科書』）がある。両書のテーマの幅は広く、本書と幾分重なる箇所もあり、アジア系アメリカ人の仏教に関しては本書よりも詳しく論じている。しかし、アメリカ仏教は各書の一部に過ぎない。

6　第三章の注22を参照して頂きたい。

7　オルコットの仏旗への関わりや来日については、第三章の注9、10を参照して頂きたい。

8　第三章注13、14を参照して頂きたい。

［第一章］

現状

仏教人口と種類

■アメリカ仏教に貢献したアジアからの初代指導者。右から、前角博雄師（日本）、星雲師（台湾）、ダライ・ラマ師（チベット）、マン・ギアク師（ベトナム）、ラトナサーラ師（スリランカ）（撮影 Don Farber）

一　仏教人口

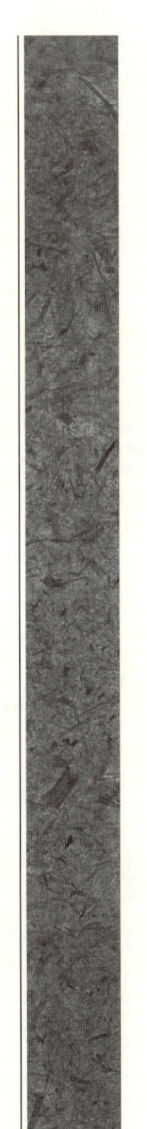

仏教の伸びぐあいを裏付ける最も有力な根拠は、仏教人口の増加であろう。ここでいう「仏教人口」とは、何らかの形で仏教に関わっている人々の数を指す。ただし、この人々の仏教への「関わり方」はさまざまである。仏教徒を含みながら、仏教徒よりも広い層を指すのが「仏教人口」である。

仏教人口には、三種類のグループが含まれる。その三つとは、一、仏教徒（Buddhists）、二、仏教同調者（sympathizers）、三、仏教に影響されている者（those influenced by Buddhism）である。

一　仏教徒

本書では、「仏教徒」の定義として自己認識（self-identity）と参加（participation）という基準を採用することにする。すなわち、自分が「仏教徒」であるという意識を持ちながら、仏教的な行為を行なう人を、「仏教徒」と定義する。「仏教的な行為」は、寺院やセンターという仏教組織の施設で行われる場合もあるが、プライベートな環境の中で行われる場合もある。「仏教徒」は、必ずしも仏教組織の会員である必要はない。
二〇〇二年時点で、多くの専門家が「二十一世紀初頭におけるアメリカの仏教徒数は二〇〇万〜四〇〇万人」と推定していた。[1] 私は、その中間の三〇〇万人が妥当であると見ることにした。[2] その根拠となったのが、二〇〇七年五月〜八月の間に行われた信頼性の高いピュー・フォーラムの全国調査である。その調査によると、成人(十八才以上)回答者の一パーセントが「仏教徒である」と答えたのである。[3] 当時のアメリカの成人人口二億二七〇〇万人の一パーセントと計算すれば、成人仏教徒は約二二七万人となることになる。[4] そして、未成年仏教徒及びこの調査が数えきれなかった成人仏教徒を七三万人ほどと見れば、私が妥当と見る約三〇〇万人という数となる。[5]
この三〇〇万人という数は、目覚ましい伸び率の結果なのである。ある統計によれば、一九七〇年代半ばの仏教徒はわずか二〇万人であったが、一九九〇年代の半ばには、一八八万人に達し、その伸び率は約十倍であった。そして、その後の約十年間で、さらに五〇パーセント増と伸び続けた。したがって、一九七〇年代の半ばから現在までの三十年で、十五倍に伸びたことになるのである。[6]
とはいえ、仏教徒の絶対数はまだ少なく、全米人口の一パーセントを占めるに過ぎず、キリスト教徒と比べればマイナーである。しかし、伸び率に注目して比較するならば、キリスト教徒の伸び率を遥かに上回っている。キリスト教徒は、一九七〇年代の半ばには、全米人口の約九一パーセントだったが、二〇〇七年には七九・五パーセントと減少している。そしてキリスト教徒は、二〇〇八年の別の調査では、さらに低い七六パーセント迄減っている。[7] この同じ期間に、仏教徒は、〇・一パーセントから一パーセントへと十倍も上昇している。[8]
また全米の諸宗教の中では、二〇〇七年の段階では仏教は、第二位のユダヤ教を追ってイスラム教と第三位を争っている状況にあった。ユダヤ教徒は約二パーセントで、イスラム教徒は約一パーセントとなっていた。[9] しかし、二〇〇九年のイスラム教徒専用の調査では、〇・八パーセントという結果が出て、実際の所、仏教徒の数を下回っていることが判明した。[10] ということは、仏教徒は現段階では単独で第三位にあるのである。また東洋の諸宗教の中では、仏教徒は、ヒンドゥー教、バハイ教、シーク教、神道等と比べて最も数が多いのである。[11] また、改宗者の数だけを比べても、仏教は、ユダヤ教および他の東洋宗教を上回っていて、アメリカでの仏教の魅力がうかがわれる。

二　仏教同調者――ナイトスタンド・ブディスト

仏教人口の第二のグループは、「同調者」(sympathizers) である。彼らには、三つの特徴がある。それは、一、仏教的な行為を行うにもかかわらず、二、特定の仏教寺院やセンターとは深い関係を持たず、三、自分が「仏教徒」であると断定していないことである。従って、仏教徒と明らかに異なる点は、仏教に同調はするが、仏教徒という自己認識を持っていないのである。

アメリカ宗教を専門とするトマス・トゥイード (Thomas Tweed) 教授は、このような仏教への同調者を「ナイトスタンド・ブディスト」(nightstand Buddhists 夜の電気スタンド仏教徒) とユーモラスに呼んでいる。教授によると、彼らは仏教書をよく読み、たまには近くの大学での仏教講演を聴き、そして、インターネットのオンライン仏教ディスカッションに参加することもある。また家には、仏像や絵のような仏教的美術工芸品等を持っている場合が多い。そして、夜になるとメディテーションの本を読み終わった後、本をナイト・スタンドに置き床に就き、翌朝には早朝から、前の晩読んだ通りにメデイテーションを行うことがよくある。そういう点で、教授は「ナイトスタンド・ブディスト」と呼んだそうである。[12]

このように見ると、日本の一般の「仏教徒」と同じか、それ以上に仏教的な行動を取っているにもかかわらず、彼らは、特定の仏教団体とは深い関係を持たない。一年に二、三度ぐらいは、自分の勉強やプラクティス（行）のために、非会員にも好意的なセンターが主催する行事に参加するかもしれないが、そのセンターに対する所属意識はそれほど深いものではないようである。彼らは、後に（第四章）で述べる宗教の「個人化」現象を代表すると言えるのである。

また、彼らは、前述のように仏教には強い興味を持ってはいるが、他の宗教にも興味を持ち、そちらの行事にも参加することもよくある。彼らには、一つの宗教だけに所属することをいやがる傾向が非常に強いのである。そして、このように自分を特定の宗教に限定することを拒む人々こそ、他宗教に対して寛容である仏教に惹かれるのである。

さらにまた、このナイトスタンド・ブディストたちの中には、キリスト教徒やユダヤ教徒も含まれている。彼らには、自分の宗教では強調されないメディテーションを仏教に求め、それによって自分たちのスピリチュアリティを深めているという場合がよくある。後に（第四章）にも言及するが、この種の同調者には、ユダヤ教徒やカトリック神父たちが特に多いのである。そして、前者には、JUBUs（ジューブース、Jewish-Buddhists）、すなわち「ユダヤ教・仏教徒」と言うあだ名さえ付いている。

以上が示すように、仏教同調者（ナイトスタンド・ブディスト）は多様であり、一言で定義づけることが困難である。また、学術的統計も存在しないので、彼らの数を明記することは難しい。[13] しかし、推定が許されるのであれば、私は、仏教徒よりやや少ない約二五〇万人[14]という数を提唱することは可能であると考える。

三　仏教に影響されている人びと

次は、「仏教に影響されている人びと」(those influenced by Buddhism) という仏教人口の第三種である。[15]専門家たちは長年、このグループがかなり増えているのではないかと漠然と推測していたが、数年前、それについて信頼できる研究成果が発表された。アメリカ宗教の専門家として著名なロバート・ウースノー (Robert Wuthnow) 教授が中心となり、仏教の影響力を調べる全国調査を、二〇〇二年九月から二〇〇三年三月の間に行ったのである。

その調査結果は、多くの専門家をも驚かせた。私もその一人であった。それによると、回答者の一二パーセントが、仏教から自分の宗教またはスピリチュアリティの考え方に関して重要な影響 (important influence) を受けたと答えた。この数値は、アメリカで仏教の伸びが始まる四十数年前と比べて、仏教の影響力が拡大していることを数字のうえでも裏付けた。当時は、仏教徒が人口の〇・一パーセントにも達せず、また、本書の序章で述べたようにほとんどのアメリカ人が仏教に対して無知であった。しかし、この度の調査から明らかになった一二パーセントをアメリカの人口に当てはめれば、なんと約二五〇〇万人が仏教から「重要な影響」を受けたということになる。[16]

また、この調査によれば、「仏教徒と個人的なコンタクトがあるか？」という質問に対して、一四パーセントの回答者が「非常にある」(三パーセント) または「かなりある」(一一パーセント) と答えた。そして、「仏教の基本的な教えはどのくらい知っているか？」に対しては、三〇パーセントが「かなり良く知っている」（五パーセント）または「知っている」（二五パーセント）と答えた。これらの回答も、仏教徒の存在感と仏教の知識が高まっていることを裏付けている。

そして、仏教に対する印象は大体好意的である。回答者の中には、仏教を「暴力的（violent）」や「狂信的（fanatical）」というネガティブな単語で見る者が、それぞれ一二パーセントと二三パーセントいたものの、大多数はポジティブに見ている。例えば、五六パーセントが「寛容（tolerant）」という言葉を、そして六三パーセントが「平和的（peace-loving）」という言葉を、仏教から連想している。そして、「アメリカでより強力な仏教徒の存在を歓迎しますか？」という問いに対して、三二パーセントは否定的であったが、五九パーセントは肯定的であった。[17]

以上のように、仏教人口の第三種のグループ「仏教に影響されている者」（二五〇〇万人）は、数から見れば、第一種の「仏教徒」（三〇〇万人）や第二種の「仏教同調者―ナイトスタンド・ブディスト」（二五〇万人）の数を遥かに上回っており、アメリカ仏教人口の重要な要素となっているのである。また、仏教の存在感と影響力が全国にかなりの規模として拡大していることも物語っている。

しかし、アメリカ仏教の発展への貢献度からすれば、勿論、第一種の仏教徒には及ばないであろう。従って、次には仏教徒へ焦点を当てることにしよう。

二 仏教徒の種類

アメリカにはアジア諸国からの全ての主な仏教団体が渡っている。その多くは、同じコミュニティーに共存していて、例えば、ロサンゼルス市には、八十以上の種類の仏教があることは既に述べたことである。そして、この多くは南カリフォルニア仏教連合会（The Buddhist Council of Southern California）に加盟していて相互に様々な交流がある。また、ある同じ町にタイ、韓国、日本の仏教がそれぞれの寺院を構えている。これは、アジアでは考えられなかった光景である。例えば、日本ではチベット仏教徒にはなかなか会えない。まして、同じ町に住み、実際に生活することもない。しかし、アメリカの仏教徒が多い地域では、それが実現しているのである。

では、どのような種類の仏教徒がいるのかという質問には、日本であったら、「宗派」という枠で区別をするであろう。具体的には、天台宗と真言宗、そして浄土宗、浄土真宗、臨済宗、曹洞宗、日蓮宗、それから創価学会、立正佼正会、霊友会というような宗派に分けて考えられるのが普通である。しかし、アメリカでは日本仏教は仏教の一部に過ぎず、日本流の宗派による分類は通用しない。そのため、アメリカの仏教徒を分類するには別な分類方法が必要となる。その分類方法について、以下の三つの説がある。

一　プレビシュ説——二種類

まずは、チャールズ・プレビシュ（Charles Prebish）教授による移民（immigrant）と改宗者（convert）に分ける説である。[18] 移民というと、アジア諸国からの移住者が自分の宗教として携えて来た仏教を指すのである。主なグループは中国、日本、台湾、チベット、韓国、ベトナム、そして東南アジアのタイ、ラオス、カンボジア、スリランカである。一方、改宗者とは、親が仏教徒ではなく、自分の意志で仏教徒となった人たちである。そして、彼らのほとんどが、キリスト教やユダヤ教の家で育ったヨーロッパ系（白人）とアフリカ系（黒人）である。

このプレビシュ説には、二つの基準が働いている。一つは、人種を基準とするものであり、アジア系であるか、白人または黒人であるか、と問うものである。二つ目は、宗教的環境を指すものであり、生まれながらの仏教徒であるか、改宗者であるか、が問われる。従って、プレビシュ説の「移民」というグループのほとんどは、アジア系であり、また生まれながらの仏教徒であるが、「改宗者」の大多数は、白人か黒人であり、自分の意志で仏教徒になった人たちである。

このプレビシュ教授の分類は、両グループの特徴を分かりやすくとらえているが、その一方、改宗者たちが所属する宗派は決して単一ではなく、その欠点を明確にしたのが次の第二の分類である。

二　ナティア説——三種類

それは、ジャン・ナティア（Jan Nattier）教授が提唱し、改宗者を更に二つに分け、仏教徒に三種類を認めたものである。[19] その際、「輸入」（Import）、「輸出」（Export）、荷物（Baggage）の三分類を用いた。この三つは、それぞれ「エリート」（Elite）、「伝道」（Evangelical）と「エスニック」（Ethnic）という名称でも呼ばれる。要するに、「輸入・エリート」型、「輸出・伝道」型、そして「荷物・エスニック」型という種類に分けられる。

「輸入」型とは、すでに仏教に改宗したアメリカ人が、自らが傾倒する仏教を積極的に本場のアジアから呼び込もうとして始まる種類を指す。彼等の多くは、アジアへの旅行や本を読んで初めて仏教に出会う。このようなきっかけから、仏教を求め自宅で勉強会を始めるなり、小さなセンターを設立するなりして、仏教の先生をアジアから呼ぶ、すなわち「輸入する」というわけである。これが成り立つためには、高い教養と資金と時間的余裕が必要である。従って、この種を「エリート」とも呼ぶ。メンバーの多くは大学卒で、中流階級以上の人たちであり、また大半は白人である。そして彼らのほとんどが、チベットの仏教、東南アジアの仏教、および禅を中心とする仏教の、三つの系統に所属している。

次の「輸出」型とは、アジア発で仏教をアメリカに送り込もうとして始まる種類を指すのである。この種に含まれるのは日本から輸出された創価学会のみとする。アメリカでは、Sokagakkai International－USA（ＳＧＩ－ＵＳＡ、創価学会インターナショナル－アメリカ合衆国）と呼ばれている。ＳＧＩの伝道は、一九六〇年に始まり、日本の本部の統一的計画によって進められた。その際、「輸入」系とは違って堅固な組織力のもとで、会員を積極的に増やし、教えを広めようという伝道に専念してきた。それゆえに、この「輸出」型は「伝道」型とも呼ばれるのである。

またSGIは、「輸入・エリート」型と異なって、会員が白人に留まらず、黒人やヒスパニックやアジア系を含む多様な人種や民族から成り立っている。また、中流階級以下も含む幅広い所得層の人々が会員となっている。このように、人種と所得の二つの面でも、同じ改宗者でありながら「輸入・エリート」型と著しく異なっている。

第三の「荷物」型とは、移民としてアジアからアメリカに渡った仏教徒が「所有品」として伝達した種類を指すのである。これは、最初のプレビシュ教授の分類中の「移民」仏教と同様である。この種のグループは、同じ民族の人々によって構成され、彼らの仏教寺院が新しい国における文化や社交の場となるのである。これは、キリスト教が以前ヨーロッパからの多くの移民グループのために果たしてきた役目と同じである。従って、この「荷物」型の寺院は、中国、日本、韓国、台湾、ベトナム、タイ、ラオス、カンボジア、スリランカ等という出身国ごとに分れている場合がほとんどである。同じ民族でまとまっているので、「エスニック」型とも呼ばれる。

ナティア教授によるこの分類は、育ちの環境と人種を基準としたプレビシュ教授の分類と異なって、伝達方法を重視した分類である。すなわち、アジアからどのような方法でアメリカに渡ったかが基準となっている。また、改宗者の種類から、創価学会という特殊性を持つ団体を区分し、種類の範疇を一段と広げたものである。

しかし、この区分には、弱点がある。それは、既にアメリカで百年以上の歴史を持つ中国仏教や日本仏教が、一九六〇年代の後半以降になって伝わり始めた台湾やベトナムからの仏教と一緒にされることである。従って、アメリカで百年以上の歴史を持つ中国系・日系の仏教を別な枠に入れなければならないと、私は考えるのである。

三　タナカ説――四種類

そこで、私は第三の「タナカ説」として四つに分類することにした。それは、一、「旧アジア系仏教徒」、二、「新アジア系仏教徒」、三、「瞑想中心の改宗者」、四、「題目中心の改宗者」である。[20]

最初の種類は、伝来から百年以上にもなる中国や日本からの旧アジア系仏教である。アメリカ国内にできた最初の仏教寺院は、十九世紀の半ばに中国人によって立てられたものである。そして、三十年ほど遅れて日本の仏教がハワイへ伝わり、その後、日系仏教は、百年以上絶えることなく継続していている。多くの日系のお寺では、日本語が分からない三世、四世、五世の時代に入っており、英語のみによる法要や仏教教育が行なわれている。また近年、日系人以外のアメリカ人の数も年々増えている。

これに対して、第二の種類は、一九六〇年代後半以降に主として、台湾、韓国、東南アジアといったアジアの国々から渡来した新しいアジア系仏教徒である。アメリカへ渡ってそれほど年月を経ていない彼らの寺は、第一の種類の寺ほどアメリカへ同化しておらず、参加者は、同じ民族で固まっている。祖国の文化が重視され、母国語が使用されている場合がほとんどである。

次の第三と第四の種類は、ナティア説と基本的に同じであり、改宗者を指すのである。ただ、この説では、伝達方法よりもプラクティス（行）の内容を基準とし、前述のナティア説のエリート型を「瞑想中心」型とし、宣教型を「題目中心」型と名称が変わっている。瞑想型は、以前と同じように、禅、チベット仏教、及び東南アジア仏教に分けられる。そして、「題目中心」型とは、題目を唱えること（chanting）に専念するＳＧＩ－ＵＳＡ（創価学会インターナショナル）の改宗者を指すのである。

ところで、この四種類のそれぞれの仏教人口は、明確になっていない。それは、種類別の信頼できる統計結果が存在しないからである。[21] しかし、強いて現存するいくつかのデータを基にして推定するとすれば、次のような大まかな数字を得ることができると言えよう。まず、「旧アジア系仏教徒」は、約二五万と見なすことにする。[22] そして、「新アジア系仏教徒」は約一三五万と見込めるであろう。[23] 次の「瞑想中心の改宗者」は、約一三〇万人で、[24] 最後の「題目中心の改宗者」は、一〇万人ぐらいであると思われる。[25]

三 主な団体・寺院・センター

仏教人口の増加とともに、団体・寺院・センターの数も急速に増えてきた。一九九八年の仏教センター目録には、メディテーション・センターだけでも、約千のセンターの名前が載っている。この数は、その十年前と比べて、禅系統のセンターは三倍、東南アジアとチベット系統は二倍の伸びである。また、二つ以上の系統を融合した新しい超宗派的なセンターも、数は少ないが十四から百三十五と、約十倍増となっている。[26]

これらのセンターの規模をみると、四一パーセントが、所属メンバーの人数が二十五人以下で、それらの多くは個人宅のリビングルームで集会をもつ「リビングルーム・サンガ」(living room sangha)とも呼ぶべき小規模な集まりである。その反面、数は少ないが、大規模なセンターも存在する。同書に掲載されたセンターのうち、メーリング・リストへの登録者数が千~二千人のセンターが二十三か所、二千~四千人のセンターが八か所、四千~一万人のセンターが四か所ある。最も大きい二つのセンターでは、ニュースレターをなんと二万~三万人へ送っている。このような大センターではメーリング・リストやニュースレターの名簿登録者がすべて会員というわけではないとしても、一般社会に対して大規模な働きかけをしていることがうかがわれる。[27]

ただし、仏教センター目録はアメリカにあるすべての仏教団体・寺院・センターを網羅するものではないことに注意する必要がある。掲載されているセンターは、本書でいう第三種類を中心とするアメリカ仏教の一部であり、本書で言う第一、第二、第四種類は、ほとんど含まれていない。従って、残りの三種類を加えれば、仏教寺院・センターの数は、正確の統計がないものの、一万に近づくであろう。[28]また、第一、第二、第四種類の寺院・センターに所属する会員数は、第三種類のセンターの数十名とは違って、一か所で数百人という場合が多いのである。

では、アメリカ仏教の四分類を枠組みとして、主な団体・寺院・センターを種類別にリストアップすることにする。ただ、ここで断っておかなくてはならないのは、このリストの目的が、一、どの系統の仏教が、二、いつごろ成立し、三、どのような名称で存在しているかという「大まかな全体像」を把握するところにあるので、完璧な寺院名簿なようなものを提供するのではない。[29]そして、どれが「主な」団体・寺院・センターとなるかは、各種類で基準が異なるので、その際、記述することにする。

一　旧アジア系仏教徒

この種の団体・寺院・センターは、中国と日本からの仏教徒が設立したのを指すものだが、両者は異なった展開を遂げた。中国人による最初の寺は、一八五三年にサンフランシスコに商業会社によって建てられた。その後、寺の数は十九世紀末までには次第に増え、アメリカ西部の地域には四百ほどに上ったとも言われているが、ほとんどは、小屋や個人の家に設置され「寺」という程のものではなかった。[30] また、第三章で説明するように、これらのほとんどが継承されることなく、今日まで存続しているものは皆無に近い。その理由の一つには、これらの寺は単独で継続性に欠ける組織によって建立され、またそこには正式な僧侶もいない場合がほとんどであったことがあげられる。

それとは対照的に、日本仏教は宗派の組織に基盤を置く僧侶たちが日本の本山からアメリカに送り込まれた。しかし、僧侶たちの活動は日系コミュニティー内に限られていて、戦前の一般アメリカ人への伝道における成果は微々たるものでしかなかった。それも、第三章で説明するように、太平洋戦争以前の東洋人に対する差別社会の現状を考えるとやむを得なかったことであろう。また、日本政府も両国の宗教に基づく摩擦を恐れ、仏教をアメリカで広めることを避けるような方針を取ったことも関係していると言える。[31]

日本仏教の諸宗派の中では、浄土真宗の門徒が最も多く、少なくとも日系仏教徒の約半数を占めている。[32] 最近の寺院（アメリカでは一般に日本語では「仏教会」と呼ばれる）は、英語しか話せない三世が指導者となる時代になっており、以前のような日本の文化的、社交的な寺の役目が薄らいできている。日系人の門徒の数も減り続け、それに代わり日系人以外のアメリカ人が僧侶や門徒の間で増えている。この傾向は、他宗派でも同様である。

次のグループは、第二次世界大戦が始まった一九四一年以前にアメリカで設立された団体・寺院である。[33]

■宗派・系統	■団体・寺院	■創立年
中国系[34]	Kong Chow Temple[35] サンフランシスコ市	一八五三

浄土宗	Jodo Mission of Hawaii ハワイ	一八八四
浄土真宗本願寺派	Hompa Hongwanji Mission of Hawaii ハワイ	一八八九
真宗大谷派	Higashi Hongwanji Mission of Hawaii ハワイ	一八八九
浄土真宗本願寺派	Buddhist Churches of America 西海岸中心[36]	一八九九
日蓮宗	Nichiren Mission of Hawaii ハワイ	一九〇二[37]
真言宗	Koyasan Shingon Mission Hawaii ハワイ	一九〇二[38]
曹洞宗	Soto Buddhism Hawaii ハワイ	一九〇三
真宗大谷派	Higashi Honganji　Buddhist Temple ロサンゼルス市[39]	一九〇四
真言宗	Los Angeles Koyasan Betsuin ロサンゼルス市	一九一二
日蓮宗	Los Angeles Nichiren Buddhist Temple ロサンゼルス市[40]	一九〇四
曹洞宗	Zenshuji Soto Mission ロサンゼルス市[41]	一九二二
浄土宗	Jodo-shu North America Buddhist Mission カリフォルニア州	一九三六

二　新アジア系仏教徒

一九六五年の移民法改正の結果、その後のアジアからの移民の数が急速に増えた。それに伴って、仏教徒の数も増えた。特に台湾の仏教徒の影響は著しい発展を見せた。また、ベトナム戦争終了後、東南アジアからの多くの移民や難民は仏教徒であった。この新アジア系仏教徒は、旧アジア系仏教徒と比べて、アジアの本国の言葉や文化的要素がより濃厚であり、移民コミュニティーの重要な役割を果たしている。

例えば、カリフォルニア州フリーモント市のタイ寺院では、ある日曜日には次のような光景が見られた。三百人ほどの信者が集まり、数人の黄色い衣を着けた出家僧侶が営む仏教儀式に参加した後は、広い敷地内の木陰にピクニックテーブルなどを広げ、持ち寄りした料理（主にタイ料理）を楽しみながら、語りあっている。その際、聞こえてくるのは、ほとんどがタイ語である。しかし、子供たちは英語しか話さず、時間が来たらお寺が主催するタイ語の勉強のために教室に入って行った。当日の参加者のほとんどはタイ人であり、例外は、結婚相手であろうと思われる十数人の白人や他の人種の人たちである。

ある僧侶の説明では、毎水曜日の夜に行われるメディテーション・セッションには、十五名ほどが参加するが、その大半が白人であり、未だお寺の会員にはなっていないそうである。お寺は、このメディテーション・セッションを伝道の一環、または一般社会への貢献として位置づけている。

他のタイ寺院では、食べ物を通して、地域のコミュニティーと繋がりを強化している。例えば、五十キロ北にあるバークレー市のタイ寺院では、寺院の境内にいくつかのタイ料理の出店を設け、日曜日には安くて美味しい料理を求めて、その地域より千人ほどの人々が毎週集まってくるそうである。

次に記されている団体・寺院・センターは、同じ出身国、または、同じ宗派・系統に所属する寺院が他にもアメリカに多数存在する。しかし、これら同系の寺院・センターは、ほとんどの場合、緩やかな連合体として結ばれていても、日本のような本山と末寺というように強く組織化された団体を構成していない。すなわち、各寺院・センターの独立性が比較的高いと言えよう。その場合、代表的な寺院・センターのみを挙げ、それらの同系寺院・センターについては、注で言及することにする。また、旧アジア系仏教徒の場合と違って設立が近年であることもあって、創立者の名前も明確となっているので、創立者も記述することにした。

■宗派・系統	■主な団体・寺院・センター	■創立者	■創立年
立正佼成会	Rissho Kosei-kai カリフォルニア州中心	Tomoko Ozaki（女性）	一九五九
台湾・中国[42]	Buddhist Association of the United States ニューヨーク州	Chia Shen	一九六四
スリランカ	Washington Buddhist Vihara ワシントンD. C.	Ratnasāara	一九六五
台湾・仏光山[43]	Hsi Lai Temple 南カリフォルニア州	Hsing Yun	一九六七
中国・香港[44]	Dharma Realm Buddhist Association 北カリフォルニア州	Hsuan Hua	一九七〇
真如苑[45]	Shinnyo-en ハワイ、カリフォルニア州中心	（創立者不明）	一九七一
臨済宗系	Daihonzan Chozenji ハワイ	大森曹玄	一九七二
天台宗系[46]	Hawaii Tendai Mission ハワイ	荒了寛	一九七二
韓国	Sambo Sa カリフォルニア州、カーメル市	Kusan	一九七二
タイ国[47]	Wat Thai of Los Angeles ロサンゼルス市	Thepsophol	一九七二
ラオス[48]	Wat Lao Phouthavong[49] バージニア州	（創立者不明）	一九七九
台湾・法鼓	The Ch'an Meditation Center ニューヨーク州	Sheng-yen	一九八〇
ベトナム[50]	Duc Vien Temple カリフォルニア州、サンノゼ市	Dam Luu（尼僧）	一九八〇
カンボジア	Khemara Buddhikaram Cambodian Buddhist Temple[51] カリフォルニア州、ロングビーチ市	Kong Chhean	一九八〇年代初頭[52]

ビルマ　Burmese Buddhist Association イリノイ州　U Kay Thawa　一九八七
台湾・慈済　The Buddhist Compassion Relief[53]　南カリフォルニア州中心　Cheng Yen（尼僧）　一九八九

次の第三種の仏教徒である瞑想中心の改宗者は、禅、チベット、および東南アジア仏教という三つの系統のいずれかに所属する人びとである。その中で、アメリカでは最も古くて人数の面からも影響力が強いのは禅である。

三　瞑想中心の改宗者

■一　禅・Zen系統

禅仏教の「禅」とは、中国では「チャン」、韓国では「ソン」、そしてベトナムでは「ティエン」としてアメリカへ渡っているが、日本の禅が早くて大きな影響を与えたため、一般には日本語の発音である「ゼン、Zen」で知られている。例えば、有名なベトナム僧ティク・ナット・ハン（Thich Nhat Hanh、一九二六年～）も、一般的に「Zen Master」（禅老師）と呼ばれ、また、ある韓国系のグループの名称はKwan Um School of Zenとなっている。

アメリカ禅の特徴は、曹洞宗や臨済宗のいずれの宗派にも所属しない三宝教団の初祖である安谷白雲老師（一八八五～一九七三）の影響が強いことである。[54]この安谷老師に師事したのは、ダイアモンド・サンガ（Diamond Sangha）のロバート・エイトキン（Robert Aitkin）、ローチェスター禅センター（Rochester

Zen Center）のフィリップ・キャプロー（Philip Kapleau）およびロサンゼルス禅センター（Los Angeles Zen Center）の前角博雄である。

また、彼らはたくさんの有力な弟子たちを輩出し、アメリカのカラーを出す禅を展開してきた。その中でも、特にLos Angeles Zen Centerの前角師からは、元Zen Center of New Yorkのバーナード・テツゲン・グラスマン（Bernard Tetsugen Glassman）、Zen Mountain Monasteryのジョン・ダイドウ・ローリー（John Daidō Loori）およびWhite Plum Sanghaのシャーロット・ジョコウ・ベック（Charlotte Jokō Beck）とジャン・チョーゼン・ベーイス（Jan Chōzen Bays）という伝統に拘らない教授・修行法で知られている弟子たちが出ている。

他の主なグループとしては、曹洞宗または臨済宗出身の僧侶によって創立されたものがいくつかある。しかし、この鈴木俊隆、佐々木承周および嶋野榮道という創立者たちも、アメリカでは日本の宗派組織から一定の距離を置いて活動した人たちばかりである。このことを最も良く象徴するサンフランシスコ禅センターの鈴木老師については、後に（第三章）詳しく触れることにするが、アメリカで伝道成果をあげるためには、元の既成組織から一定の距離を置く必要があることを物語っていると言えよう。

日本の禅以外の有力なグループは、ティク・ナット・ハン師のCommunity of Mindful Livingとスーン・サーン師（Seung Sahn）のKwan Um School of Zenである。両者は、アメリカを中心とした国際的な組織に発展していて、そのセンターの数は、前者は二百、後者は百を超えている。ナット・ハン師はベトナムから亡命し、フランスに拠点を構えているが、アメリカの支部を頻繁に訪れている。韓国出身のスーン・サーン師は、日本の禅の影響も受けながらアメリカでは独特の形の禅を広めてきた。

■著名な音楽家・作曲家・詩人・小説家で、仏教僧侶でもあるレオナード・コーヘン師と臨済宗所属の佐々木承周老師が楽しく語るシーン。(撮影 Don Farber)

宗派・系統	その主な団体名	創立者	創立年
三宝教団	Diamond Sangha ハワイ州中心	Robert Aitken	一九五九
曹洞宗[55]	San Francisco Zen Center 北カリフォルニア州中心	鈴木俊隆	一九六二
臨済宗	Rinzai Zen Dojo 南カリフォルニア州、ニューメキシコ州	佐々木承周	一九六二
臨済宗	Zen Studies Society ニューヨーク州	嶋野榮道	一九六四
三宝教団	Rochester Zen Center ニューヨーク州	Philip Kapleau	一九六六
曹洞・臨済・三宝教団	Los Angeles Zen Center[56] 南カリフォルニア州	前角博雄	一九六七
曹洞宗系	Shasta Abbey 北カリフォルニア	Jiyu Kennet（女性）	一九七〇
Los Angeles Zen Center	Zen Center of New York[57] ニューヨーク州	Bernard Tetsugen Glassman	一九七九
Los Angeles Zen Center	White Plum Sangha[58] 全国	前角博雄	一九七九
Los Angeles Zen Center	Zen Mountain Monastery[59] ニューヨーク州	John Daidō Loori	一九八〇年代初頭
韓国系	Buddhist Society for Contemplative Wisdom イリノイス州中心	Samu Sunim	一九八〇年代初頭
韓国系	Kwan Um School of Zen[60] ロードアイランド州中心全国	Seung Sahn	一九八三
ベトナム	Community of Mindful Living 全国	Thich Nhat Hanh	一九八三

Rochester Zen Center	Springwater Center for Meditative Inquiry and Retreats ニューヨーク州	Toni Packer（女性）	一九九〇年代

■二　チベット系統

ゲルク派に所属するダライ・ラマの影響はアメリカでも絶大である。しかし、組織としては、カギュ・ニンマ派のチョギャム・トゥルンパ（Chogyam Trungpa、一九三九～一九八七）師が創立したShambhala Internationalが最も大きく、精力的に種々の活動を展開している。アメリカを中心とした百以上のセンターを持つ他に、二つの全国雑誌を出版したり後述のナローパ（Naropa）という仏教系大学の母体となったりしている。[61]

この団体の場合も、既成宗派の枠を超えることによって成果をあげることができたと思われる。トゥルンパ師は、カギュ派とニンマ派の二つの伝統を背景にし、オックスフォード大学で学び、心理学等という西洋の学問を伝道の場で採用した。また、アメリカに渡ってからも日本の禅の要素や様式を多く取り入れた。例えば、チベット仏教とは対照的に、本堂の様式を華麗なものから簡素なものにし、坐禅は単独ではなく団体で行うようにしたのである。

■宗派・系統	■その主な団体名	■創立者	■創立年
カギュ・ニンマ派	Shambhala International[62] コロラド州中心全国	Chogyam Trungpa	一九七〇
ニンマ派	Nyingma Institute 北カリフォルニア州	Thartang Tulku	一九七三
ゲルク派	Foundation for the Preservation of the Mahayana		

	Tradition オレゴン州中心全国	Lama Thubten Zopa	一九七五
カギュ派	Karma Triyana Dharmachakra ニューヨーク中心全国	Gyalwa Karmapa	一九七九
ニンマ派	Dzogchen Foundation (MA) マサチューセッツ州	Surya Das	一九九六

■三　東南アジア仏教系統

Insight Meditation Society と Spirit Rock Meditation Center は、後に（第三章）も詳しく説明するように、基本的には同じ創立者たちから出発していて、両組織を合わせたものは、東南アジア仏教系の中では圧倒的に強力な存在である。Insight Meditation の創立者は、ジャック・コーンフィールド（Jack Kornfield）、ジョーセフ・ゴールドスタイン（Joseph Goldstein）、シャーロン・サルスバーグ（Sharon Salzberg）、ジャクリン・シュワーヅ（Jacqueline Schwartz）の四人であり、全員がタイ国で修行をした第二次世界大戦後育ちのアメリカ人たちである。Spirit Rock は、十三年後、コーンフィールドが西海岸に始めた拠点である。

そして、彼らがタイで師事した先生たちもテーラヴァーダ派の伝統を越えた改革派であったことも見逃せない興味深い点である。そのようにすでに現代化された仏教こそ、若い世代のアメリカ人指導者たちによってインサイト・メディテーション派（Insight Meditation）としてアメリカの土地で伸びてきたのである。

■ゆったりとしたカリフォルニアの丘に建立された仏教寺院の一部。インサイト・メディテーション派のスピリットロック・センター。（スピリットロック・センター提供）

■宗派・系統	■その主な団体名	■創立者	■創立年
タイ国	Insight Meditation Society[63] マサチューセッツ州中心全国	Sharon Salzberg 等	一九七五
ビルマ	Dhamma Dena アリゾナ州	Ruth Denison	一九七七
タイ国	Spirit Rock Meditation Center 北カリフォルニア州中心全国	Jack Kornfield	一九八八
タイ国	Metta Forest Monastery 北カリフォルニア州	Thanissaro Bikkhu	一九九一
タイ国・英国	Abhayagiri Buddhist Monastery 北カリフォルニア州	Ajahn Amaro	一九九五

四　題目中心の改宗者

この種に含まれるのは、ただ一つの団体、Sokagakkai International-USA（SGI-USA）である。しかし、この団体は後に（第三章）も述べるように、約一〇万人という多数の会員を持ち、一つの団体の会員数としてはアメリカ仏教では最も大きい団体の一つである。[64] また、他のグループに比べて、多くのアフリカ系やヒスパニック系の会員を含み、人種的にも最も多様である。

■宗派・系統	■その主な団体名	■創立者	■創立年
創価学会	Sokagakkai International-USA カリフォルニア州中心全国	池田大作	一九六〇

以上、四種類の主なグループを見てきたが、特に改宗者に関して言えることは、会員や参加者を同じ民族や人種に限らず、伝統をある程度保持しながらもアジアの本国でのしきたりにこだわらなかったグループこそ、アメリカ社会でよく成長しているということが明らかである。これは、日本の禅宗

系統では、臨済宗と曹洞宗をそれぞれ離脱した三宝教団の安谷老師とサンフランシスコ禅センターの鈴木老師の業績と影響力が物語っている。また、チベット仏教のチュルンパ師や東南アジア系統のインサイト・メディテーション派の指導者たちにもこの特徴が顕著に現れている。

■Endnotes

1 Tom W. Smith, "Religious Diversity in America: The Emergence of Muslims, Buddhists, Hindus and Others," *Journal for the Scientific Study of Religions*, 41. 3 (2002),p.581. この数値は、筆者が収集した推定値二十三例中十三例がこの範囲の値を採用していたことに基づいている。

2 また、『ブリタニカ国際年鑑 2009 年』(二四六頁) では、北アメリカの仏教徒の数を約三五〇万としていて、これからカナダの数を引けば三〇〇万という数とほぼ一致する。

3 Pew Forum on Religion and Public Life. http://religions.pewforum.org/maps. 一パーセントとは、ハワイ州も含んだ数字に基づくものである。ハワイ州を除いた結果は、〇・七パーセントにしか達しなかった。

4 二〇〇七年七月の成人人口の数は、http://www.census.gov/popest/estimates.html を参照した。

5 未成年仏教徒の推定数は、高校三年生の調査で一パーセントが仏教徒であるという調査に依る。十八才未満の人口は約八千万である。また、「調査が数えきれなかった成人仏教徒」の中には、アジア系移民者で英語が堪能でないため調査に協力できていない仏教徒がかなり含まれていると考えられる。

6 *2007 Encyclopedia Britannica: Book of the Year*, pp. 292–293.

7 Barry A. Kosmin and Ariela Keysar, *American Religious Identification Survey* (ARIS). Trinity College, 2008, p. 3.

8 一九七〇年代半ばの数字は、上記の *2007 Encyclopedia Britannica* に依るが、二〇〇七年の数字は、上記の Pew Forum on Religion and Public Life に基づく。

9 上記の Pew Forum on Religion and Public Life に基づく。

10 "Mapping the Global Muslim Population," Pew Forum on Religion and Public Life. October 25, 2009.

11 http://pewforum.org/docs/?DocID=466．人数は、約二四五万人となる。
2007 Encyclopedia Britannica, p.293. 二〇〇五年では、ヒンドゥー教徒は約一一四万人、バハイ教徒は八二万、シーク教徒は二七万、神道は六万であった。また、上記のPew Forum on Religion and Public Lifeもこれらの数を裏付けている。

12 Thomas A. Tweed, "Night-stand Buddhists and Other Creatures," in *American Buddhism*, p. 74.

13 先ず、ナイトスタンド・ブディストの定義自体に広い幅があり、誰がこの種に所属するかという点で曖昧さがある。この点は、一般の日本人が「仏教徒」であるかどうかという曖昧さという点にも似ている。また、誰がこの種に所属するかという調査も行われていない。

14 Wuthnow and Cadge, "Buddhists and Buddhism in the United States: The Scope of Influence," pp. 368–371. この論文が引用している調査（Religion and Diversity Survey, 2003）によれば、全国人口の五パーセントが「仏教の教えを非常に良く知っている」（very familiar）と答え、また注16が示すように、別の質問に対して一二パーセント（二五〇〇万人）が「仏教が重要な影響をもたらしている」と回答した。この中の少なくとも一〇パーセント（二五〇万人）が、ナイトスタンド・ブッディストであると見ることは可能であろう。専門家の中では仏教徒の数（三〇〇万人）より多いとする者もいるが、私は約二五〇万人と見る方が妥当であると考える。その根拠の一つとしては、*Tricycle*という仏教雑誌の七万人という購読者の半分は仏教徒でないということが挙げられる。

15 この種の人びとを「仏教人口」に含めた理由としては、彼らが仏教という宗教に影響され何らかの形でアメリカにおける仏教のあり方に関わっているからである。例えば、彼らの中には仏教書物を購入したり、将来仏教徒に改宗したりする人びとも出てくるであろう。

16 Wuthnow and Cadge, "Buddhists and Buddhism in the United States: The Scope of Influence," pp. 368–371. アンケートには、「下記の項目は、貴方の宗教またはスピリチュアリティの考え方について重要な影響(important influence)をもたらしましたか？」という質問の後、十二項目が出て、その一つが「仏教の教えまたはプラクティス（行）(Buddhist teachings or practices)」であった。この調査の回答者総数は、二九一〇人に及んだ。

17 *Ibid.*, pp. 365–370.

18 Charles Prebish, *American Buddhism*, p. 51.

19 Jan Nattier, "Visible and Invisible: The Politics of Representation in Buddhist America," *Tricycle* 5, no.1 (fall 1995), pp. 42–47.

20 この分類は、シーガー氏が日系仏教を代表する米国仏教団（B.C.A.）を従来の移民仏教徒の枠に当てはまらないという考え方を主張したことに示唆を得たものである。Seager, *Buddhism in America*, pp. 51–53. ただ、この分類の弱点は、最初の二種類が民族に依り、残りの二種類が修行法に依り、分類の基準が統一されていないところにある。

21 また、自分が「仏教徒である」という意識に確信がもてない人々が多いということも、各グループの数をより正確に推定する妨げとなっている。上記の Pew Forum on Religion and Public Life の調査は、アジア系と改宗者を区別した数字を出してくれたが、アジア系の数の集計には既に言及しているようにやや問題があり、また、四種類の区別はされていない。

22 二〇〇五年の中国系全人口は約二九〇万人であったが、一九六五年以前に渡った仏教徒やその子孫の数はわずかであり、数万人にも及ばないであろう。日系人の全人口は、八八万である。その内の四分の一を仏教徒とすれば、旧中国系と日系を合わせて約二五万人となる。この中には、一九六五年以降に渡った台湾人や中国本土からの仏教徒は含まれておらず、彼らは、次の新アジア系グループに含まれる。

23 仏教徒が比較的多いベトナム、台湾及び東南アジア出身のアジア系人口は、約四〇〇万人であり、韓国系の人口も一三〇万である。その中、東南アジア系の仏教徒だけに関しても、ある専門家は、一九九〇年の時点で五〇万〜七五万人という数字を出している（Seager, *Buddhism in America*, p. 138）。この様な数をベースとして、私はこの新アジア系の五三〇万という人口中、約一〇〇万〜一五〇万人が仏教徒であると推定する。二〇〇七年のピュウ・フォーラム調査では、全米の成人仏教徒二二七万のうち、三二パーセントがアジア系となっているので、約七二万の成人アジア系仏教徒がいることになり、この大半は「新アジア系」であり、それに子供たちを含むと一三五万という数は妥当であると考える。ただ、既に述べているように、この調査では、新アジア系成人仏教徒は少なく数えられている可能性は高いと見るので、実際はより多いと考えられる。

24 Martin Baumann (1997), p.5. 彼は一九九〇年の半ばで、八〇万と推定している。また、二〇〇七年のピュウ・フォーラム調査では、成人仏教徒の人種別構成比が、白人五三パーセント、アジア系三二パーセント、黒人四パーセント、ヒスパニック六パーセント、その他・ミックス五パーセント（以上非白人計四七パーセント）と出た。白人は五三パーセント中五〇パーセントが、非白人は四七パーセント中五パーセントが「瞑想を中心とする改宗者」であると見込み、あわせて成人仏教徒二二七万人の五五パーセント、一三五万人とした。このグループの未成年者は非常に少ないと見るので、合計で約一三〇万人となるであろう。

25 公表された数字はないが、この推定はＳＧＩ－ＵＳＡ幹部スタッフが個人的に私に伝えてくれた数字に依るものである。

26 Don Morreale, ed. *The Complete Guide to Buddhist America* (Shambhala, 1998), pp. xv-xviii.

27 *Ibid.*, pp. xv-xviii.

28 同書に主に登録されている第三種類は、全仏教徒人口の約四三パーセントにしか達しないということと、第三種類に所属するセンターも全部登録されているわけではなく、また、この本は既に約十年前の統計であるからである。

29 前出（注26）の Don Morreale の名簿すら完璧なものではなく、特に、アジア系仏教徒の情報は乏しいのが現状である。また、得られた情報には、その組織内でも意見が食い違うような場合などもあり、それに加え、事実の変更によって最新情報などが掲載されていないこともあり得る。

30 Seager, *Buddhism in America*, p.159.

31 当時のことを知っている数人の開教師に依れば、戦前開教師による日系人以外への仏教伝道を制限するということが日本政府の暗黙の方針であった。

32 本土とハワイを合わせれば、現在でも百十ほどの寺（仏教会）が存在する。

33 この種の日本仏教のグループに関しては、最低三、四の寺院・センターを有するものを掲載した。

34 この寺をとりまく初期中国系仏教の詳しい解説には、エック『宗教に分裂するアメリカ』、三二五〜三三〇頁を参照。

35 創立者は Sze Yap Company という会社であり、Kong Chow Temple の漢字は、Ｐ・ヌームリック著、阿部貴子訳「アメリカ仏教徒、ヒンドゥー教徒、シーク教徒」、『世界の宗教教科書』二二頁によると、「岡州古廟」である。

36　この団体に関しては、第三章第二節と第五節でより詳しく述べる。その他に、エック『宗教に分裂するアメリカ』、三二六～三五〇頁を参照。この団体には約六十の寺院が所属していて、旧アジア系仏教徒中では最大である。ニューヨークやシカゴ等にも所属寺院があるが、ほとんどは西海岸にある。

37　日蓮宗の最初の寺院がハワイ島の Kapapala に立てられたのが一九〇二年であった。http://www.nichiren-shu.org/hawaii/3-1.htm

38　この年に真言宗を代表するラハイナ市の Lahaina Shingon Mission が開始したとなっている。http://www.lahainashingon.org/index.html#。

39　現在、この寺が本部として南カリフォルニアを中心とする Higashi Honganji North American District を構成している。

40　これが本土における日蓮宗の最も古い寺院である。本土には、十か寺ほどある。http://la.nichirenshu.org/hello/historyla.htm。

41　本土における曹洞宗の寺院としては、同じ僧侶により創立されたサンフランシスコの桑港寺（Sokoji）がある。

42　一九九〇年代半ばには、約百二十五の中国系の寺があったと報告されている。ダイアナ・エック『宗教に分裂するアメリカ』、三三二頁。この組織の詳しい解説は、同上、三三四頁を参照。

43　この寺院のより詳しい解説は、第三章の他に、エック『宗教に分裂するアメリカ』、二八八～二九八頁を参照。

44　この組織の詳しい解説には、エック『宗教に分裂するアメリカ』、三三一～三三四頁を参照。

45　一九八〇年には、カリフォルニア州に支部が設立された。

46　同じ天台系の寺院は、ハワイにはこの他二か寺及びニューヨーク州に一か寺ある。

47　http://www.thebuddhagarden.com/thai-temples-usa.htm では、約百のタイ系の全国の寺院をリストアップしている。

48　http://members.andiamo-tel.com/~byblos/watlao.htm では、約百のラオス系の全国の寺院をリストアップしている。

49 Wat Lao Buddhavongとも呼ばれているようである。

50 アメリカにおけるベトナム系の人口は、約一七〇万人である。少なくともその半分は仏教徒であると言われており、ベトナム系仏教寺院は一九九二年の時点でも百四十以上あった。現在はそれよりかなり増えているであろう。ベトナム系仏教については、エック『宗教に分裂するアメリカ』、二九三〜四〇二頁を参照。

51 カンボジア系仏教およびこの寺院についての詳しい解説は、エック『宗教に分裂するアメリカ』、四〇二〜四〇九頁を参照。

52 創立年が不明であるが、創立者が一九七九年に渡米し、その直後に教化活動を始めたとなっているので、創立年を一九八〇年代の初頭と見ることにする。最初のカンボジア系の寺は、メリーランド州のWat Buddhikarama(一九七九年)である。

53 この団体は、アメリカでは一〇万人以上の会員を持つとする。それは、一つの組織(連合体でなく)としては、創価学会と並んで最も多い数となる。http://www.us.tzuchi.org/usa/home.nsf/about/index。

54 「三宝教団」とは、日本で一九五四年に改革運動として安谷白雲老師によって設立された。曹洞宗の僧侶であった安谷は、原田祖岳老師に師事し、その後曹洞宗を離脱し、一、一般の日本の寺院ほど儀式を重要視せず、二、在家者のための修行法を整え、そして、三、「見性」という初段階の悟り体験をその後の修行の基礎として強調した。アメリカにはよく出かけ、男女が共に修行できる環境を作り、後出の三人の有能な弟子以外にもたくさんの弟子を養成した。

55 三章で説明するように、鈴木老師は一九五九年には曹洞宗の寺の住職を辞めてサンフランシスコ・禅センターを設立した。現在センターの僧侶は曹洞宗の国際的組織に所属しているが、センター自体は日系人中心の桑港寺とは違って曹洞宗の直接な管轄に入っていない。また、このセンターのより詳しい解説は、本書第三章の他に、エック『宗教に分裂するアメリカ』、三七〇〜三七三頁を参照。

56 このセンターとそこから輩出された弟子たちの詳しい解説は、エック『宗教に分裂するアメリカ』、三七四〜三七五頁を参照。

57 このセンターのより詳しい解説は、エック『宗教に分裂するアメリカ』、三七三〜三七五頁を参照。

58 この団体は、一九九四年の前角師の没後、弟子たちによって発展した。

59 このセンターの解説は、エック『宗教に分裂するアメリカ』、三七五〜三七七頁を参照。
60 この団体に関するより詳しい解説は、エック『宗教に分裂するアメリカ』、三九一〜三九三頁を参照。
61 雑誌は、*Shambhala Sun*（毎月発行）と*Buddhadharma*（年4回発行）である。
62 チベット系仏教全体に就いてより詳しい解説は、第三章の他には、エック『宗教に分裂するアメリカ』、三八二〜三八九頁を参照。
63 この団体と同系統であるSpirit Rock Meditation Centerのより詳しい説明は、第三章の他には、エック『宗教に分裂するアメリカ』、三七七〜三八二頁を参照。
64 台湾を本部とするThe Buddhist Compassion Reliefも約一〇万人の会員がいるそうである。また、人数としては、ベトナム系仏教徒の数は多いが、彼らはＳＧＩ会員のように一つの統一された教団組織に所属していない。

［第二章］

浸透

一般社会

■ニューヨーク国際空港で
ダライ・ラマのお供をする
俳優リチャード・ギア
（撮影 Don Farber）

ここまで見てきた仏教人口の数や種類は、仏教の伸びを分かりやすく証明してくれるものである。このことをさらに裏付けてくれるかのように、仏教は一般アメリカ社会や大衆文化にも浸透しつつあり、種々な形や分野でその存在感と影響力を発揮している。

一　マスコミの注目

アメリカの有力雑誌である*Time*の一九九七年十月号の表紙に、「仏教に魅せられたアメリカ」(America's Fascination with Buddhism)と大々的に記されていた。そこには、ブラッド・ピット(Brad Pitt)という一流映画俳優の写真も載せられていた。それは、彼が人気映画の『セブンイヤーズ・イン・チベット』(チベットに七年、原題：Seven Years in Tibet)の主役であったからである。

この記事は、仏教が映画のみでなく、社会の色々の分野に広がりを見せているということを九ページにも及んで説明している。記事の初めには、「この古代から伝わる宗教は、映画、ポップ文化(流行文化)、および弾圧されているチベットへの支援運動に助けられて、新しい世界(アメリカ)により強い根っこをはやしつつある」と仏教の現状と記事の趣旨が述べられている。

そしてこの記事の中で、仏教への魅力を説明するに当たり、ダライ・ラマの講演を聴講したエレン・ホワイト（Ellen White）という女性は、「自分が育ったカトリック教会で感じた不安と罪悪感なしで、人生の意味が見出せる」と告白している。また、仏教に改宗した人々の中には、仏教には上下関係が希薄であり、平等感が強いことを指摘している。そしてもう一人は、メディテーションを行うことによって、「日曜日のみの宗教」（Sunday-only religion）にはない「日常に直接体験できる神聖」（daily, direct experience of the sacred）を味わうことに惹かれると言う。

また、家庭や政治という世の中の制度にあきあきした二十代、三十代の若い世代の中には、現実（reality）を含むすべてには「実体がない」という仏教の教えに納得できるようである。そして、映画『クンドゥン』（原題：Kundun）のマーチン・スコセッシ監督（Martin Scorsese）は、非暴力を説く仏教が今日の世界に重要な貢献をしていることを仏教の魅力として挙げている。この意見に同意する人が多数いると、この記事は指摘している。

以上の活字メディアとは別に、一九九四年には、三大テレビ・ネットワークの一つＡＢＣのニュース番組は、仏教を大きく取り上げた。これもまた、画期的な出来事であった。番組では、アメリカの仏教徒の人口をやや多めに四〇〇~六〇〇万人と推定し、それがいくつかのプロテスタントの宗派を上回る数であると報道した。番組には、コロンビア大学のロバート・サーマン（Robert Thurman）教授とペンシルベニア州立大学のチャールス・プレビシュ（Charles Prebish）教授の二人の仏教学者がコメンテーターとして出演した。

このように、一九九四年ごろに高まったマスコミの仏教への関心は、その後も継続している。例えば、*Time* の二〇〇三年八月号は、メディテーションをトップ記事として取り上げ、毎日アメリカで一〇〇〇万人が、仏教以外も含む何らかの形のメディテーションを行っていることを指摘し、瞑想の科学的研究の成果を詳しく説明している。この記事では、仏教の瞑想が最も注目されている。また、*National Geographic Society* は、二〇〇五年十二月号で「ブッダは昇る」（Buddha Rising）という題で、たくさんの華麗な写真をもって、アメリカやヨーロッパでの仏教の発展ぶりを描いている。

その後も、仏教はマスメディアで頻繁に取り上げられているが、この頻度も今後増していくであろう。それは、これから検討する有名仏教徒やナイトスタンド・ブディストが、仏教の認知度を高めてくれるからである。

二　著名人

仏教のアメリカ社会への浸透ぶりは、マスコミによる関心にもうかがわれるが、その他には社会的に有名な仏教徒やナイトスタンド・ブディストが増えていることでも証明されると言えよう。このような人々の存在は一九六〇年前半までのアメリカ社会では、想像すらできなかったことである。彼らは僧侶や仏教学者ではなく、本職としては仏教以外の分野で活躍している人たちである。

二〇〇六年の選挙で、国会議員としては歴史上初めての仏教徒が二人も登場した。一人は、ハワイの元副知事のメージー・ヒロノ（Mazie Hirono）という浄土宗に所属している日系女性である。以前カリフォルニア州やハワイ州から数人の日系人の国会議員も出ているが、仏教徒は初めてである。二人目は、ジョージア州のハンク・ジョンソン（Hank Johnson）というアフリカ系アメリカ人で、長年ＳＧＩ（創価学会インターナショナル）の会員である。ヒロノ氏のような日系人が仏教徒であるということはそれほど珍しいことではないが、南部から黒人仏教徒である国会議員が登場したということは、マスコミでも大きく取り上げられた。

この二人以外には、ジェリー・ブラウン（Jerry Brown）という全国的にもよく知られている政治家がいる。ブラウン氏は、元カリフォルニア州知事であり、一九八二年の民主党大統領選挙候補でもあった。最近、北カリフォルニアの主要都市オークランドの市長の後、カリフォルニア州の法務長官を務めている。氏は、一九八四年に鎌倉で座禅の修行を行った経験があり、本書の分類で言えば、「仏教同調者」に相当するであろう。[1] ブラウン氏の政治政策は、環境保護や人間の生き方を優先した「仏教的経済」というような理念を政治の舞台で打ち出しているのである。[2]

政治以外の分野では、芸術家のミルトン・グレーサー（Milton Glaser）、慈善家のポーター・マクレー（Porter McCray）、詩人のゲイリー・スナイダー（Gary Snyder）、ジャズ・ピアニストであり作曲家のハービー・ハンコック（Herbie Hancock）等が挙げられる。また、世界的に有名なゴルファー、タイガー・ウッズ（Tiger Woods）は、タイ国出身の仏教徒の母親を持ち、彼自身が仏教徒であることを認めている。

その他に、特にハリウッドを取り巻く業界に仏教徒・同調者の数は多く、その中にはスティーブン・セガール（Steven Seagal）、オーランド・ブルーム（Orlando Bloom）、オリバー・ストーン（Oliver Stone）、シャロン・ストーン（Sharon Stone）、およびケイト・ハドソン（Kate Hudson）というそうそうたる名前が挙げられる。[3] セガールはチベット仏教徒であり、日本で学んだ武道を基とし、多くのアクション映画に出演している。ブルームは、ＳＧＩの会員であり、二枚目役者として人気を呼んでいる。オリバー・ストーン監督もチベット仏教徒であり、そのきっかけは「天と地」（Heaven and Earth）という映画に現れた仏教徒の心の寛大さと強さに惹かれたと言う。女優のシャロン・ストーンは、友人のリチャード・ギアの紹介でチベット仏教に強い関心を持ち、チベット支援も積極的に行っている。

では、有名人の中でも、仏教徒、または仏教同調者として最もよく知られている四名を詳しく検討することにしよう。

一　リチャード・ギア——Richard Gere 一九四九年～、俳優

日本でもなじみのあるこの俳優は、アメリカでは仏教徒としても非常に有名である。一般のアメリカ人に「仏教徒」と言えば、ダライ・ラマの次ぐらいにギア氏を連想する人が多いであろう。ギアはダライ・ラマに師事しているチベット仏教徒であり、また種々な形でチベット人やチベット文化の支援を行っている。

人生に対して色々悩んでいた二十代のギアは、実存哲学の本をよく読んだそうである。その際、あるチベット仏教の本に魅了され仏教に興味が湧いた。しかし、最初はチベット仏教ではなく、臨済宗の佐々木承周老師の下で座禅を二十四才で始めた。この禅のメディテーションは、「プラクティス（行い・修行）こそ自分の本当の人生である」（Practice is my real life.）と、日ごろ何となく思っていたことを肯定してくれたと感じて、彼は熱心に修行（プラクティス）を行ったそうである。そして五、六年後、ダライ・ラマに出会い、それがきっかけとなりチベット仏教徒としての道を歩むことを決意したのである。

ギアはその後、種々な社会慈善事業も行ってきた。例えば、一九八七年にニューヨークにチベット文化の保存と促進のため設立された「チベット・ハウス」の創立者の一人となった。また、一九九一年を「国際チベット年」と指定し、チベット文化の普及促進のための講演、映画祭、集会などの行事を行うことを世界中に訴えた。その後も、ギアは自分が立ち上げたイニシアティブス基金（Initiatives

Foundation）を中心として、インド在住のチベット人が健康保険を確保することなどを支援してきた。

ギアは、ただこのような社会的支援だけではなく、仏教の実践や伝道も積極的に行っている。今でも毎日四十分ほどのメディテーションは欠かさず、仏教の勉強も続けていると報告されている。その他に、ダライ・ラマや他のチベット仏教指導者たちの本の出版を支援したり、目下ダライ・ラマの講演記録や出版物を納める資料室の設立を推進したりもしている。また、ニューヨークで数千の人々を対象としてダライ・ラマが司る「カーラチャクラ」という宗教儀式などにも力を貸してきた。

このような活動ぶりは、ギアの仏教理解と信念に基づいていると言えよう。慈善活動や仏教伝道を行う動機について問われた際、彼はこう答えた。

最終的に、（私が行っていることは）皆のためです。それは、皆が苦悩から脱するまでは、誰も苦悩から脱せられていないということです。そうでしょう？　それほど我々は繋がっているのですよ。[4]

しかしこのギアの信念は、人の気に触る発言となることがしばしばある。チベットを支援するギアにとっては、中国によるチベットの占領を侵略と見なし、その行動を批判する場合がよくある。従って、ギアは中国政府にはよく思われていない。

また、二〇〇一年の九・一一テロ事件が発生した直後、被害者の遺族を支援するチャリティー・コンサートがニューヨークで行われた。それに参加したギアは、仏教で説く業（カルマ・行い）の因果応報の法則に従って「加害者たちも苦しむことになるので、彼らへも哀れむ気持ちを向けるべきだ」という意見を述べた。感傷的になっている観衆はその発言を受け入れられず、ステージから退場する際ギアはブーイングを受けたのである。

二　ティナ・ターナー――Tina Turner 一九三九年〜、歌手

ターナーもある年齢層の人々には日本でもよく知られている。このアフリカ系アメリカ人歌手は、SGI（創価学会）に所属している。ただ、私が知っている限り、SGIの組織には深く関わっているわけではなく、自宅でプライベートに題目を唱える熱心な信仰者であるという印象が強い。

ターナーが育った環境は必ずしも幸せではなかった。両親は常に口論をし、ターナーが十六才の時、父親は外の女性と結婚し、家を出て行った。その後高校生であったターナーは、あるバンドリーダーのアイク・ターナー（Ike Turner）に才能を認められ、歌手の世界に入った。一九六二年にアイクと結婚したが、彼はティナを異常にコントロールし、暴力を振るうことも稀ではなかった。

このような私生活とは対照的に、歌手としては高い評価を受け絶好調であった。表ではハッピーに振る舞ったが、内面では悩み続けていた。この状況を一変させたのは、一九七四年のある日、職場の秘書である女性を通して仏教に出会ったことであった。そのSGIの会員であった秘書は、「変化」や「自分の運命を変えるのは自分でしかない」ということを話した。自身が辛い状況にいたターナーは、このメッセージに感銘を受け、入信したのである。

ターナーは、今日も熱心に題目を唱えるSGI所属の仏教徒である。それを証明するある出来事があった。それは、一九九七年、ターナーがCNNテレビの「ラリー・キング・ライブ」（Larry King Live）

という有名なインタビュー番組にゲストとして出演した時のことであった。司会者のキング氏は、仏教徒に改宗したターナーに「仏教徒は何をするのですか」と聞くと、彼女は、「題目を唱える」と即座に答えた。そこで、キング氏は「じゃ、やって頂けますか」と頼み、ターナーは、一分ぐらい「南無妙法蓮華経、南無妙法蓮華経、南無妙法蓮華経、南無妙法蓮華経……」を唱えた。それも一般よりもっとリズムを付けて、一流歌手にふさわしい素晴らしい音声で唱えた。キングも感動しているようであった。[5]

このように、何百万人の視聴者を持つ全国テレビ番組に仏教徒が出演しても、昔と違って不思議なことでもなくなってきたのである。キング氏自身も多くの仏教徒に会ったことがあると言いながら、仏教を異質な宗教とか外国の宗教というような扱いをしなかった点も印象的であった。番組の視聴者にとっても仏教が「アメリカの宗教」の一つであるという印象が十分伝わったと思われる。なにしろ、このようにアフリカ系アメリカ人が、日本から渡った仏教に改宗したということ自体が、仏教のアメリカ社会への浸透ぶりを裏付けたと言える。

三　フィル・ジャクソン——Phil Jackson 一九四五年〜、ＮＢＡバスケットボール監督

フィル・ジャクソンは、バスケットボールに興味を持つ人たちの間では、彼の名前を知らない人はいないと言えるほど有名である。ジャクソン氏は、長年シカゴ・ブルズの監督であり、その後、ロサンゼルス・レイカーズの監督にもなり、両チームともＮＢＡ（ナショナル・バスケットボール協会）チャンピオンの座に導いたのである。それも、優勝十回という前代未聞の成果をあげている。

彼は、自分が「仏教徒」であるとは断言しない、いわゆる、ナイトスタンド・ブディストである。また、禅に惹かれているが、特定な禅宗の団体には深い関わりを持っていないようである。さらに、禅以外の宗派の行事にも参加している。シカゴ市にある浄土真宗のお寺の住職によると、ジャクソン監督が公開日曜法要（Sunday service）に訪れ、本堂の後ろに一人で座り、法話を聴き、法要が終わると静かに帰ることが時たまあったそうである。また、キリスト教を捨てたということでもないようである。従って、自称「ブディスト・クリスチャン」（仏教・キリスト教徒）の理由も理解できる。

しかし、監督にとっては、彼の著書の一つである *Sacred Hoops: Spiritual Lessons of a Hardwood Warrior*（聖なる輪―硬材床の戦士のスピリチュアルの教訓）が示すように、仏教、特に禅が重要な拠り所となっている。[6] 仏教精神を哲学として持ち、それをスポーツの世界に持ち込んであのような目覚しい成果を上げているのである。彼が仏教から取り入れたのは、メディテーションと「哲学」である。

メディテーションすることによって選手たちをリラックスさせ、また、集中力を高めさせることができた。このようにリラックスし集中できることが熱戦の場面では選手たちにとって必須であると、ジャクソン監督は考えたのである。また、マインドフルネス（mindfulness 念じ、深く注意すること）というメディテーションについての効果をこのように説明している。[7]

マインドフルになるためには、鈴木老師[8]が言われる「初心」（beginner's mind）、いわゆる自己中心的な考えから開放される「空」（empty）の心の状態を養成しなければならない。老師は、*Zen Mind, Beginner's Mind*（禅心、初心）という本に、「心が空であれば、いつも何にでも対応でき、何にでもオープンでいられる。「初心」にはたくさんの可能性があるが、「専門心」には少ない。」

と述べておられる。[9]

このように監督は、メディテーションによって選手たちが自己中心的な行為を越え、それによってチーム全体を思い、協力の精神を養うことを目指した。また、メディテーションの結果、慈悲(compassion)も養われ、選手たちのお互いに対する思いやりが高まったのである。[10]普段、スポーツでは協力することは当然なことである。しかし、数億円という年収と大きなエゴを持つ、精神的に未熟な若いスーパー選手たちをチームとしてまとめるには、自己中心的な考えや行動を抑えることが必須となるのである。

また、「初心」が養われることで、選手たちは出来事をありのままに受け入れ、状況をより良く見るようになり、そして、適切な行動(right action)を取るようになる。この「初心・空」の心は、周りの自覚(awareness)を高め、予測していなかった状況でもオープンで柔軟に対応できるような素質を促す。NBA選手たちには過酷な試合の最中には欠かせない素質なのであり、ジャクソン監督は、これを仏教のメディテーションに求めたのである。

仏教哲学として監督が重視したのは、全てが変化するという真実、いわゆる「諸行無常」の教えである。一九九三年、マイケル・ジョーダン(Michael Jordon)選手が突然引退したので、ジャクソン監督はスーパー・スターがいなくなったブルズのチームをどのように指導するかという問題に直面した。その際、監督は、「無常の真理が受け入れられなければ、我々は苦悩する」という鈴木老師の言葉を念頭に置き、その変化に対応することに努力をしたのである。その際、ジョーダン選手がいた時のチームの戦略を大幅に変え、残った選手たちの実力と弱点に応じたやり方に切り替えた。その結果ブルズは、予想外に地区トーナメントで優勝し、NBAのプレーオフにまで出場したのである。[11]

もう一つの哲学とは、負けることから生じる苦悩に対する受け止め方である。仏教は、「抜苦与楽」(苦を抜き取り、楽を与える)という言葉が象徴するように、「苦」ということを重要視するのである。

現代アメリカ社会では、試合に負けることやそれから生じる苦についての深い哲学のようなものはあまり見当たらないのが現状であろう。それは、一般に、負けること(to lose)は、ある意味で失敗(failure)としか見られないところが大変強いからである。

しかしジャクソン監督は、負けることは失敗でも恥ずかしいことでもなく、負けることは勝つことと同様に試合ということの一面である、と指導した。その根拠が仏教にあることをこう述べている。

　仏教では、死を受け入れることによって、生きることを発見すると言う。同じように、負ける可能性を認めることによってのみ、試合の喜びをフルに感じることができるのである。[12]

監督は、負けた「苦」を直視し、それを受け入れた上で、次の試合に向けて自分のための「教訓」という原動力として伸ばして行くことを強調した。日本のスポーツ界では当然なことかもしれないが、特にアメリカのプロフェショナル・スポーツ界では、そのような考え方はそれほど重視されていなかったようである。[13]

ジャクソン監督は、仏教精神の理念に基づき、「苦」ということこそが成長の要因であることを提唱し、実践に活かしてきた。そして、マイケル・ジョーダンやコービー・ブライアント(Kobe Bryant)のような天才選手たちを巧みに指導し、チームをまとめて十回もNBAチャンピオンの座に達したわけである。

四　アダム・ヤウク——Adam Yauch 一九六四年〜、ラップ歌手

アダム・ヤウクは、一九九〇年代の若手世代を代表する「ビースティー・ボーイズ」(Beastie Boys) というラップ・グループのメンバーである。彼は、ニューヨーク生まれニューヨーク育ちのユダヤ系アメリカ人であり、一九九七年にはチベット系アメリカ人と結婚している。ヤウクが、ネパールのヒマラヤ山脈の旅行の際、チベット仏教徒に出会ったことを契機として一九九二年に仏教徒になったという説もあるが、実際のところ彼が改宗したかどうかは不明である。しかし、その後の行動や発言からは、少なくとも仏教同調者であることは確かである。

彼は、チベット解放運動 (Free Tibet movement) を金銭的に支援することで、亡命中のダライ・ラマの力となり、また中国政府にチベット内の人権を守るように訴えかけている。その資金作りのため、一九九六年のサンフランシスコで行われた「チベット開放」を最初として、数々のチャリティー・コンサートを全国的、世界的規模で行ってきた。

ヤウクは、毎日、朝と夜に短時間、観想 (visualization) という一種のメディテーションを行うそうである。それは、仏教の伝統的な瞑想法ではないが、一日の出来事を振りかえったり翌日のことを考えたりするためには有効だそうである。また彼は、この観想を行うことで作曲がどうあるべきであるかを感じ (feel)、それが基となり、その後曲の音 (sound) がどうあるべきかが自然に出てくる場合がよくあると言う。

このように、スピリチュアルな生き方を尊重するヤウクにとって、慈悲に溢れるチベット人とその文化は尊敬し賞賛せざるを得ない存在となった。そのことをアメリカ文化と比較しながらこう述べている。

それ（仏教）は、チベット文化に深く浸透している。そのため、チベットはひとつの文化として、精神的な面では、地球上最も進んでいる文化である。それは、我々の物質的な進歩とは反対である。[14]

また、アメリカ文化がチベット人から学ばなければならないということを力説する。

我々（アメリカ）の社会は外面的にはモダンである。……しかし、内面的には、心理学や哲学などの面でより進化した社会を持つチベット人に較べれば、我々は決してモダンではない。そこで、我々がチベット人の仏教への思いや叡智を採用しなければ、この地球を破壊し、全人類を犠牲にしてしまうことになるだろう。[15]

そして、ヤウクの最も仏教的な考え方は、一九九四年に彼が作曲作詞した「菩薩の誓願」（Bodhisattva Vow）というラップ・ソングに反映されている。それは、アメリカの若い仏教徒の考えを代表するものとして、戦いや暴力に満ちた世界に生きる若者を念頭に置いて作曲されている。従って、非常に興味深い解釈もなされているので、詞の一部を紹介することにする。

誰かに侮辱され妨害されても、
　思い止まり、よく考えてから対応することにします。
そんな彼らも実際は不安であるはずなので、
　この状況を自分が辛抱する機会として受け止めます。（第二節）……
菩薩道とは、パワーに満ちていて、力強いものであり、
　持続する内面の力となるのです。
他人は私と同じように大切であると見ることによって、
　豊かな精神という幸せを求めます。……[16]（第三節）

第三節で菩薩道が「パワーに満ちている」とは、仏教の伝統的な表現からほど遠いものであるが、力（パワー）が重要な若者の世界では、彼らの心に通じるところがあるのであろう。それが彼らの環境に合った表現であるに過ぎないということは、「他人は私と同じように大切である」と次に詩っていることで、正しい菩薩精神が理解されていることが分かる。また、第二節で、誰かに侮辱されたら、その相手のことを思い、即座に反撃するのではなく、考えてから対応し、自分が辛抱し成長する機会にその状況を転換するということは、仏教の真髄をよくとらえていると思われる。暴力が旺盛な文化の中でも、このように平和的な仏教の教えが建設的な倫理観を促しているのは、仏教が新しい土地に合った形で蘇えっていることを示しているのである。

三　映画・テレビ番組

一九九〇年代には、仏教をテーマとした大掛りなハリウッド映画が作成され、一般の映画館で上映された。仏教の映画としては初めてであり、その数も三本にも及び、一般社会へ仏教の存在感を示すことに大きく貢献したと言える。実に、画期的なできごとであった。

一九九三年作の「リトル・ブッダ」（小さな仏陀、原題：Little Buddha）は、輪廻転生（transmigration または reincarnation）の現代版および釈尊の悟りへの道がテーマとなっている。プロットとしては、あるチベット僧侶が、亡くなった自分の師の生まれ変わりを探しに出かけるのであるが、三人の青年の候補者の中から本物を選ばなければならないというわけである。候補者は、ネパールの浮浪児とインド上流階級の女の子、そして、ワシントンシ州シアトル市に住むアメリカ人の坊やである。三人は本物を決めるためのいろいろな試練に出会うのであるが、最後まで決まらず、「本物は人間一人ひとりが決めるべき」というメッセージで終わる。

輪廻転生をテーマとするプロットを背景にして、この映画は、釈尊の苦悩から悟りへの道を描き、仏教の真髄を伝えることに努めた。特に、悟りの場面で煩悩を象徴するマーラ（魔羅）との戦いは、芸術的にも非常にすばらしくできていて、観衆の好反響を得た。全体的には、釈尊の生涯を巧みにとらえ、仏教の開祖をより親しみのある人間として描いたと言えよう。

次の一九九七年に作成された「クンドゥン」(威厳的存在、原題:Kundun)は、ダライ・ラマが一九五九年に亡命する時までの生涯を主題とした映画である。二歳の時、彼はダライ・ラマの生まれ変わりとして認められ、四歳になって首都のラサへ連れられ、チベットの政治的・宗教的リーダーとしての教育を受ける。

十四歳の時、中国がチベットに侵入した際、中国まで行き毛沢東と会い交渉を進めるが状況は改善されず、二十四歳の時やむを得ずインドへ亡命するのである。言うまでもなく、亡命は苦しむ国民を考えると大変心苦しいことであったが、ダライ・ラマは大きい目で見て決断するのである。映画の最終シーンは、ダライ・ラマがインドの国境で愛する祖国を振り返る感動的な場面である。

同じく一九九七年にできた「セブンイヤーズ・イン・チベット」(チベットに七年、原題:Seven Years in Tibet)は、すでに言及したように、マスコミにも注目された。その大きな原因は、人気俳優のブラッド・ピット(Brad Pitt)が主演したことであろう。この映画は、あるオーストリア人が一九四〇年代に体験したチベットや幼いダライ・ラマ師のことを巧みに取り上げたものである。彼は、実際にはナチスからスパイ的活動を命じられていたのだが、ダライ・ラマの顧問になることで人生が一変するのである。この映画は、ダライ・ラマの人間性やチベット仏教の現状を魅力的に描いていると高い評価を得た。

これら三本の映画は、仏教の認識度を高めたことは確かであるが、また、アメリカ社会の仏教のとらえ方や興味を持つ対象をより明確にしたと言えよう。先ず、三本ともチベット仏教を主題としていて、その二本はダライ・ラマが主役である。ダライ・ラマへの関心は、後にも言及するが、大変なものである。そして、迫害のチベットへの同情は非常に強い。また、神秘のチベットへのエクゾチックな魅惑も否定できない。

これらの点と関連して、三本とも現代人の一般的世界観と異なる輪廻転生という考えに注目しているところは見逃してはならない。前述の*Time*誌の記事では、「セブンイヤーズ・イン・チベット」のあるシーンを大きく取り上げている。それは、建物の建築のため土を掘り起こさなければならないが、チベット人労働者たちはミミズを殺すのでそれを拒否する。主人公役のブラッド・ピットが、「どうして？」と聞くと、彼らは、「前世に、この卑しいミミズは貴方のお母さんであったかもしれない」と、答えたのである。

そして、テレビ番組でも少しずつではあるが、仏教的な存在は増している。例えば、日本でも吹き替えで放映されている「ダーマとグレッグ」(Dharma and Greg) という番組がある。このダーマは、サンスリット語で「教え、法則、真理」という意味であり、仏教でも重視する「三宝」の仏・法・僧の一つである。この番組では、ダーマは奥さんの名前で、彼女は生き生きとした、社会の縛りにこだわらず自由奔放な「悟り」的な人生を送っている。それに比べて、旦那のグレッグは、ハーバード大学卒のまじめすぎる弁護士である。こんなに違う性格と人生観を持つ夫婦の葛藤を材料とし、長年続いてきた人気コメディー番組である。

この番組は、仏教のテーマを扱っているものでもなく、彼女の名前『ダーマ』はヒンドゥー教にも通じ仏教特有なものでもない。しかし、仏教でも重要な言葉が主人公の名前となり、また、仏教でも大切にされる「悟り的な生き方」が、いくら俗っぽくてもその様に描かれたことは、東洋の宗教観が一般社会に一段と浸透した画期的な出来事であると考えられるのである。

四 書物

アメリカで販売される英語の仏教書物は年々増え、最近の数は日本語の仏教書の数を上回る勢いである。また、Shambhala Publications, Snow Lion, Wisdom Publications および Parallax Press という仏教を主とする出版会社の規模も拡大中である。また、*Tricycle*, *Shambhala Sun*, *Buddhadharma* という特定の宗派を超えた仏教専門雑誌も読者を増やしている。[17] 例えば、ニューヨークを本社とする *Tricycle* は年に四回、毎回七万部近く発行し、その約六万部を購読者に送り、残りは一般の小売店で販売している。そして、その総読者数が毎回約二十万人に達したと宣伝している。

このこと自体も仏教の一般社会への浸透を反映しているが、それ以上に興味深い点は、仏教を主題としない本でさえ仏教の考え方を採用していることである。そこで、近年、いずれも何百万部という単位で売れた三冊のベストセラーとなった本を紹介することにする。

先ずは、日本でもおなじみのレオ・バスカーリア氏の『葉っぱのフレディ』という短い絵本である。[18] この単純な子供向けのような絵本が成功した理由に、死というテーマを真正面から扱ったことが挙げられる。死は、アメリカでは、タブー視されて来た。何故なら、仏教の「生死」という教えが示すように、死とは生まれるということと一体であり自然なことであるという考えとは異なり、アメリカでは、死は「非自然的」であるという考え方が強く、あまり語られなかったからである。このような背景のもとで、葉っぱを擬人化して分かりやすく、受け入れやすく死を語ったことに、多くの大人も感銘を受けたのである。

実は、この本は、正式な仏教書でもなく、「仏教」という言葉すら出てこない。しかし、私は、最初読んだ時から内容が非常に仏教的であると感じていた。そこで、著者のバックグラウンドを調べた際、育ちはカトリックであったが、大人になって仏教に強く影響されたことが判明したのである。[19] その時、私は、バスカーリア氏に仏教の影響が実際にあったこと知って感銘を受けた。そこで同書から、私が仏教的な考えを示していると私が考える一節を紹介しよう。

「ぼく、死ぬのがこわいよ。」とフレディが言いました。
「そのとおりだね。」とダニエル（友だち）が答えました。「まだ体験したことがないことは、こわいと思うものだ。でも考えてごらん。世界は変化し続けているんだ。変化しないものは、ひとつもないんだよ。春が来て、夏になり、秋になる。葉っぱは緑から紅葉して散る。変化するって自然なことなんだ。君は、春から夏になるとき、こわかったかい？　緑から紅葉するとき、怖くなかっただろう？　ぼくたちも変化しつづけているんだ。」
「死ぬというのも、変わることの一つなのだよ。」変化するって自然なことだと聞いて、フレディはすこし安心しました。[20]

このように、ダニエルの説明は実に仏教で説く「諸行無常」に相当する。そうして、全てが変化するが、変化というものは自然なことであると、さらに教えを深める。ダニエルは、フレディに自分の死を受け入れさせ、死に対するフレディの苦悩を和らげる。このような考え方は、著者が仏教に影響されて、より鮮明になったものだと思われる。

二つ目の本は、リチャード・カールソンの『小さいことにくよくよするな！―しょせん、すべては小さなこと』であり、アメリカでは、数百万部売れた。[21] 日本語にも翻訳され、日本での売り上げも数十万冊であったと聞いている。

この本には仏教の考えが三か所もあり、その一つは、「仏教の教えでは、苦難することは人の心の成長や平安に欠かせないと見なされている」というものである。そして、もう一か所では、「私にふさわしい苦難を与えてください。そして、私の心が目覚めて解放され、宇宙と一体になれますように」と、チベット仏教の信者は祈ると説明している。

苦難や失敗は人生に自然にあるものだから、自分を開発する肥やしとしてそれを利用するべしという考え方である。これは、先ほど見たジャクソン監督と同じような考えで、それが、苦難や失敗が負けであると見る今までの意識へのアンチテーゼであることが明らかであろう。

三つ目は、ミッチ・アルボム氏の『モリー先生との火曜日』という本である。[22] これは、ミッチという中年スポーツ記者が自分の大学の時のモリーという教授との対話を描いたものである。実際にあったことである。ミッチは大学を卒業した後記者として成功するが、大学で唯一尊敬できた先生が癌で余命六か月であると知り、最後の六か月間、毎週火曜日に飛行機に乗って見舞いに行くのである。

モリー先生は人間的にもすばらしく、また人生にも通じており、自分の死に直面しながらミッチに、家族・死・友達等という人生の大切なことについて自分の考えを語るのである。その内容は、「老人、若者および人生の一番大切な教訓」というこの本の副題が示すように、読者が深く感銘させられる洞察、勇気、ユーモアに満ちた六か月に渡る会話である。

ある日の会話の最中、病状が悪化するモリー先生は目を静かに閉じ、その行動をミッチに「体験しているることに囚われない（detaching）ようにしているのだよ」（一〇三頁）と説明する。そして、「仏教徒はどういうか知っているか？　すべてが無常であるから物事に執着するな」と仏教の教えを出してくる。ミッチは、その説明に戸惑う。それは、モリー先生がいつも良い感情もいやな感情も受け入れて人生をフルに体験することを主張しているからだ。

そこで、「執着するな」ということは、ただ「無関心になる」ということではなく、苦しみの気持ちを「徹底的に味わうこと」であると、先生は説明する。すなわち、自分の病気の痛みと恐怖を徹底的に体験することで、病気や死の恐怖を受け入れることができるようになる。それができると無執着になれるが、自分の感情を避けると、無執着にはなれない。このような解釈は、伝統的な仏教の趣と少しは異なるかも知れないが、最後の肝心なところは、無執着という仏教の目的はしっかりととらえている。

モリー先生はもう一つの箇所で仏教について語る。彼の考えでは、より深く、フルに生きるためには死の覚悟が必要と言うと、ミッチはどうしたら死ぬ覚悟ができるのか、と聞く。彼は、答える。

それは、仏教徒のようにしたら良い。彼らは、小鳥を自分の肩にのせて、その鳥に「今日こそが、その日だろうか?」、「私の用意はできているるか?」、「成し遂げることはすべてやっているか？」、

「自分がなりたい自分になっているか?」、と聞かさせているのだ。（八一頁）

これは、チベット仏教に伝わる方法だそうだが、この本では死という問題に、キリスト教ではなく、仏教が持ち込まれるのも興味深い。

このように、ベストセラーとなった三冊の本には共通点がうかがわれる。それは、無常や死から生じる苦悩の解決法として仏教が導入されているということである。これは、仏教の得意とする分野が浮き彫りにされたということだけではなく、仏教の考えが一般アメリカ人の間に抵抗なく受け入れられ始めたということを物語っているのである。

五　大学の仏教教育

アメリカ社会で仏教の存在感が増している所は他にもある。そこは、大学である。全国の多くの大学では、仏教に関する授業が他の宗教と並んで設けられている。例えば、スタンフォード大学では、日本の禅の専門家であるカール・ビーレフェルト（Carl Bielefeldt）教授が、「禅入門」という教養授業を毎年教えている。この授業は選択であるが、毎回三百人程が受講するそうである。

大学時代は若者にとっては、職業の選択と平行して人生の生き方やその土台となる宗教の選択を真剣に考えることが最も可能な時である。従って、大学で「仏教入門」または「アジア宗教と瞑想」等という授業を取り、何らかの影響を受ける学生は相当な数となる。この中には、授業をきっかけに仏教センターに出向き、仏教の教えやメディテーションの指導を求める者も当然出てくるのである。

このような発展は、多くの大学生に仏教について学ぶチャンスを拡大させ、これは実にチャールズ・プレビシュ教授が言う「沈黙の隠れたサンガ」（silent sangha）と見ることができるであろう。[23] サンスリット語である「サンガ」は、「仏・法・僧」中の僧を指すが、教授は「仏教が学べる道場・集まり」というほどの広い意味で大学の役割を巧みに描いている。

また、このような学部レベルの仏教授業とは別に大学での仏教への関心がうかがえるのは、博士号の数である。例えば、一九九六〜一九九七年の二年間に、仏教をテーマとした博士論文に対して、全国の大学で七十六の博士号（Ph.D.）が出されている。[24] これは、アメリカと日本の博士号に関する制度が異なることもあるが、数からすると、日本の場合を上回る数字である。[25] この勢いは、その後は増している傾向にある。

このような博士課程を持つ主な大学は、ハーバード、ボストン、エール、コロンビア、プリンストン、バージーニア、ミシガン、ウィスコンシン、シカゴ、ワシントン、スタンフォード、カリフォルニア・バークレー校、カリフォルニア・サンタバーバラ校、カリフォルニア・ロサンゼルス校、およびハワイである。[26] 以上の各大学では、最低三名、多くてハーバード大学では九名ほどの仏教関係の教授陣を擁している。これは、アメリカには日本のような仏教の社会的基盤がないことを考えあわせると、驚くほどの発展であろう。

三つ目に挙げられるのは、仏教系大学の存在である。日本には、高野山、花園、仏教、龍谷、大谷、大正、駒沢、立正、創価、武蔵野等という仏教系の大学が存在する。アメリカでは、最近になって仏教団体による大学が増え始めている。例えば、台湾の仏光山派は、ロサンゼルスの既存の学校を買い取り、The University of the West を設立した。また、SGIは、何百億ドルの費用をかけ、ロサンゼルスの郊外に Soka University を設立した。新しい校舎には、既に何百人もの学生が全米だけでなく、世界中から学びに来ている。

以上の二つに先立って、一九七四年にチベット仏教系の Naropa University（ナローパ大学）がコロラド州に設立されている。当初は、仏教中心の小規模な学園のようなものであったが、現在では、全

■釈尊の誕生日を祝うための
花御堂を楽しく準備する
禅センターのメンバーズ
(撮影 Alan Senauke)

米各地や外国から千人ほどの学生が学んでいる。ここでは、伝統的東洋美術、トランスパーソナル心理学、演劇、音楽、宗教学等を学部や大学院レベルで専攻できる。学生の多くは必ずしもチベット仏教の信仰者ではなく、Naropa University はアメリカの尊敬されるリベラル・アーツ大学へと発展している。

最後に挙げる西本願寺系の Institute of Buddhist Studies（米国仏教大学院）という大学院大学は、ここで紹介する仏教系大学の中で創立が最も古く、一九六六年、カリフォルニア州バークレー市に立ち上げられた。僧侶の養成を中心にする点では、Naropa University とは異なる発展を遂げた。その結果、アメリカ社会への浸透という観点から二つの注目すべき成果をなし得た。一つは、九つのキリスト教宗派で構成される神学校と提携し、修士課程を設置した。両校の学生たちにとっては、お互いの授業が受講でき、他校の教員も論文審査に関わってもらうようになっている。これは、仏教とキリスト教神学校の協力として世界でもユニークな制度だと言えよう。

第二点は、米国軍隊が一九八七年に Institute of Buddhist Studies の母体である米国仏教団を教戒師（chaplain）養成教団として認可したことである。これによって、僧侶養成課程の卒業生は、仏教の教戒師として赴任することができるようになったのである。勿論、宗教の軍隊への参加という出来事には、賛否両論の激しい議論が大学院の内外でも繰り広げられた。当時、マスコミも、仏教が「アメリカの宗教」として認められた出来事として大きく取り上げたのである。

■ Endnotes

1　多くの外国人が惹かれた三宝教団の山田耕雲老師に師事した。また、*New York Magazine* は一九九四年に、誌面でブラウン氏を“Power Buddhist”（政治力を持つ仏教徒）とまで言っている。Prebish and Tanaka, eds. *The Faces of Buddhism in America*, p. 1. 参照。

2 「仏教的経済」とは、E・F・シューマッハーの名著 *Small is Beautiful: Economics as if People Mattered*（日本語訳は、『スモール・イズ・ビューティフル―人間中心の経済学』講談社学術文庫）に取り上げられている。要は、生産効率ではなく、人間の幸せを優先する経済環境を主張する。

3 この他にジェニファー・ロペス（Jennifer Lopez）やキアヌ・リーブス（Keanu Reeves）など、かなりの数の芸能人も仏教徒であると言われているが、その実体は必ずしもはっきりしていない。ただ、彼らが何らかの形で仏教に惹かれていることは確かであるようである。

4 *Shamabhala Sun*, (November, 2002).

5 このインタビューは“You Tube”で閲覧できる。http://www.youtube.com/watch?v=MOsr_ZOi-Jo。

6 Phil Jackson, *Sacred Hoops: Spiritual Lessons of a Hardwood Warrior* (Hyperion, 1995), p. 224. この本は『シカゴ・ブルズ　勝利への意識革命』（ＰＨＰ研究所、一九九七年）というタイトルで邦訳されおり、その内容は「バスケを越えた、禅が導く人生」として知られている。

7 ここでのマインドフルネスというメディテーションは、呼吸を数えるような初心者が実践するレベルのものであろう。アメリカの禅では最も多く行われるプラクティスである。

8 鈴木老師とは、前述のサンフランシスコ禅センターの創立者鈴木俊隆師のことである。

9 Jackson, *Sacred Hoops*, p. 118.

10 *Ibid*., p. 51.

11 *Ibid*., pp. 186–194.

12 *Ibid*., p. 202.

13 *Ibid*., pp. 198–203.

14 Amy Green, “Interview with Beastie Boys’ Adam Yauch,” *Shambhala Sun* (January, 1995).

15 Dimitri Ehrlich, “Buddha and the beastie – rapper-turned-Buddhist Adam Yauch of the Beastie Boys,” (August, 1994). http://findarticles.com/p/articles/mi_m1285/is_n8_v24/ai_15667413

16 CD: Beastie Boys, ILL COMMUNICATION. Capital Records, Inc., 1994.

17 後者の二つは、チベット仏教団体が母体となっているが、その「超宗派」という趣旨は保たれている。

18 Leonardo Buscaglia, *The Fall of Freddie the Leaf*. Slack Incorporated, 1982. 邦訳『葉っぱのフレディー―いのちの旅』みらいなな訳、童話屋、一九九八年

19 Steven Short, "The World of Leo Buscaglia," (http://www.buscaglia.com/about.htm.)

20 『葉っぱのフレディー―いのちの旅』みらいなな訳。本にはページ番号がふられていないが、引用した箇所は全編の中程にある。

21 Richard Carlson, *Don't Sweat the Small Stuff...and it's all small stuff*. Hyperion, 1997, p. 248. 邦訳『小さいことにくよくよするな!―しょせん、すべては小さなこと』小沢瑞穂訳、サンマーク出版、二〇〇〇年。

22 Mitch Albom, *Tuesdays with Morrie*. Doubleday, 1997, p. 81. 邦訳『モリー先生との火曜日』別宮貞徳訳、日本放送協会出版、一九九八年。

23 Charles Prebish, "The Academic Study of Buddhism in America: A Silent Sangha," in *American Buddhism*, eds. Duncan Williams and Christopher Queen. Curzon Press, 1999, p. 183.

24 Williams and Queen eds., *American Buddhism*, pp. 307–311.

25 日本の大学では、文科系の博士号がアメリカのPh.D.ではなく、イギリスのD.Lit.(文学博士)に価する「論文博士」がまだ多いということで、数が少ないという事実もある。しかし、日本でも最近は、Ph.D.に相当する「課程博士」も増えている。

26 Prebish, "The Academic Study of Buddhism in America: A Silent Sangha," pp. 204–205. プレビシュ教授の説に、筆者が最近の情報をを加えた。

［第三章］

歴史

十大出来事

■ロサンゼルスの郊外にある Hsi-lai Temple（西来寺）で行われた
世界仏教大会の開会式（撮影 Don Farber）

この章では、アメリカ仏教の歴史を細かく述べる余地はない。その代わりに私が選んだ十の画期的な出来事を通して、仏教の発展の大まかな流れを示すことは可能であろう。その際、移民の仏教と改宗者の仏教、伝統とアメリカ化、インテリ階層と一般社会、教理と実践、及びアジアとアメリカ等というたくさんの興味深いテーマがより明らかになっていくことが期待される。では、これらのテーマを念頭に置きながら、アメリカ仏教がどのように発展してきたかを窺うことにしよう。

一八四四年五月二十八日

学会での仏教の紹介――知識人による導入

この日、アメリカの地で初めて、仏教が正式な場で講義された。それは、ボストンで行われたアメリカ東洋学会（American Oriental Society）年次例会の席上行われた、エドワード・サースベリー（Edward E. Salisbury）教授による発表であった。エール大学でアラビア語とサンスリット語を担当していたサースベリー教授は、「仏教の歴史の報告」という題で、釈尊の生涯から仏教の近隣諸国への伝達について説明している。当時ヨーロッパでは、釈尊が歴史的人物であったかどうかという議論がなされていたが、サースベリー教授はその議論に加わり、肯定的な意見を述べている。そしてまとめとしては、仏教がアジア全体に広まり四億という信者の数を獲得したことの理由として、仏教が王権を支持し、哲学的であり、人類に貴重な価値を与えたことを挙げている。

当時のアメリカには、まだアジアからの仏教徒の到来はなかった。では、在米の学者は、仏教に関するこのような高度なレベルの知識をどこで得たのであろうか？　それは、ヨーロッパの学者たちからであった。アジアの植民地支配に伴って、イギリス、フランス、ドイツの学者たちは、十八世紀末からアジアの宗教についての知識をしだいに増やしていっていたのである。

特に、イギリス人のウィリアム・ジョーンズ（William Jones 一七四六～一七九四）は、インドのサンスクリット語（梵語）が英語と同じ語源を持つインド・ヨーロッパ語群の一つという発見をなし遂げ、ヨーロッパの学者によるアジアの研究に火をつけた。その学者の一人がドイツ人のサンスクリット学者フレデリック・シュレーゲル（Fredrick Schlegel 一七七二～一八二九）であり、彼の学問は、仏教にも強い関心を持ったドイツのロマン主義に大きく貢献した。そしてこのドイツ・ロマン主義は、アメリカ超絶主義（transcendentalism）へ影響していったのである。

この超絶主義を代表したのは、ラルフ・エマーソン（Ralph Emerson 一八〇三～一八八二）、ウォルト・ホイットマン（Walt Whitman 一八一九～一八九二）やヘンリー・ソロー（Henry Thoreau 一八一七～一八六二）というアメリカ文学の巨匠たちである。彼らは仏教に改宗はしなかったが、東洋の宗教全体にも通じていて仏教の影響も受け、しばしば仏教に言及している。

例えば、エマーソンは、「仏教徒は、実は超絶主義者である。それは、良い行いは必ず良い結果を招くという固い信念をもっているからである」と、仏教の因果応報の業を示唆する点を評価した。また、ソローは、有名なワールデン池（Walden Pond）での生活が示すように、自然を愛し、一神論を認めない瞑想的な生き方を好んだ。彼は一八六二年に亡くなったが、その数年後にある友人は「彼の表情には野心や不満は一切なく、感情に悩まされるところもなかった。彼は瞑想の頂点に達する仏教僧のように振舞っていた。」と、ソローのことを回想している。[1]

このように一八四〇、五〇年代には、仏教を含む東洋宗教に関心が高まり始めていた。この環境の中で、エリザベス・ピーボディ（Elizabeth Peabody 一八〇四〜一八九四）という女性超絶主義者によって『法華経』の一部がフランス語訳より英語に訳された。[2]これもサースベリー教授の学会発表と同じ年のことであり、一八四四年は、アメリカ仏教にとって画期的な年となった。

二　一八五三年夏

中国人による仏教寺院の建立――アジアの生きた仏教の渡来

最初にアメリカに入った仏教はインテリ層の知識や思想としてであった。それもヨーロッパからであった。しかし、仏教徒が実践する「生きた」仏教は、アジアから伝達された。その証が、一八五三年夏にサンフランシスコ市内に中国人によって建てられたお寺である。当時の中国人コミュニティーは、六つか七つの「社」(company) という商売上のグループに分かれていて、その中の Sze Yap Company が最初のお寺を立てた。翌年、もう一つの社が二番目の寺を立てた。お寺と言っても、各社の事務所の二階に置かれていて質素なものであったが、アメリカでは生きた仏教の夜明けとなったのである。

カリフォルニアで金が発見されたのは一八四八年であり、その翌年にはゴールド・ラッシュ (Gold Rush) の中、富を求める移民者を乗せた中国からの最初の船が着いた。五年後には、アメリカの中国人の数は一万三〇〇〇人となり、一八七〇年には六万三一九九人に達し、当時のカリフォルニア州全体の人口の一割までを占めていたのである。一八八〇年代初頭には、一〇万人を上回り、その多くはサンフランシスコに集まったのである。[3]

そして、最初のお寺の建立から二十二年後の一八七五年には、サンフランシスコには八つの寺が存在しており、一九〇〇年には、西海岸全域には四百ほどの「お寺」が建っていたと伝えられている。ただこれらの「お寺」とは「ジョス・ハウス」(joss house)と呼ばれ、道教や民間信仰の神々も仏像・菩薩像と一緒に祀られていて、純粋な仏教のお寺とは言いづらいものだった。しかし、サンフランシスコのお寺では、釈迦、薬師、阿弥陀、弥勒、観音という多くの仏像が安置され、また、線香の煙に包まれた本堂では念仏の声も良く聞かれたと報告されている。[4]

ただ、これらの「お寺」は長く存在せず、数年で捨てられていったものが多かった。その理由としては、僧侶や指導者の数が少なかったことと、当時の中国人の多くは家族を持たない不定住生活をおくる若い男性であったことが挙げられる。また、一八八二年には中国人排斥法案が通り、中国からの移民に門戸が閉ざされ、在米中国人の数は次第に減り、一九二〇年には一〇万人から六万人へと減ったのである。その大半は、老年の男性であった。このように中国系の仏教は、二十世紀に入って弱まり、ほとんど途絶えたが、中国人は、生きた仏教を最初にアメリカの土地に伝えた先駆者たちである。

日本人

中国系仏教は二十世紀に入ってしだいに下火となっていったが、前章で述べた四種類の仏教中の「旧アジア系仏教」を活気付けたのは、日本人であった。日本からの移民は、中国に約三十六年遅れて始まった。明治の開国に伴い海外での夢を抱いた若者達は、アメリカの十九世紀後半の急速な工業発展に必要とされた労働者として、ハワイと本土に渡った。ハワイでは、主に砂糖きびプランテーションで働き、本土では主に漁業、鉱業、林業及び農業に携わった。時代が経つにつれ、職業も分散化していった。

アメリカに流入した日本人移民は、生活が安定するにつれ、宗教を中心とした精神的、文化的、社交的なニーズを満たすコミュニティセンターを求め始めた。それを実現するためにはリーダーが必要となり、日本から僧侶の派遣を願った。一八九八年九月には、サンフランシスコの仏教青年会の八十三名が集まり、西本願寺本部に要請状を準備したが、その一部からでも彼らの切実な思いが充分窺われる。

> 日本人仏教徒のまわりを取り囲んでいるのは、八方とも非仏教徒の勢力であり、私どもは安心することができません。まるで針の上にでも座っているかのような気がいたします。どう動いてみても突き刺されるような気がするのです。私どもの（仏教の）御教えを聞きたいという熱き思いが、体中の毛穴から噴出しそうです。[5]

このつつましい始まりからわずか十五年後には、西本願寺系グループは二十五の寺院と支部を持つまでに成長していった。他の日本仏教の宗派も、規模は比較的小さかったが、同じような発展を遂げた。

日本人の移民状況は中国人の形態と違い、比較的早い段階で女性も多く渡米し、家族を構成していった。子供ができるにつれ、家庭のニーズに合わせて宗教の役割も一段と強くなっていった。そこで、「仏教会」と呼ばれた仏教寺院では、メンバーズ（会員）のための冠婚葬祭や子供の日本語教育を行った。また、宗教的ニーズに応え、子供向きの日曜学校、そして大人向けの礼拝や勉強会が盛んに進められた。従って、日本の場合より若い世代に仏教の教えが伝わったのは確かである。

仏教会が日系コミュニティーの宗教、文化、そして社交の面で重要な役割をはたしてきた。この傾向は、特に二十世紀初頭から太平洋戦争の開始までの間の約四十年は、最も強かったのである。しかし、この日系仏教の「繁栄」は、後に述べるように東洋人に対する過酷な人種差別の対応策の表れでもあったのである。

以上のように、ハワイと西海岸を中心とした中国と日本の移住者による日常に密着した生きた仏教が十九世紀末に台頭したのである。その一方、同じ頃、白人知識階級の仏教への関心は広がりを見せ、仏教に改宗する人々も出始めたのである。

三

一八八〇年五月二十五日

白人仏教徒の誕生——日本やアジアとの交流[6]

この日、大勢の喜びに満ちたスリランカで、ヘンリー・スティール・オルコット（Henry Steel Olcott 一八三二〜一九〇七）は、女性の仲間のヘレナ・ペトローヴナ・ブラヴァツキー（Helena Petrovna Blavatsky 一八三一〜一八九一）とともに、正式にアメリカ人として初めての仏教徒となった。

オルコットは、若い時から隆霊術（spiritualism）に興味を持ち、禁酒、反奴隷制度、女性権利、火葬、農業・教育・官僚改革というさまざまな社会的運動にも参加していた。南北戦争では陸軍大佐とまでなり、その後新聞記者として働いていた時、ロシア出身のオカルト術者であるブラヴァツキーに出会った。ブラヴァツキーを通して「古代の奥義の知恵」というものに惹かれ、一八七五年にニューヨークで一緒に神智学協会（Theosophical Society）を立ち上げた。

神智学とは、十九世紀後半に伸びた、西洋と東洋の要素を融合した近代スピリチュアリティーである。その主な要素は、オカルト、科学的思考、ユダヤ教・キリスト教、及びヒンドゥー

教・仏教であった。このように、当時ほとんどなかった東西の宗教の交流の場としても神智学は重要な役割を果たした。また、オルコットのように、神智学協会員から本格的な仏教徒になる者もその後少なくなかった。鈴木大拙の妻となったビアトリス・レーン（Beatrice Lane）もその一人であった。

オルコットは一八七八年には、ブラヴァツキーと一緒に活動の場と神智学協会の本部をインドのムンバイに移した。インドではアウトカーストの教育に力を入れ、幾つかの学校や図書館を設立した。[7]

その後、スリランカへ渡り、日曜学校を開いたり釈尊の誕生日を祝う降誕会《ごうたんえ》を盛んにしたりし、下火となっていた仏教の復興に大きく貢献する。また、*Buddhist Catechism*（仏教教理問答集）という本を著し、仏教新聞も発行した。ちなみにこの本は、日本語に訳され、『仏教問答』として明治十九年に日本で出版された。[8]その他、オルコットは、仏教旗の作製にも関わった。この仏教旗は、釈尊の悟りの際、身体から発した後光とされる青・黄・赤・白・茶の五つの色を基とし、今日に至っても世界中の仏教徒によって使用されている。[9]

その後、オルコットらは、アジアにおけるキリスト教の伝道の勢いに対抗する狙いもあり、テーラヴァーダ（上座部）と大乗という仏教間の宗派協力を目指し、仏教統一運動を起こす。一八八九年には、その目的を果たすため来日し、オルコットは、約百日という日本滞在中、全国三十三都市を回り、七十六回の講演を行なった。一回の講演には平均二五〇〇人という人が集まり、日本滞在中、合計二十万人に近い聴衆の前で話したと伝えられている。[10]また、この来日の時、前述の仏教旗を持参し、現在日本でも仏教共通のシンボルとして宗派を超えて愛用されて

■アナーガリカ・ダルマパーラ

いる。

この日本への訪問には、スリランカのアナーガーリカ・ダルマパーラ（Anāgārika Dharmapāla 一八六四〜一九三三）という若い伝道者も一緒であった。この二人の日本訪問は、日本の仏教界への刺激になり、これがきっかけともなり全国に仏教青年会（Young Men's Buddhist Association）がされるようになったと言われている。[11]ダルマパーラは、その後も何回も日本を訪れ、現在でも国際的組織を持つマハー・ボーディ協会（Mahā Bodhi Society）の創立者となり、後に述べるように、アメリカ仏教の発展にも大いに貢献するのである。

日本仏教と白人仏教徒[12]

オルコットとブラヴァツキーがスリランカで仏教に改宗してから五年後の一八八五年に、日本でも二人のアメリカ人が仏教に帰依した。その二人とは、アーネスト・フェノロサ（Earnest Fenollosa 一八五三〜一九〇八）とウィリアム・ビゲロー（William Bigelow 一八五〇〜一九二六）であった。彼らが受戒したのは、滋賀県大津市にある天台宗園城寺であった。

この二人はともに、マサチューセッツ州出身、ハーバード大学卒であったが、アメリカ仏教に関して最も重要な共通点は、彼らの日本仏教美術品への興味であった。日本滞在中、彼らは明治の廃仏毀釈運動や近代化の西洋崇拝の風潮で軽視されていた日本仏教の美術品を研究し保護することに努めた。また、日本での美術館や美術学校の設立にも大いに貢献した。

両氏とも帰国後、ボストン美術館を中心として、日本仏教や文化の紹介につとめた。フェノロサは、数々の論文を著しながら美術館の東洋部長という立場から仏教美術の紹介に多大な貢献をした。また、個人が集めた美術品が美術館の重要なコレクションにもなった。また、ビゲローは裕福な家庭資産に恵まれていたということもあって、フェノロサのコレクションを上回る数を美術館に寄付をした。その数は四万点にまで及び、その結果、ボストン美術館は海外では最も整った仏教を含む日本美術品を所有することになる。両氏は、数多くの国宝級の美術品を海外に流出したと批判されることもある。しかし、彼らの努力によって、日本仏教が美術品を通してアメリカの土地に広く多くの人に伝わったことは確かである。

ラフカディオ・ハーン（Lafcardio Hearn 小泉八雲、一八五〇～一九〇四）は、フェノロサたちのように仏教徒に改宗はしなかったが、仏教に強い関心を持っていた。その証拠として彼が横浜港に到着した一八九〇年四月四日のその日、さっそく食事もせず、人力車を雇い横浜にあるお寺を訪問している。[13]

ハーンはアメリカにいる時から仏教に関する深い知識を持っていた。それは、新聞記者として一八八〇年代にヨーロッパやアメリカで出版された仏教書物の書評や論説を定期的に出していて、「仏教とは何か」という小論を書いていたからである。特に、エドウィン・アーノルド（Edwin Arnold）の名著である釈尊の生涯を詩で描いた *The Light of Asia*（アジアの光）には感動し、ある知人に、「（この本は）私を魅了しました。私の心は、不思議な新しい礼拝の香りに包まれました。知られざる形式の仏教が未来の宗教になるかも知れません。」と、予告している。[14]

ハーンは、この他にもオックスフォード大学のマックス・ミューラー（Max Müller）教授の論書などが代表するヨーロッパの学者による書物も読んでおり、新聞の読者に報告を行なっていた。このことは、ハーン自身の仏教への知識のレベルを示す他に、一八八〇年代のアメリカ社会での仏教の関心が高まっていたことを反映していると言えるだろう。これは、先述の一八七九年刊行である『アジアの光』がアメリカだけでも、三十万部も売れたことからも理解できるであろう。

このように一八七〇〜一八九〇年代のアメリカでは、仏教がしだいに白人知識階級の間で注目され始め、中にはオルコット、フェノロサ、およびビゲローのように、アジアに行き仏教徒になるまでのアメリカ人たちが登場した。そして、次に述べる万国宗教大会は、アメリカ仏教にとって画期的な出来事となったのである。

四 一八九三年九月十一日

万国宗教大会——キリスト教と肩並べ

この日に、アメリカ中部の大都市シカゴで万国宗教大会(The World's Parliament of Religions)が開始された。会場となったレークフロント・アートパレスには、世界各国から十の宗教の代表者二百数十名が集まり、会場には聴衆五千七、八百名があふれた。日本仏教の代表者としては、釈宗演(臨済宗円覚寺派管長)、土宜法竜(真言宗高野山派)、芦津実全(天台宗)、および八淵蟠竜(浄土真宗本願寺派)が参加した[15]。

この万国宗教大会には、人類の歴史で最も多くの宗教が代表される会議として、大きな期待が寄せられた。この十八日間も続いた会議は、前代未聞の対等の立場で西洋と東洋の宗教が出会ったという点でも、期待を超える成果をあげたと評価されている。

■釈宗演

当時の多くのアメリカやヨーロッパの宗教者にとって、東洋の宗教は文書のみで知る「過去のもの」としか理解されていなかった。しかし大会では、仏教、ヒンドゥー教とイスラム教の代表者は、東洋の宗教の存在感をフルに訴えることができた。その理由の一つは、堂々とした雄弁な演説を行う代表者たちに恵まれたことが挙げられる。

仏教からは、前述したスリランカのダルマパーラが特に目立った。彼は、仏教の代表者というよりイエス・キリストを連想させ、観衆は彼の美貌や演説振りに惹かれ、大会の人気人物となったそうである。そのことを当時の新聞が下記のように報道した。

ダルマパーラ氏は、宗教会議に集った面々のなかでもっとも興味深い人物の一人である。いつも汚れない白衣をまとい、真ん中に分けてバックにまとめられたカールの黒髪、紳士的で洗練された顔つき。まるで彼は、私たちになじみ深い、イエス・キリストのポートレイトのように思えたのです[16]。

また、日本仏教の代表者たちもそれなりのインパクトをもたらしたようで、佐藤哲朗氏は彼らの活躍ぶりをこのように描いている。

一方、日本仏教を代表した僧侶のなかで、英語を自由に操れるのは平井金三（龍華）のみだった。平井が操り出すキングス・イングリッシュの激烈なキリスト教批判は聴衆にショックを与え、会期中そうとう物議をかもしたそうだ。しかし通訳係と漫談に徹した野口復堂の話芸、言葉は通じずとも温厚なあるいは峻烈な人格力をもって仏教の玄妙を説く釈宗演や土宜法竜の講演もまた、アメリカ知識人に強い印象を与えた[17]。

アメリカ宗教の専門家であるリチャード・シーガー（Richard Seager）教授は、この会議がアメリカ仏教の発展にとって画期的な出来事であったと主張し、四つの理由を挙げている。[18] 先ず、西洋の参加者たちは、セイロン、タイ、日本の禅宗、天台宗、真言宗、浄土真宗、日蓮宗の代表者に出会うことによって、仏教が単一ではなく、たくさんの宗派によって構成されているということに気づいたのである。

次に、この会議で発表された仏教の教えは、仏教の近代化を象徴するものとなった。当時神秘的でエクゾチックなものとして一般に知られていた仏教は、仏教代表者たちによって現代化した、生きた宗教として伝わった。創造神を認めず、基本的には心理学的な性質を持つ仏教は、キリスト教よりも科学により良く対応できることが強調された。この見解は、今日も健在である。

第三の理由として挙げられるのは、会議が近代の宗教対話の始まりとなったということである。今日存在する宗教対話を促進する団体のいくつかは、その起源を万国宗教大会に遡るのである。会議は、アメリカにおいてカトリックとプロテスタントやユダヤ教とキリスト教という宗教の間の相互理解や協力を促し、これはアメリカに仏教が受け入れられ易い影響を及ぼしてきたと言えよう。また、その後の仏教諸宗派間の関係の良いモデルともなり、そのお蔭で現在アメリカのいくつかの地域で仏教連合会（Buddhist councils）が活発な活動を行っている。[19]

最後の理由は最も重要である。それは、この会議がアメリカへの伝道を本格的にスタートするきっかけになったからである。例えば、観衆の一人であったC・T・ストラウス（Strauss）という人は、ダルマパーラの演説に感動し、会議中五戒を受け、アメリカ本土では初めての仏教改宗者となった。[20] また、ダルマパーラはその後アメリカを何度も訪れ、全国の主要地を回り、仏教に関心のある多くの知識人と出会った。

日本の釈宗演（一八五九～一九一九）も再度訪米するが、彼の実際の影響は自分の同僚と弟子たちをアメリカに送ったというところにある。その中には、仙崎如元や鈴木大拙という伝道者がいた。また、釈宗演は、その後アメリカで仏教の普及に大きく貢献したポール・ケーラスという人物に出会ったのである[21]。

ポール・ケーラス

ポール・ケーラス（Paul Carus 一八五二～一九一九）は、ドイツで生まれ、父と同じ牧師の職業を目指して熱烈な感情で勉強に打ち込み、一八七三年にチュービンゲン大学で博士号を取得した。軍隊の学校で教師として勤めたが、次第に学校側と宗教の見解の面で対立し、辞任した。その後イギリスを経て、一九八四年にアメリカに渡った。ニューヨークで雑誌の編集者として「宗教と科学の統一」を標榜していたケーラスは、ヘーグラーというドイツ系アメリカ人の資産家に気にいられ、その後、ヘーグラー氏の娘と結婚した。その結果、資産に恵まれ、それを基に出版社 Open Court を設立、雑誌 *Open Court* や *Monist* を発行し、自ら編集者として出版活動に携わり、大きな影響力を持つに至った。

■ポール・ケーラス

彼がキリスト教から離れていった大きな理由は、キリスト教と科学との矛盾であった。十九世紀の終わり頃には、ダーウィンの進化論が代表する科学の考え方が旺盛になり、創造論（神が万物を創造したという考え）を基本とするキリスト教と対立した。それに矛盾を感じた人たちの中には、他の宗教や思想を求める人々が増えたのである。ケーラスもその中の一人であった。

ケーラスは万国宗教大会に出席し、仏教に魅了された。それ以前から、彼は「科学の宗教」(Religion of Science) というものを目指していて、大会後、「仏教こそ時代に合った、科学に矛盾しない宗教である」として仏教の熱烈な支持者となっていったのである。彼の一八九四年刊行の *Gospel of the Buddha* (仏陀の福音) という本は、未だに販売され、この百年余りの間になんと三〇〇万部も売れている。また万国宗教大会後は、前述の出版社を通して、数多くの仏教を支持する書物や論文を世に出したのである。

万国宗教大会でケーラス氏は、釈宗演と思想的に意気投合し、お互いに強い尊敬の念を抱きながら仏教の理解を深めた。その後、釈宗演は自分の弟子であった鈴木大拙をケーラスの所に預けた。それがアメリカでの一八九七から七年間の滞在となり、その後の鈴木大拙の偉大な業績をあげるきっかけとなった。

そして、本書の序文で言及したように、ケーラスの著書の一つは、日本でも良く知られている芥川龍之介の「蜘蛛の糸」と深い関係がある。実はこの小説の題材となった説話は、ケーラスが一八九五年に著した「カルマ」に基づくものであった。この本は、鈴木大拙によって一八九六年に和訳され、それに基づいて芥川が小説「蜘蛛の糸」を一九一八年に創作したのである。この「カルマ」もケーラスが主張する科学的な因果論を説く説話として作成されたものであった。[22]

仏教の低下

ケーラス等の活躍で盛り上がっていた白人中心の仏教への関心は、ビクトリア時代が終わる一九一二年頃になると低下し始めた。トマス・トゥイード教授は、その理由として、仏教に惹かれた多くの人たちが仏教にはアメリカ人が好む楽観的（optimism）と行動的（activism）な要素が希薄であったと結論付けている。仏教が説く「無我」や「涅槃」などは、いくら鮮明な説明が行なわれても、悲観的で消極的な宗教の証であるとしかとらえられなかったのである。それは、人間の努力で個人の問題を解決し、社会にも貢献し向上させるというアメリカ文化の楽観的で行動的な世界観とは合わなかったようである。[23]

このようなことも理由となって、ケーラス氏自身も仏教徒になることに踏み切れなかったのかもしれない。彼は、「仏教に比べてキリスト教が優位に立つ主な点は、教えが引起す行動である。日本仏教のいくつかの宗派を除けば、一般に仏教は人生に対する消極的な態度を優先してきた。」とコメントしている。[24]

このように下火となった白人中心の仏教とは対照的に、日系仏教は以前述べた理由で、二十世紀最初の四十年間は繁栄期となった。しかし、太平洋戦争で状況は一変するのである。

五 一九四二年二月十八日

僧侶の逮捕――移民社会と仏教の役割

第二次世界大戦が始まって数か月後、アメリカ政府は、西海岸の州に在住の十一万人の日系アメリカ人とその移民の親たちを十か所の収容所へ強制収容したのである。彼らは、なんらの法的手続きも経ず、日系人であるという理由だけで住み慣れた家を離れ遠い砂漠に設けられた収容所で戦争中の大半を暮らすことを余儀なくされた。彼らは、収容されるまでの数週間という短い期間に、苦労の末獲得した家や土地という全財産を処分しなければならず、ほとんどの人は大変な損を被ったのである。

一般日系人の強制収容は、五月ごろから始まったが、それに先だって日系コミュニティーの指導者たちはいち早く検挙された。その中には、仏教の僧侶も含まれていた。当時の日系人の六割が仏教徒であったので、多数の僧侶がアメリカに滞在していたのである。その一人であった松浦逸清師は、中部カリフォルニアの沿岸部の小さな農業地帯であるグアダルペ仏教会の浄土真宗本願寺派の僧侶であった。その松浦師が逮捕されたことを、松浦夫人が悲しい出来事として回顧している。

一九四二年二月十八日早朝、私達はまだ夜着のままヒーターの周りに集まりラジオのニュースを暗い思いで聞いていました。そこへドアを大きくノックする音が聞こえました。三人の男が立っていました。ＦＢＩでした。

「松浦開教使を逮捕に来た」と、ドアから入るなり一人が言いました。こんなことになるのではとの予感が私にはありましたが、実際にそうなってみると押しつぶされそうな気がしました。私は夫の着替えを荷造りするように言われ、急いで下着と洗面用具をバッグに入れました。衣、袈裟、聖典は別の包みに入れました。

「必要最低限だけだ」と彼らは言いましたが、僧侶なのでこの他にも宗教的な物は許してもらえました。夫は本堂への長い渡り廊下を歩き、蝋燭と線香をともし、『讃仏偈』を静かに唱えました。これが最後の別れになるかも知れないと思い、末娘のキヨと私は合掌礼拝しました。ＦＢＩ官達は読経の間、直立して立っていました。[25]

そして、松浦師が逮捕されて二か月後には、松浦夫人と西海岸に住むすべての日系人が十か所の収容に散らばって行ったのであった。松浦夫人は、その悔しさがにじみ出るようなできごとをこう述懐している。

ほぼ五十年間の移民生活史の中で、その日までに手に入れた財産や土地はことごとく言い値で売り払うか、捨て去るしかありませんでした。手荷物だけ持って立ち去るように言われたのです。「敵性外国人」であることの証として番号札を付けさせられ、不安の中、涙ながらに家を後にしたのでした。

収容所は針金フェンスと武器を持った監視に囲まれた箇所であり、そのような所へ閉じ込められた日系人にとって宗教が日常生活の苦労と不安の解消のため重要な役割を果してくれた。宗教は、一般社会でも激しい差別の中で精神的、文化的および社交的なニーズを満たしてくれたが、収容所ではその役割はさらに重くなったのである。この中で、仏教の僧侶たちは、人びとのつのる悩みに対応し、宗教者として指導的立場を発揮した。日曜日になると、日曜礼拝と日曜学校は一層に盛んになり、多くの人の精神的な力になったのである。

このような精神的に過酷な状況にあっても、アメリカ国籍の二世の若者たちは、収容所から軍隊へ志願し自分の国、アメリカのために戦ったのである。そして、ヨーロッパと太平洋戦域でめざましい成果を挙げた。その中で、ある兵士は海外に出かける前、親への愛情と「仏さん」への信仰を、英語と方言が混じった日本語の手紙に伝えている。

ママ　パパ　ミー（私）よ　ホラ ミーよ

今夜いよいよ　オーバーシー（海外）へ行くよ。長いこと可愛がってもらって　ミー　サンキューいうよ。ママもパパも心配せんでもいいよ。すぐ帰ってくるでな。帰ってきたら、すぐパパやママの所へ飛んで行くよ。ママもパパも元気でいなさいよ。行ってくるでな。もういうこともないで、これでグッバイするよ。ママもパパも元気でな。グッバイ…。

ママ　パパ　まだあるよ。忘れてたよ。ほらあの話な。ミーが小さい時からいつもママがミーに話してくれたあの話よ。仏さんの話よ。あの話ちゃんと覚えとるから安心してよ。オーバーシーへ行っても仏さんはミーについてくるんだったなあ。ミーさみしくないよ。仏さんがミーを守っていてくれるんだものなあ。

あの話、覚えとるからママもパパも心配せんでもいいよ。では行ってくるよ。ママもパパも大事にしなさいよ。グッバイ。[26]

何と心を揺さぶる手紙であろう。また、この手紙は、英語が母国語である青年にも仏教が心の支えとなっており、仏教がアメリカの土地に根を下ろしたことを語っている。

戦争中の試練は日本から渡った仏教教団自身を「アメリカ化」させたのである。それは、特に浄土真宗本願寺派に顕著に現れた。収容されている間に、米国で生まれた二世たちがより大きな影響力を持つようになり、一九四四年の七月のソルトレークシティ（日系人禁止地域の外）で開かれた大会で大胆な改革を行った。

教団の第一言語として日本語に代わって英語を使うことと、Buddhist Mission of North America（「北米仏教ミッション」という意味で、日本語の正式名は「北米仏教団」）からBuddhist Churches of America（「米国の諸仏教会」という意味で、正式名は「米国仏教団」）という新しい名称を用いることを要求した新しい憲章が採択された。大会は、もう一つの重要な変革を実現した。戦前までは大きな権威と影響力を持っていた僧侶に対し、在家信徒の力が強化されたのであった。

終戦後、日系人は収容所を出て元の生活を取り戻した。その際、仏教徒は英語を中心とするなど、一段とアメリカ化した要素を持って、数年放置した仏教会を復活させた。日系中心の体制は変わらなかったが、その後、他人種の僧侶や門徒も増え、徐々にアメリカ化した宗教団体へと向かって変化しつつある。

平和と繁栄を取り戻した戦後のアメリカ社会には、今度は、「ビート仏教」と言う以前とは別な形の仏教が一般社会に登場したのである。

六　一九五八年　『ザ・ダーマ・バムス』の刊行——一般社会に影響するビート仏教

この年には、ジャック・ケロワック（Jack Kerouac 一九二二〜六九）の『ザ・ダーマ・バムス』（The Dharma Bums）という小説が刊行された。[27]「ダーマ」は仏教で言う「法」を指し、ここでは、西洋に対する「仏教」や「東洋」、または、堕落した社会に対する「真実」というような意味が含まれている。「バムス」とは、自由に、真実に生きる「放浪者たち」というポジティブな意味合いを持つのである。

小説は、当時の仏教や詩を愛するジャフィー、アルヴァー、レイという三人の若者の生活ぶり、仲間たちへの思い、及び社会に対する姿勢を描いたものである。実はこの三人は、作者の友人二人と作者自身をモデルにしていた。主人公のジャフィーが、詩人ゲーリー・スナイダー（Gary Snyder 一九三〇〜）、もう一人のアルヴァーが著名な詩人アラン・ギンスバーグ（Alan Ginsberg 一九二六〜九七）であり、残るレイが作者ケロワック自身であった。彼らこそが、ダーマ・バムスなのである。

小説には次のような仏教を説く場面がある。

彼（ジャフィー）はチベット、中国、大乗、小乗、日本、そしてビルマの仏教のことまで細かくよく知っていたが、俺（レイ）は神話や各国々の仏教の特徴などには全然興味がない。興味があるのは、釈尊が説いた四諦の第一の「一切皆苦」であり、そしてその次に、以前不可能と思っていた第三の「苦の抑圧は可能である」という教えのみだ。[28]

遠いアジアの仏教のあり方というよりも、アメリカでも経験する人間の切実な問題を本来の釈尊の教えを持って解決したいということを優先する。知識より智慧の優先とも言えよう。

また、社会の現状に対する反発も見られる。ある場面で、ジャフィーはダーマ・バムスのあるべき理想を宣言し、そこには、消費社会のあり方に抵抗することを呼びかけている。

ダーマ・バムスたちは、生産品を消費し、消費する「特権」のために働くという無駄なことを断るべきだ。生産品とは、本当は欲しくもない冷蔵庫、テレビ、特に豪華な新車、そして、どうせ一週間後にゴミとなる特定の髪のオイルや防臭剤と一般のがらくたなどである。

そして、彼は資本主義に惑わされない別な生き方を提唱するのである。

俺にはビジョンがあるのだ。それは、何千、何百万という若いアメリカ人がリュックサックを背負って歩き回り、祈るために山を登り、子供たちを笑わせ、老人たちを喜ばせ、少女たちを楽しくさせ、そして、老婆たちをより楽しくさせるということだ。彼らは皆、禅に夢中な人（Zen lunatics）たちである。彼らは、理由なく頭に浮かんでくることを詩として書き、他者に親切であり、変わった行動を通してすべての人々とすべての生き物に永遠の自由というビジョンを与えるのだ。

……そうだ、必要なのは浮遊する禅堂（floating zendo）だ。そこは、年寄りの菩薩が旅の最中に何時でも寄ることができ、また、レイのようにお茶が飲めて、そしてアルヴァーが必要とするメディテーションが学べるという所なのだ。そして、俺がその禅堂の住職になるんだ。

この小説は、ベストセラーとなり、一九五〇年代に盛んとなったビート世代（beat generation）を象徴する本の一つとなった。また、劇的な六〇年代に登場するヒッピーや一般の団塊世代の一部にも強い影響を与えたのである。

ビートとは、「ビートニックス」（Beatniks）と呼ばれる人たちによる文学と社会批判だけではなく、「新しい意識」を目指すスピリチュアル・宗教的な運動でもあった。そこには、スピリチュアル・宗教が理想社会建設の原動力と見なされたのである。仏教、特に禅にはその実現への大きな期待が掛けられた。

禅がこのような影響力を持ったのは、前述の釈宗演等によって早くアメリカに伝わったこともあるが、その中で釈宗演の弟子であった鈴木大拙の役割は非常に大きい。彼は一八九七年にはすでにアメリカに渡っており、生涯を通して何度もアメリカ滞在を繰り返し、書物や講演を行った。戦後は、一九四九年にアメリカに戻り、ハワイとカリフォルニアを経てニューヨークのコロンビア大学で一九五七年まで教鞭をとった。この期間、たくさんの知識人に影響を与えた。例えば心理学者のカレン・ホーナイ（Karen Horney 一八八五〜一九五二）とエーリッヒ・フロム（Erich Fromm 一九〇〇〜一九八〇）

や音楽家のジョン・ケージ（John Cage 一九一二～一九九二）など、仏教以外の分野を通してその後アメリカ社会に仏教を紹介した人たちである。

この他にも、ここで取り扱ってきたビート世代の人々がいる。ケロワック、スナイダー、ギンスバーグらは、皆、鈴木大拙の著作を通して影響を受けていた。彼らにとっては、仏教の流れの中で、禅が最もなじみ深かったといえよう。もちろん書物を通してだけでなく、スナイダーは、禅の修行と研究のため、一九五六～一九六八年の間のほとんどの時間を主に京都で過ごしている。また、ケロワックとギンスバーグは、『ザ・ダーマ・バムス』が出版された直後、ニューヨークの鈴木大拙宅を訪問し、非常な感銘を受けている。

このビート仏教は、十九世紀末に登場した白人仏教徒たちとの違いは、知識より智慧や実践の強調、幅広い分野と一般社会への影響、および社会体制批判を促したところにあると言える。そして、これらの要素は、一九六〇年以降の仏教の飛躍的発展の重要な土壌となったのである。

七　一九六二年　サンフランシスコ禅センターの開始——実践道場の誕生

鈴木俊隆師は、一九五九年に念願のアメリカへ曹洞宗の伝道者として渡った。赴任したサンフランシスコの桑港寺は、一九三四年に創立され、会員のほとんどが日系人であった。しかし、鈴木師の下には、座禅を求めてくる白人の若者がお寺を訪れるようになった。水曜日の夜には、毎週十二人〜三十人が集まってきた、とある参加者は報告している。[29]

皆は、仏壇の蝋燭の明かりしかない暗い中に壁に向かって座り、先生は警策《きょうさく》を持ちながら歩き回り、よく「ピシャリ」と叩いている。……男性の中には、髭をはやし、トレイナーを着て、サンダルを履いたビートニック風の若者たちがいるが、私が見るところ、彼らは結構まじめそうである。[30]

座禅への興味は急速に高まり、集まってきた若者はお寺の周りに宿をかり、一つのコミュニティーができあがった。この状況を受けて、一九六二年には、桑港寺とは別にサンフランシスコ禅センターという正式な組織を立ち上げた。

自分が好む座禅指導ができるようになったが、鈴木師は葬式や法事を含む桑港寺の住職としての任務も続けた。これは、完全に二分化した業務であった。桑港寺の日系人のメンバーたちは座禅などにはほとんど興味を示さず、また逆に、禅センターに集まる若者達は、冠婚葬祭等には興味がなかった。

この事態は、まさにアジア系人の仏教と改宗者の仏教の形態の本質的な違いを象徴したものであった。この二つを両立することの難しさに悩んだ鈴木師は、後者のニーズが爆発的に伸びたこともあり、また座禅指導の伝道者としての使命を感じ、桑港寺の住職を辞し禅センターに専念したのである。

鈴木老師は二つの点で当時のニーズに答えた。その一点は、もう一人の鈴木、鈴木大拙博士とは異なって「さとり」などについてはほとんど言及せず、「只座る」ことを強調した。別な言い方をすれば、教理ではなく、「行・プラクティス（Practice）」を重んじたのである。仏教に興味を持ってセンターに訪れる人には、「私は毎朝五時半に座禅します。私と一緒にすることを歓迎しますよ」と、同じことを皆に言ったそうだ。プラクティスを強調するに伴って、師は「初心」の気持ちと姿勢を大切にし、悟りとか涅槃という難しいことを避け、東洋の神秘へ対する劣等感を感じていたアメリカの若者に、誰もが座禅ができるという勇気を与えたのである。

第二点は、ルールなどを厳しく要求した。これは意外であった。というのは、当時のアメリカ、特に西海岸では、前述のビート仏教が示したようにカウンターカルチャー的な自由主義の風潮が高まっていた。多くの若者は、麻薬を使用しており、禅センターに集まってきた者の中には一度ぐらい体験していない者は、ほとんどいなかったであろう。これに対して、老師は厳しい姿勢をとった。例えば、礼拝の数が日本では三回であったのに、九回に増やした。また、アメリカ伝道者の先輩である曹渓庵師や先崎師の方法とは違って、椅子に掛けての座禅はゆるさず、日本と同じ結跏趺坐を求めた。しかし、若者たちは、あたかも厳しい規定を無意識に求めていたかのようにルールを受け入れた。このような修行は、日常の行動にも現れた。例えば、座禅に参加する際、禅センターの前のブッシュ通りは、朝の五時半には車はほとんど通らない。しかし、彼らはしっかりと青信号を待ち、渡るときは横断歩道の中を歩いた。このような行動は、二キロほど離れたヘイト・アシュベリー街に集まる同年代のヒッピー族とは対照的であった。

何がこのように座禅と仏教を求めるアメリカの若者達をサンフランシスコ禅センターに惹きつけたのであろう？　その理由は、上に挙げた適切な指導理念と方法にもあったが、もう一つは鈴木老師自身の個人的な魅力であった。それは、エリック・ストーリー（Erik Storlie）という名の若者が、はじめてセンターで素朴な衣を着けた剃髪の中高年の鈴木老師を目にした時のことを語っている中でもうかがわれる。

先生が〔持っていらっしゃる〕本を開くと、東洋の文字でいっぱいである。この仏像、花、不思議な小柄な人、あの奇妙な本、これらすべては、この玄関の外の霧がかかった街頭から広がる市（サンフランシスコ）から、私を時間的に遠い時代と空間的な遠い場所へ運んでくれる。……私自身も分からない何かが私の中で込みあげてくる。それは、この小柄な質素な人が好きな昔の詩（教え）への深い信仰であろう。……「はい、私はここにいます。そして、先生が語るのをまた拝聴いたします。」と、私は自分に呟いているのである。[31]

このような気持ちは、禅センターに惹かれて来た若者の多くに共通していたことであろう。それでも、社会的激動の六〇年代の初めに、戦前生まれの日本の仏教僧に、このような戦後育ちのアメリカの若者が多く惹かれたことは非常に興味深いことである。私は、このことこそ仏教の普遍性が著しく現われているように思うのである。

このように人々が増えるにつれ、禅センターは組織としてもめざましい発展を遂げていったのである。例えば、一九六六年にサンフランシスコから数百キロ南の山の中にあるタサハラ（Tassajara）温泉を購入し、そこに修行に専念できる禅道場を設立した。これは、アメリカの土地に仏教が根を下ろすには、都会から離れて真剣に修行できる場所が欠かせないと、鈴木老師と禅センターの指導者たちは考えた結果である。

購入額は創立してから数年しかたっていないグループには、大きな負担となったが、一般社会からの支持もあった。例えば、グレイトフル・デッド（Grateful Dead）やジェファソン・エアプレイン（Jefferson Airplane）という当時の超一流ロックバンドが、資金集めのチャリティ・コンサートを行ってくれた。また、東海岸の慈善家による高額な寄付もあってタサハラの夢は実現し、現在でも重要な役目を務め続けている。

そして一九七二年には、海と丘に挟まれた土地も手に入れ、その後仏教を理念とした農作事業や自然環境対策を重んじるグリーン・ガルチ・ファーム（Green Gulch Farm）という寺院を設立した。このように、サンフランシスコ禅センターは、創立からわずか十年の間に目覚しい発展を遂げ、北カリフォルニアでは知名度の高い宗教団体に発展していったのである。

一九六〇年代の伝道者と実践道場

六〇年代のアメリカには、鈴木師とサンフランシスコ禅センターのように素晴らしい業績をあげた他のアジアからの伝道者と団体も登場した。彼らに共通する点は、プラクティスを重んじ、それを実践する場所を確保し、アメリカ人（先述の「メディテーションを中心とする改宗者」）を養成したことである。これは、知的な興味に終わり弟子や後継者の養成もなかったために、下火となった十九世紀末の知識階級中心の仏教とは、大いに異なる点であった。

この戦後の伝道者の中には、日本からでは、臨済宗所属の佐々木承周師（一九〇七〜）と嶋野榮道師（一九三二〜）が挙げられる。一九六二年に五十五才という年でロサンゼルスに渡った佐々木師は、南カリフォルニアとニューメキシコ州を中心にいくつかのセンターを設立した。その後、多くの弟子たちによってフロリダ州やプエルトリコやカナダなどに拠点が増えていった。

嶋野師は、かつてそこで鈴木大拙博士のサポート役を務めていたニューヨーク市のZen Studies Centerを、一九六四年にニューヨーク禅堂正法寺として復活させた。その後一九七六年に、コネティカット州のキャッツキルに大菩薩禅堂金剛寺を建て、マンハッタンの「町の拠点」とこの「田舎の禅堂」を通して、ニューヨーク付近における有力な仏教指導者として活躍してきた。

なお、前章でも言及したように、アメリカの禅の特徴は、曹洞宗や臨済宗にも所属しない三宝教団の流れを継ぐ弟子たちが比較的大きな流れを占めていることである。「三宝教団」を改革運動として設立した安谷白雲老師は、アメリカにはよく出かけ、アメリカ人のニーズに合った指導を行った。例えば、「見性」という初段階の悟り体験をその後の修行の基礎として強調し、在家者が理解しやすい修行法を整え、また、男女が共に修行できる環境も設けた。その結果、たくさんの弟子を養成することに成功した。

その中で、三名の有力な弟子を輩出した。その三人とは、ロサンゼルスに拠点を置いた前角博雄師、ハワイのロバート・エイトキン師、およびニューヨークのフィリップ・キャプロー師である。三人とも、さらに多くの弟子たちを養成し、現在その弟子たちが全国各地に新拠点を設立し、アメリカの風土に応じた活動を展開している。[32]（第一章参照）

これらの日本の禅系統の他に、六〇年代にアメリカに渡った伝道者を代表するのは、前述のチョギャム・トゥルンパであった。彼はチベットのカギュ派の僧侶であり、インドに亡命した後イギリスのオックスフォード大学で学び、スコットランドで初めてのチベット系寺院を立てた。その直後、還俗し結婚しアメリカへ渡り、東部のバーモント州に拠点を設け、アメリカ中を回り、有能で人気のある仏教指導者として知られ多くの人々を惹きつけた。その後、コロラド州を本部として、ヴァジュラダートゥ（Vajradhātu）という全国的組織を展開し、百五十以上の都会中心のメディテーション・センターやいくつかのリトリート・センターも設けた。また、先述のナローパ大学もトゥルンパ師の業績の一つである。

トゥルンパ師は、禅寺院の天井のデザインなどの他宗派仏教の要素も取り入れ、またアメリカ人の好みに合う鮮やかな美的感覚や親しみのある心理療法も採用し、仏教の教えをアメリカ人のニーズと希望に応えるように巧みに調整した。そして、メディテーションの要求に対して、多くの人が実践できるシャンバラー・トレーニング（Shambhala Training）という瞑想方法と勉学のカリキュラムを提供し、好評な成果をあげたのである。一九八六年にトゥルンパ師は亡くなるが、その後長男の指導によって、アメリカ仏教の有力な団体として発展していっている。

また、アジアの他の国々からもアメリカに拠点を創立した。一九六五年には、スリランカ出身のラトナサーラ師（Ratnasāra）によってテーラヴァーダ（上座部）仏教を代表するワシントン・ブディスト・ヴィハーラが首都ワシントンにできた。また、中国からは、宣華師と星雲師がカリフォルニア州を中心として、伝道を開始した。彼らは、主に中国からの移住者によって支持されたが、アメリカ人の教化にも努め、宣華師は優秀なアメリカ人の出家者を輩出し、翻訳活動にも力を入れてきた。星雲師は、後に述べるように、アメリカ最大の仏教寺院を建設し、その寺は政治資金問題を起こしながらもアメリカの大統領選挙にまで関わる勢力を持つ場所となるのである。

七〇年代に入ると、ベトナムや韓国からも有力な伝道者がメディテーションを中心とする改宗者を輩出したが、それも、六〇年代に始まった鈴木（俊隆）師やトゥルンパ師等の努力と成果の延長であったと見ることができる。六〇・七〇年代の指導者に共通するのは、プラクティスの強調、「道場」という拠点の設立、および改宗者の養成である。これらの要素こそが、以前仏教の低下の原因となった悲観的で消極的なイメージを払拭した。そして逆に、六〇年代から仏教は、アメリカ人が求める楽観的で行動的な宗教というイメージが高まったのである。それは、知識だけではなく、プラクティスを通して自分を改善することができる仏教となったからである。

八 一九七四年

インサイト・メディテーション・ソサイアティ——新しい形の仏教

前述のインサイト・メディテーション・ソサイアティ（Insight Meditation Society 通称ＩＭＳ）の起源は、一九七四年にジャック・コーンフィールドとジョーセフ・ゴールドスタインがコロラド州にあるチベット仏教のカギュッパ派主催のナローパ学院（Naropa Institute）に招待され、ヴィパッサナー・メディテーション（vipassanā meditation）方式を教えた時に遡る。この指導会は大成功におわり、その後二年間、二人はアメリカ中を駈け回り、ヴィパッサナーを主に二十代、三十代の若者たちに指導した。そして二年後に、二人は、シャーロン・サルスバーグおよびジャクリン・シュワーヅという女性の教師と一緒にマサチューセッツ州バリー市にセンターを設立した。センターは、パーリ語の「ヴィパッサナー」の英訳である「インサイト」（insight 洞察）を持って、インサイト・メディテーション・ソサイアティ（洞察瞑想会、ＩＭＳ）という名称をつけた。このセンターも人気を呼び、国内とヨーロッパから大勢の人々が、定期的に行われる週末から三か月迄のリトリートへ参加するようになった。

その勢いは徐々に増し、コーンフィールド氏は西海岸のカリフォルニアに移り、一九八四年にサンフランシスコより約二十キロ北にスピリットロック（Spirit Rock）というセンターを設立した。現在、このスピリットロックは東海岸のＩＭＳと並んで全米のインサイト・メディテーションの中心地となっている。[33]

この四人の指導者は全員、一九七〇年頃ビルマとタイを中心とした東南アジアにおいて修行を行ってきた。彼らは、マハーシ・サヤドウ（Mahasi Sayadaw）、ウ・バキン（U Ba Khin）、ゴエンカ（Goenka）、ブッダダーサ（Buddhadāsa）およびアーチャン・チャー（Achan Cha）という修行僧に師事したのである。この先生達は、皆テーラヴァーダ教団の「二十世紀の現代化運動」を代表する進歩派に所属しており、その中でも、マハーシ・サヤドウ（一九〇四〜一九八二）はビルマ仏教の現代化に大きく貢献した僧侶として有名である。

この現代化運動の特徴は、鎌倉仏教の「専修」を連想させる、一つの修行に専念する単一化形式を取ったのである。サヤドウ師の場合は、ヴィパッサナーという瞑想法に専念した。また、現代化のもう一つの特徴は、諸師が宗教体験と修行を重視した代わりに、伝統テーラヴァーダ仏教の教理や輪廻転生に基づく世界観を控えめに扱った点である。従って、「正しい教」（orthodoxy）より、「正しい行」（orthopraxy）に自分たちの僧侶としてのアイデンティティーを見いだした。このような特徴がインサイト・メディテーションの性質、特にその組織形態や修行法に大きな影響を及ぼしたのである。[34]

インサイト・メディテーションの組織は、本山と末寺というような日本的な形態をとっているのではなく、独立したセンターの集りから成り立つ連合的な性格を持っている。数年前には、全国で約三百のセンターが存在していて、参加者は全国にいるが、最も数が多い州はカリフォルニア、次にニューヨーク、そしてマサチューセッツという順番である。この約三百のセンターの多くは、数十人から成り立っているセンターが大半を占めているようであるが、他には一週間に数百人の参加者があるセンターもいくつかある。[35]

ちなみに、全国に約七十人の教師がいるが、その全てが在家者である。そして、その中の四十八名がリトリート（参禅会）を指導する資格を持つベテラン教師である。人種別では、四十八人中、四、五人を除く全ては白人である。性別では、ちょうど半分の二十四名が女性である。[36] この女性指導者の高い比率については、アメリカ仏教の特徴の一つとして後に取り上げることにする。

インサイト・メディテーションの最も古くて大きな規模を持つセンターは、先述の東海岸のＩＭＳと西海岸のスピリットロックである。例えば、スピリットロックでは会員制をとらない代わりに、大変良く整った *Inquiring Mind* という雑誌を年間二回発行し、その他にはニュースレター等を使って参加者との連絡を綿密に取っている。数年前のその住所録は、二万四千という数に達していて、その内の三分の二が女性である。このように会員（メンバー）制度を設けていないのが、インサイト・メディテーションの他のセンターでも同じである。

しかし、メンバーではなくても、リトリートや講演という年間行事には自由に参加できるのである。リトリートの長さは、週末だけから、一週間や一か月のものがあり、希望者は、自分のニーズに合せて参加できるのである。しかし、リトリートの参加者にとってはそれ以外のセンターへの義務はないのである。勿論、センターへの寄付の要請はニュースレター等を通して行なわれているが、その参加も自由である。

リトリートの参加費は全てセンターに納められ、組織の主要な収入源となっている。その代わり、リトリートを指導する講師への報酬は、お布施として参加者から直接渡される仕組みとなっている。従って、報酬の額は参加者の講師への思いと評価で決まるのである。比較的高額所得者が多いインサイト・メディテーションへの参加者は、それなりの額を積むようであるが、教師達はこの種の収入のみでは生活は成り立たず、セラピスト等といった本職を持っている[37]。

このように、日本仏教ではあまり見られない組織形態をとっていて、これは伝統を軽視する傾向にも繋がっているのである。

伝統軽視の傾向

インサイト・メディテーションに属する団体の名称は、「インサイト・メディテーション・ソサイアティ」や「スピリットロック・メディテーション・センター」等であって、「仏教」(Buddhism) の言葉すら含まれていない。それは、仏教の要素を排除するという動機よりも、テーラヴァーダというアジアの伝統に制限されず、幅広い入り口を提供しながらアメリカ独自の仏教を構築したいという期待が含まれていると言えよう。

数年前、インサイト・メディテーションのテーラヴァーダとの関係をどう見るべきかが議論された。その結果、大半の参加者は、テーラヴァーダとの関係を拒否し、独立な路線をとることにした。その理由として二つの点が挙げられた。まずは、インサイト・メディテーションの所属を一つの宗派に限定する事に反対であった。そうすれば、自分達の独立性を保つことが困難になるからである。

次に、彼らにとっては、人生否定 (life-negating)、来世志向 (other-worldly) および二元論的 (dualistic) な要素を持つ東南アジアのテーラヴァーダと関係を持つことが大変難しいと見たようである。そこには、サヤドウ師やチャー師という改革派への影響は認められるものの、それ以上に東南アジアのテーラヴァーダ全体とは、自分たちの目指すものが一致しないという考えがあるようである。

この伝統軽視の傾向は、他の宗派にも見られる。例えば、前述（四五頁）のトーニー・パッカー師は、ローチェスター禅センターのキャプロー師の一番弟子であったが、縁を切り独立し、スプリングワターという拠点を設立した。その際、自分のキャプロー師から受け継いだ特定な伝統も否定したが、伝統という考え自体も否定した。

真実そのものには、伝統は必要ではありません。それは過去や未来なしで、今ここにあるのです。…私は、それ（伝統）にはあまり興味がありません。望むのはこのスプリングワターが、自発的に予想の付かない形で繁栄することであって、伝統的な教えを伝える場所となることではありません。[38]

パッカー師の考えは、彼女が設立したSpringwater Center for Meditative Inquiry and Retreat（瞑想の探求とリトリートのスプリングワター・センター）という一般的な名称にもうかがわれる。ここにも、インサイト・メディテーションと同様に「仏教」が欠落していて、宗教という幅広い営みの中で「瞑想」が強調された団体名称となっているのである。

九　一九七六年七月四日

創価学会の建国二百年祝典——アジア宗教のアメリカ化

この日、大リーグのニューヨーク・メッツのシェイ・スタジアムで野球が二試合行われていた。二試合の合間に、アメリカ建国二百年祝典としてある団体が、「七六年の精神」と題してアメリカ建国以来の主なできごとを歌と踊りにして演じた。参加した数百人は、アメリカ日蓮正宗（Nichiren Shōshū of America またはNSA）の会員たちであり、かれらは男女一緒で、白人、黒人、ヒスパニック、そして東洋系というアメリカの主な人種が代表されていた。その時、アメリカ人でありながら仏教徒であるということを、アメリカ社会の公共の場で堂々と訴えたのである。

その演目の中で、独立戦争中ジョージ・ワシントン将軍がデラウェア河を小船で渡る有名なシーンが描かれた。ただ今回は、絶望して膝を曲げて祈っているというワシントンではなく、日蓮正宗の会員が普段題目を唱える時にとる結跏趺坐の姿勢の将軍として演じられた。このようなテーマを取り扱うことは、一貫してアメリカ日蓮正宗がとってきた「アメリカ化」という積極的な対策の表れであった。

このアメリカ化という対策は、創立以来、重要視されたことであった。池田大作氏が創価学会の三代目の会長に就任した一九六〇年には、世界伝道の一環として初めてアメリカを訪問した。サンフランシスコの演説で、池田氏は創価学会のアメリカでの伝道をコロンブスの業績に喩えている。

我々はこの度、クリストファー・コロンブスが成し遂げたように、この大陸に第一歩を踏み出したが、この訪問〔の先、伝道の〕くさびを入れることは、彼以上に大きな試練が待ち受けているのである[39]

このような「アメリカ化」という強調は、色々な形で新しい伝道に現れた。その一つが、一九六八年にアメリカ日蓮正宗の新会長が就任した時であった。本名は貞永昌靖《さだながまさやす》であったが、就任数年後ジョージ・ウィリアムス（George Williams）という「典型的な」アメリカ人の名前に変えたのである。二つ目は、仏教をアメリカの基本的価値観と同一視することを進める「文化のお祭り」（culture festivals）であった。特に若者を対象に創立の年から十五年間も続けられ、それがこの一九七六年の大規模な建国二百年祝典として実ったのである。

一九七六年以降、「折伏《しゃくぶく》」や「広宣流布《こうせんるふ》」という言葉が示すようなそれまでの激しい積極的な伝道法式は緩和された。街頭で人を引き込むような行動は廃止された。それに変わって、仏教的な家族や個人の内面的な充実に力が入れられた。その方針変更の背景には、「カルト」というイメージとそれに対する批判を解消するが趣があったとも言われている。[40]

また、これは、ある程度の成長を実現した団体が、成熟した段階へ入り、一般社会に認められ参加しようという意欲の現れであるとも言える。この傾向は、一九九一年に日蓮正宗と訣別し、アメリカではSokagakkai International-USA（ＳＧＩ－ＵＳＡ）となった以降もっと顕著となったようである。

その実例として、一九九三年には、Boston Research Center for the Twenty-first Century（ボストン二十一世紀センター）がハーバード大学の近くに設立され、研究以外には学会や公開講演などを行っている。また、二〇〇一年に南カリフォルニアのオレンジ郡に約三億ドルをかけて先述のSoka University of Americaのキャンパスが開校された。現在、世界中から集まった約数百人の学生が在籍していて、環境学、人文学、国際関係学及び社会・行動学という四つの分野を中心として学んでいる。

このような発展にもかかわらず、創価学会に対する否定的な一般評価はアメリカでも存在する。しかし、ある一つの点では、他の宗派には見られないことを成し遂げてきた。それは、人種的には最も多様であって、他の仏教グループに比べるとアメリカ社会の現状を最も良く反映していることである。

会員の人種の割合は、一九九七年の調査では、白人は四二パーセント、黒人一五パーセント、アジア系・太平洋島々系二三パーセント、ヒスパニック六パーセント、その他一五パーセントであった。[41]特にこのような黒人とヒスパニック系の会員数は、他の三種類の仏教徒には見られない。これは、先述の黒人である有名歌手ティナ・ターナーやハンク・ジョンソンという初めての仏教徒国会議員と、ヒスパニックの元大リーグ選手のオーランド・セペダ（Orlando Cepeda）等が創価学会員であるということが象徴している。

十　一九九六年四月二十九日

米国副大統領の仏教寺院への訪問——移民仏教の社会同化

この日、選挙を十一月に控えていたアル・ゴア（Al Gore）副大統領がロサンゼルスの郊外にある西来寺という仏教寺院を訪れた。西来寺は、台湾の仏光山のアメリカの拠点として、一九八八年に、五万七千平方メートルという巨大な敷地に立てられたアジア以外での最大の仏教寺院である。住職の星雲師は、台湾を中心として世界中に約百万の信者を持つ仏光山の最高指導者でもある。

星雲師は、以前からゴア副大統領の知り合いであり、西来寺への訪問を願っていていた。この日同じ南カリフォルニアで企画されていた会合がキャンセルされたので、副大統領はその代わりに西来寺での会合に出席することになった。

副大統領は、その訪問を「コミュニティーとの連携」（community outreach）として理解し、一方、星雲師は副大統領との「親しい関係の再確認」のためと見ていたようである。従って、両氏はこの会合が選挙への資金調達のためであったとは知らなかったとされているが、会合への参加者たちは、目的を資金調達として理解していたようである。実際にはこの会合では、約十四万ドルの寄付が集まったと報告されている。

この出来事は、十月に大手新聞 *Wall Street Journal* によって報道され、大きな政治的事件となった。それは、三つの面で問題となった。先ず、免税となる宗教法人では、政治の資金調達は法律で禁じられている。第二に、市民権や永住権を持たない外国人による政治団体への寄付は禁止されており、集まった人々の中にはその可能性があった。第三に、寄付された資金の元が明確でないという疑問もあった。

その後、種々のメディアの主要な話題となり、連続して毎日のように全国的に報道された。その際、メディアは、the Buddhist temple（例の仏教寺院）という調子で西来寺のことを指し、「仏教」という言葉が当たり前のようにして「アメリカ社会での事件」として多くのアメリカ人の意識に浸透したのである。結果的にこの事件は、その十一月に行なわれた選挙には大きなダメージはなく、ゴア氏はクリントン大統領とともに当選した。法律違反の問題もその後徐々に解決したのである。

この事件は、法律的な観点と倫理的な観点の両方から議論の対象となった。意見は多岐にわたり、中には、仏教寺院がこのような事件に関係したことを、恥と思う仏教徒もいたことも確かである。しかし、私は、そのような問題意識とは違ったアメリカ仏教の発展という観点から見れば、明らかに画期的な出来事であったと考えるのである。

それは、仏教寺院が経済的・政治的な面で、他の宗教団体と同様に政治活動に参加するようになったからである。それも、白人中心の改宗者の仏教センターではなく、「新アジア系」の仏教寺院が関わっていた。また、寺院の外国との関係も指摘されてが、アメリカのメディアは、この事件をアメリカの宗教の一つとして扱った。この報道の態度は、仏教を外国ではなく「アメリカの宗教」として見なしたものである。

このことは、百五十二年前、サースベリー教授がアメリカの地で初めて仏教に関して公式の場で講義した時点では想像にもできなかったことであろう。純粋性に満ちた学会発表とは対照的に、不正の疑いがあるこの事件こそが、皮肉ではあるが、仏教が本格的にアメリカの土に根を下ろしたことの証しとなっているとも言えるかもしれない。

*

以上の十大出来事を通して約百五十年というアメリカ仏教の歩みの大まかな輪郭が描かれたと思われる。十九世紀末期の仏教人口は、アジアからの移民仏教徒に加わって微々たる数の改宗者と同調者に限られていた。しかし仏教は、一九五〇年代以降には、アメリカ的要素を取り入れながら急速な伸びを遂げ、現在「東洋のみの宗教」というイメージを脱却し、「アメリカの宗教」の一つとして成長してきた。この過程を物語っているのが、戦後の第五の『ザ・ダーマ・バムス』の刊行から第十迄の出来事である。そして二十一世紀に入っても、この傾向が止まる気配はないようである。

■ Endnotes

1 Rick Fields, *How the Swans Came to the Lake*, pp. 60, 64.

2 長年、ソローが翻訳者であるという定説であったが、一九九三年にこれが誤りであったことが下記の論文で発表された。Wendell Pietz, "Anonymous Was a Woman—Again," *Tricyle: the Buddhist Review* Vol 3, No.1 (Fall, 1993).

3 Stuart Chandler, "Chinese Buddhism in America," in eds. Prebish and Tanaka, *The Faces of Buddhism in*

America, p. 16. 人口数は、下記によるものである。*Historical Statistics of the United States Colonial Times to 1970*, pt. I (U.S. Department of Commerce, Bureau of the Census, 1976), p. 108.

4　Richard Seager, *Buddhism in America*, p. 159.

5　Tetsuden Kashima, *Buddhism in America*, p. 15.

6　Stephen Prothero, *The White Buddhist: The Asian Odyssey of Henry Steel Olcott* (Indiana University Press, 1996), p. 95; Rick Fields, *How the Swans Came to the Lake*, pp. 94-7109. 佐藤哲朗、『大アジア思想活劇』、七五〜八三、一八九〜二二四頁。

7　渡辺章悟「寺田福寿と仏青運動」、『共生思想研究年報2007』、東洋大学共生思想研究センター、二〇〇七年、六八頁。

8　同上、六八〜六九頁。

9　Prothero, *The White Buddhist*, p.116, 209#1. よくオルコットがこの仏旗を作製したと言われるが、実際は、セイロンの仏教徒指導者たちで構成される委員会によってできあがったものである。オルコットの仏旗への「貢献」とは、本来の三角旗から普通の国旗のような長方形とサイズにすることを提案したことである。それが採用され現在に至っている。後述のように、来日する際、彼が仏旗を持参したのである。

10　渡辺章悟「寺田福寿と仏青運動」、六九頁。

11　同上、六九頁。オルコットは、一八九一年に再来日するが、最初のようには歓迎されなかった。

12　Rick Fields, *How the Swans Came to the Lake*, pp. 146 ~ 166. 前田專學「来日前のラフカディオ・ハーンと仏教」、一〜一〇頁。

13　前田專學「来日前のラフカディオ・ハーンと仏教」、『瓜生津隆真博士退職記念論文集』、永田文昌堂、二〇〇三年、一頁。どのお寺を何の目的で訪れたかというような詳細は不明である。

14　同上、四頁。引用元は、大西忠雄「小泉八雲と仏教」『るへん』第九号、昭和四五年、三頁である。

15　Hanson, J.W. ed. *The World's Congress of Religions* Vol.1 (1893, Reprint Edition Synapse, 2006), pp. 15-16. Rick Fields, *How the Swans Came to the Lake*, pp. 119-129. 佐藤哲朗、『大アジア思想活劇』、二五九〜二七二頁。

16 佐藤哲朗、『大アジア思想活劇』、二六九〜二七〇頁。これは佐藤氏による翻訳で、この新聞記事自体は、*New York World* の一八九三年九月十九日のものである。

17 同書、二七一頁。平井金三は、オルコットの来日にも大役を務め、アメリカには会議の前年より渡り、各地で仏教の講演を行っていて、会議が始まると同時に日本の代表団と合流した。野口復堂は通訳として参加した。同書、二六八頁。

18 Seager, *Buddhism in America*, pp. 36–37.

19 連合会は、主に大都市のニューヨーク、シカゴ、シアトル、サンフランシスコ、ロサンゼルス及びホノルルに存在する。

20 Rick Fields, *How the Swans Came to the Lake*, p.129.

21 Seager, *Buddhism in America*, p. 37.

22 長尾佳代子「芥川龍之介『蜘蛛の糸』原作の主題―ポール・ケーラスが『カルマ』で言おうとしたこと―」『仏教文学』第二七号、平成十五年、一六一〜一七二頁。山口静一「『蜘蛛の糸』とその材源に関する覚書き」、『成城文芸』三二号、一九六三年。また、この比喩がドストエフスキーの『カラマーゾフの兄弟』中の「一本の葱」の挿話に基づくものと考えられていたが、この説も一九七九年に宮沢覺によって否定された。詳細は、長尾佳代子氏の論文を参照して頂きたい。

23 Thomas Tweed, *The American Encounter with Buddhism 1844 – 1912*, pp. 153–156.

24 *Ibid.*, p. 155.

25 引用文は、松浦女史の『悲願』と題する私版の日記に基づく。

26 この引用文は、アメリカ宗教学会での Duncan R. Williams（現在カリフォルニア大学バークレー校准教授）による発表資料に基づく。

27 Jack Kerouac, *The Dharma Bums*. Heartcout Brace and Company, 1958.

28 Thomas Tweed and Stephen Prothero, *Asian Religions*, pp. 198–199. 下記の引用文もこの同じ書物から得たものである。ここには、『ザ・ダーマ・バムス』の原文がそのまま載せられている。

29 サンフランシスコ禅センターについては、下記による所が多い。Rick Fields, *How the Swans Came to the*

Lake, pp. 225–231.

30 *Ibid.*, p.227.

31 Richard Seager, *Buddhism in America*, p. 99.

32 前角師は曹洞宗と臨済宗から伝承を受けているが、白雲老師からの伝承も受けているので、ここでは白雲老師の「弟子」としてとらえているのである。ここで重要な点は、前角師の方式が宗派を超えていたということである。前角師は、一九九五年に亡くなったが、師が始めたWhite Plum Sanghaは弟子たちにより有力な全国的組織として成長してきた。

33 Gil Fronsdal, "Insight Meditation in the United States: Life, Liberty, and the Pursuit of Happiness," in Prebish and Tanaka, eds., *The Faces of Buddhism in America*, pp. 167–168.

34 *Ibid.*, pp. 168,172.

35 *Ibid.*, p. 178.

36 *Ibid.*, p. 178.

37 この段に関する情報は、Fronsdal氏との話しの中で得たものに基づく。氏が指導するカリフォルニア州パロアルト市のグループでは、メディテーションを毎月曜日行なっていて、百人ほどの参加者は帰りに、玄関に置いてあるバスケットに現金や小切手の寄付をおいていく。ちなみに、一九九五年にそこで筆者が浄土教について講演した時には、二百ドルほど寄付された。当時のアメリカの御礼額としては平均を上回っていた。

38 Richard Seager, *Buddhism in America*, p. 94. ここでの「伝統」は、lineage（系統、教えが伝えられた系譜）の訳であるが、彼女はtradition（伝統）とほぼ同義で使っている。

39 Jane Hurst, "Nichiren Shōshū and Soka Gakkai," in Prebish and Tanaka, eds., *The Faces of Buddhism in America*, p. 86. この池田大作の発言は、NSA Handbook No.1 (World Tribune Press, 1972), p.8 からHurst氏が引用した英文であり、それを筆者が邦訳したものである。下記が原文である。"We have now made the first footprint on this continent as did Christopher Columbus. Yet we face even a greater task than he in driving home the wedge on this tour."

40 Richard Seager, *Buddhism in America*, p. 78.

41　フィリップ・ハモンド、『アメリカの創価学会』、六六頁。

［第四章］

特徴

アジアの仏教と比較して

■ティク・ナット・ハン師を先頭に行進する
ロサンゼルスでの平和マーチ。
(撮影 Don Farber)

アメリカ仏教の特徴を述べるために本章では、四種類の仏教徒中の「瞑想中心の改宗者」に焦点を当てることにする。本来ならば、他の三種類の仏教徒の特徴も論じるべきであろうが、この一冊の本ではその余裕はない。そこで、瞑想中心の改宗者に焦点を絞った理由は、改宗者たちにはアジアでは以前なかった新しいアメリカ的な特徴が現われているからである。その新しい特徴とは、一、平等化、二、メディテーション中心、三、参加仏教、四、超宗派性、五、個人化宗教、の五つである。また、彼らにはアジアの要素を引きずるアジア系仏教徒たちよりも一層アメリカ化の要素が顕著に見られるからである。ここで言う「アメリカ化」とは、文化変容（acculturation）のことであり、具体的には、一、アメリカ的な特徴を強く顕かにしていること、および、二、アジアの「本部」から組織的に独立していることを指す。

そこで何故、第四の「題目中心の改宗者」には焦点を当てないのかという質問が出て当然であろう。確かにＳＧＩは、最も多くの種類の人種を会員にしていることが示すように[1]、アメリカ化の要素を備えているものの、本章で検討する五つの特徴の内、メディテーション中心、超宗派性、および個人化宗教という三つの点が弱いということがある。その上、組織的には、日本の創価学会本部との繋がりは依然として強く、瞑想中心の改宗者のように「アメリカ化」の二つの基準の両方を満たしてはいないことが挙げられる。

では、アメリカ的な特徴五項目の一つである「平等化」から検討することにしよう。

一　平等化

アジアの伝統仏教では、組織内の上下関係がしっかり決められている。それを象徴するのは、仏教組織が出家僧侶、出家僧尼、在家男性、在家女性という上下関係にある四つのグループで構成され、在家より出家、そして女より男が優先されてきたことである。在家者は常に出家者を敬い、僧尼（女性の出家者）は常に僧侶（男性の出家者）を敬うことになっている。

このように固定された上下関係は、アメリカ仏教においては弱まり、平等化の傾向にある。これは、平等と自由を掲げるアメリカ文化では当然予想されることであろう。先ず、出家者・在家者の関係を見ることにしよう。

一　在家者中心

数年前、私は北カリフォルニア仏教連合会が主催する相互理解を目的とする研修に参加した。そこには、禅センターの白人女性、タイ出身の出家僧侶、チベット仏教を代表する白人の男性、そして浄土真宗の日系人の指導者たち十五人ほどが集まった。多分アジアの仏教界では、このような出家者と在家者が対等の場で知り合うために集まることは、非常に稀であろう。
ディスカッションが一番活発になったのは、三十代の女性が東南アジア出身の出家者たちの態度を批判し始めた時であった。彼女は訴えた。

私たちがあなたたちに合掌して挨拶しても、皆さん出家者は、私たち在家者には挨拶を返さない。特に我々女性に対しては一層はっきりしている。これは、平等と仏性（全ての生き物には仏になる可能性を有する）という仏教精神に反するのではないでしょうか？

出家僧侶たちは最初呆然とし、どう答えたら良いか分からなかったようであった。それは当然であろう。東南アジアでは彼らが取った行動は普通であり、誰からも批判されないからである。伝統的な視点から言えば、先ほど述べた仏教内での四つのグループの中では、僧侶が一番偉いのである。在家者は彼らを敬うことになっている。その具体的例として挙げられるのは、挨拶である。在家者が出家者に出会った時や会話を交わす時には、相手に合掌してお辞儀をする。例えば、タイでは、室内であれば床に頭をつけながら三回も礼拝する。その場合、出家僧侶は在家者に対しては合掌もお辞儀も返さないのである。
ある出家僧侶は、弁解した。

我々が在家や年下の人にお辞儀をしないのは、平等や仏性の考えを否定するのでない。それが、仏教教団のしきたりであり、それは仏道を象徴する先輩を敬うということなのです。我々が在家の人々のために一番できることは、お辞儀を返すというようなことより、修行に専念し、教えを正しく伝えることである。

それに対し、別の女性が答えた。

それが、伝統であるということは承知しています。しかし、伝統よりもっと大切なのは、仏教の本質だと思うのです。私が尊敬するダライ・ラマ師は、どんな人へでもお辞儀をされます。何時も誰にでも合掌し、やさしい笑顔でお辞儀をされます。これが、仏教の本質だと思うのです。だからこそ、ダライ・ラマは世界の多くの人々に尊敬されているのではないでしょうか？

議論は長く続き、在家・出家と女性・男性に関するさまざまな課題を浮き彫りにした。これはアジアの僧侶が代表する伝統仏教と、アメリカの若い女性が代表する現代仏教の「衝突」として見ることもできよう。

この衝突はアジアの仏教のあり方自体に由来すると言えよう。アジア全体から見た仏教は現在でも出家者が中心となっている。これも釈尊自身が王子の地位を捨て、家族を離れて出家したことに由来すると言えよう。長い歴史の中、出家者が主導を握ってきたことは、東南アジアや中国や韓国や台湾等の仏教では現在でも変わらない。これはアジアにおける仏教では常識である。

従って、出家者の少ない日本仏教こそが仏教界では例外なのである。これは、明治時代の廃仏毀釈政策で、千年以上続いた出家制度が衰え、多くの出家者が家族を持つことを強いられたことに由来する。この在家者志向は、大正・昭和時代に盛んになった新興宗派に明確に現われてきたのである。それを代表する創価学会や立正佼成会では、在家者が教団の頂点にいる。庭野日敬氏や池田大作氏という指導者たちは出家僧侶ではなく、家族を持つ者である。そして、庭野氏が亡くなった後、長男が立正佼成会の最高指導者の地位を継いでいる。

この現代日本の出家者に対する傾向は、アメリカではより強いものとなっている。出家者は極少ない。どちらかと言えば、稀である。指導者のほとんどが家庭を持っているのが普通である。それには四つほどの原因がある。

まずは、制度的な原因である。出家したとしても、アジア諸国の出家者のような周りからの尊敬や物質的なサポートは得られないのが現状である。多くの仏教センターは小規模なものであり、出家者を支えるとしても、信者の数が少なすぎる。タイでは、出家者の日常の托鉢への布施や公共交通運賃が無料であるというように、精神的にも物質的にも社会全体の支援があるが、政教分離を掲げ、多様な宗教を抱えているアメリカ社会では、同じ待遇は不可能である。

二つ目の原因には、アメリカへ渡った元の仏教自体が出家主義ではなかったということにある。先ほど述べたように、日本仏教自体が出家的ではなかった。例えば、禅仏教の鈴木俊隆や前角博雄という指導者たちも結婚していた。また、チベット仏教を代表するトゥルンパ師も結婚し、後にその息子が、師が設立した組織の指導者にまでなったのである。東南アジアのテーラヴァーダ僧侶たちは、依然として出家者という伝統を固く守っているが、アメリカ人を指導した進歩的な僧侶たちは、弟子には出家を強制しなかった。そのこともあって、ジャック・コーンフィールド師や他のアメリカ人のインサイト・メディテーション指導者たちは出家者ではないのである。

第三の原因は、一九五〇年代の「ビート仏教」が反社会への精神を反映していたように、その後でも仏教に魅力を感じる人たちの中には、自由な生き方を求めて来る人たちが多くいる。彼らは、厳しい戒律に束縛される出家者には抵抗を感じるようである。

最後に挙げられる原因は、一般アメリカ社会が出家者から遠ざかる傾向にあるということである。それは、特にあの長い歴史を持ち、膨大な組織を誇るカトリック教会にも見られる。神父の結婚を認めないことが大きな原因で、神父の数はこの数十年の間激減していて、神父を志望する若い世代も減り、教会内の深刻な問題となっているのである。教会のためには尽くしたいが、結婚し家族を持つことまで犠牲にしたくないと考える人が増えている。なぜプロテスタントの牧師のように仕事と家族の両立ができないのかという声も高まっているが、制度は一向に変わるようにもない。

また、このような結婚しない宗教家に対しては不信感が増している。その大きな原因が特に近年発覚したカトリックの神父さんによる多数の性的犯罪事件である。性的犯罪と結婚しないことには因果関係があるとは立証されていないにもかかわらず、「因果関係あり」とする考え方は社会の一部の人々の間に根強くあるようである。少なくとも、神父さんが家庭を持たないことは、一般の人々の家庭の悩み等を深く理解ができないという理由で、宗教家にとって不利であると考える人はかなり多いと考えられる。

とにかく、出家者離れは、出家制度自体が「家庭否定」であると見られる傾向にある。家庭を重要視するアメリカ社会では、好ましいことではない。政治家の場合でも、家族を大切にする候補者が好まれる。二〇〇〇年の大統領選挙では、民主党のゴア候補は相手のブッシュ氏にかなりのリードを許していた。しかし、その夏の民主党大会では、ゴア氏がいかにすばらしい父親であり、夫であるかということを、家族写真の披露や家族による証言によって彼の家族が訴えた。その決め手となったのは、彼が基調演説にステージに出た際、ステージで待っていたティッパー夫人へ熱愛のキスをしたことであった。それを、全国テレビで見ていた国民の多くは、家族的男性（family man）であるゴア氏を再認識し、大会直後の支持率は一気にブッシュ氏と並んだのである。

しかしこのように、家族を尊重するアメリカ社会の風土は認めるものの、アメリカ仏教のあり方として懸念の声も聞こえるという事を述べておく必要があろう。例えば、インサイト・メディテーションの創立者の一人であるジョーセフ・ゴールドスタイン氏は、伝統仏教の基礎である出家制度が拒否される傾向に対して警告を表示している。

在家者の我々は大変忙しい。たくさんの責務を抱えているが、仏法の仕事は時間がかかる。在家が出家と同じような完璧な道だという考えは、釈尊が教えたことと一致しない。釈尊は初期に、在家の生活は、「埃に満ちている」と明確に説いたのである。[2]

そして、氏は自分たちの成果について疑問を投げかけている。

かつてアジアが輩出した本当の巨匠を出すように、我々の世代がプラクティスを行っているかどうかと考えるのだが、私には、そのようにやっているとは見えない。[3]

このような意見を持つ人も存在するが、私が見た限り、今後のアメリカ仏教の傾向として出家する人びとは、今後もごく少数に限られていくであろう。その点では、出家者が中心となっているアジア全体の仏教のあり方とは異なって、現代の日本仏教と似た形をとることになると考えられる。[4]

二　女性の地位向上

数年前、全米仏教指導者会議（Meeting of the American Buddhist Teachers）という集まりに、私は参加することができた。ゆったりとした丘に囲まれたスピリットロック・センターで行われ、全米からアメリカ仏教を代表する指導者二百五十人ほどが集まった。そのほとんどが、禅、ヴィパッサナー、チベット系統に所属していて、また、参加者の九〇パーセントは白人であった。会議は五日間という期間で、最終日にはダライ・ラマが訪れるということもあって、活気に溢れていた。多くの参加者は、お互いに面識があるようで、宗派を超える交流も盛んである事を示した。

最初の集会に出て、一番印象的だったことは、指導者の半分が女性であったことである。また、その後の会議では、女性は男性と対等に意見をのべ、指導的な役割を果たしていた。

これは、アジア全体で見られる男性優位な伝統仏教団体の状況とは対照的である。また、現代の日本仏教と比較しても同じである。日本のお寺の住職は大半が男性である。たとえ女性が住職であっても、夫が亡くなったので息子が成人するまで務めるとか、また、適当な男性僧侶が探せるまでとか、という暫定的な役割である場合が多い。女性がお寺の指導者になるのは、珍しいことである。そしてこの傾向は、各宗派の本山や主要寺院ではなおさら強い。

このようなアジアの仏教に比べて、アメリカ仏教の女性の地位はもっと対等であると言える。先述したように、女性教師の数が多く、例えば、インサイト・メディテーション系統のセンターには、四十八人ほどの教師中、その半分は女性である。また、組織の最高責任者としても活躍している。アメリカでも最大教団の一つであるサンフランシスコ禅センターでは、一九九六年にブランチ・ハートマン(Blanche Hartman)という六十代の女性が最高責任者として着任した。このようなことは、小規模な仏教センターでもよく見当たり、指導者としての女性の活躍ぶりがはっきりとうかがわれる。

このように、女性が指導的な立場に多くいる傾向は、アメリカ全体の宗教界全体を反映していると言えよう。プロテスタント・キリスト教はたくさんの宗派に分かれていて、それらの間には色々な違いがあるが、カトリック教会と違って女性も牧師になれる。特に進歩的(リベラル)な宗派では、女性の牧師は三割に達している。ただし、興味深い点は、前述の指導者の半分が女性であるというインサイト・メディテーション系統は、プロテスタントの場合を上回っている。この点からも、アメリカ仏教がアメリカの宗教全体の間でも非常に女性に関して開けていると言える。[5]

また、この会議に参加していた数人の女性は、著名なフェミニストたちであった。これは、フェミニストの間でも、仏教に好感を持っている人が多いということを裏付けているのである。長い仏教の歴史では、女性蔑視の思想や制度が発生したことは事実である。東南アジアの出家者の戒律においても、百才の尼僧が二十才の男性僧侶に敬意を払わなければならないという男性優位と受け取られる考えが現在でも存在する。[6]

しかし、フェミニスト仏教徒たちは、長い仏教の歴史において女性に対する偏見や差別があったにも関わらず、仏教が他の世界宗教と比べて、女性に対してより寛容であるという見方をとっている。多くはサキャディッタ（Sakyadhita）という国際仏教女性組織の会員であり、アメリカ出身の女性が指導的な役目を果たしている。現在の会長は、カルマ・レクシェ・ツオモ（Karma Lekshe Tsomo）というアメリカ人であり、彼女はチベット系尼僧でありながらサンディエゴ大学の教授でもある。ツオモ師は、一九八七年の創立以来、サキャディッタの二年おきに開かれる大会の主催には重要な役割を果たしてきた。[7]

三　同性愛者

次の同性愛者（homosexual）というグループは検討項目としては、在家者や女性とは種を異にするかも知れないが、同じように差別の対象になったり対等には扱われてこなかったりしたという「不平等」な点では共通している。伝統仏教では、上記のように在家者と女性は、出家者と男性に比べて下位に置かれ、東西問わず現代社会でも女性と同性愛者は男性と異性愛者に比べては差別されてきた。

近年、女性の社会的地位は著しく向上してきたが、同性愛者の立場も改善されつつある。しかし、地域によっては彼らへの差別は依然として根強いものが残っている。その差別は、特に保守キリスト教団体からは非常に厳しいものがある。このような精神的迫害を受けて育った同性愛者の中には、仏教に惹かれる人が少なくない。[8]その一人が、エリック・コーヴィグ氏（Eric Kolvig）である。

コーヴィグ氏は、東海岸のマサチューセッツ州のインサイト・メディテーションに所属する仏教徒であったが、一九九三年に西海岸のサンフランシスコへ引っ越した。その理由は、エイズ（AIDS）の感染症の大流行でトラウマ的な打撃を受けていたゲイ・コミュニティーのために仏教を通して何らかの役に立ちたいと思ったからである。コーヴィグ氏によると、ヴィパッサナー瞑想を行じることで、ほとんどの同性愛者が抱えている自己嫌悪をはっきりと見つめ、それを智慧の光によって解消することができると説明する。

心をじっくり、細かく、微妙に、そして一瞬一瞬に観察することによって、
幼い時から否定できず、我々の奥に閉じ込められていた自己嫌悪を捕らえるように
我々を鍛えることができる。かびのように、これ（自己嫌悪）は暗い場所が必要であるが、
〔ヴィパッサナーで得られる〕智慧の透明な光には耐えられないのである。[9]

このように瞑想の智慧が重視されるが、コーヴィグ氏は、慈悲の重要性も強調する。それは、多くの同性愛者は、一般社会と他の同性愛者からも隔離されているからである。仏教の慈悲の精神でお互いを助け合うことを訴え、その際、コーヴィグ氏はある仏典のできごとを語る。ある僧侶が赤痢で自分の糞便の中に寝ている。しかし他の僧侶が彼の面倒を見ないので、釈尊は弟子のアーナンダに助けられ、彼の体を洗いながら、僧侶たちに言いかける。

僧侶たちよ、貴方たちには、貴方の面倒を見てくれる母も父もいないのですよ。
僧侶たちよ、お互いが助け合わないと、誰が貴方を助けてくれるのですか？
僧侶たちよ、私の面倒を見てくれるぐらいならば、病気した者の面倒も見てあげなさい。[10]

■カリフォルニア州の仏教寺院で、同性結婚式の司祭を行ったジョウレン・マクドナルド師（中央）およびヘザーさん（右）とシーラさん（左）。（2008年8月）

この仏典の物語は、アメリカの同性愛仏教徒の間では教訓としてよく語られるそうである。この連帯感の必要性は、一般社会からの差別と迫害がいかに厳しいものであるかを示していると言えよう。

仏教に惹かれて来た同性愛者の多くは、キリスト教文化の中で育ってきたが、そこでは、冷たい目で見られたり厳しい扱いをされてきた。近年になって、多くのキリスト教会も寛容な姿勢をとり始めたが、未だに保守派は聖書に基づいて厳しい態度を取り続けている。聖書によれば、同性愛者は罪人(sinners)であると主張するのである。このような環境の中では、多くの同性愛者は教会の辺境や外へ置かれた気持ちになり、他の宗派や宗教に心の拠り所を求めざるを得なくなったのである。

その他の宗教の一つが仏教であった。それは、仏教が同性愛に対して寛容な態度をとったからである。例えば、ダライ・ラマ師は個人的な意見として、パートナー同士が合意し、出家僧侶の禁欲を誓っておらず、そして、他の人に害を与えないという三つの条件を満たせば、同性愛は間違いではないと発言した。また、禅のロバート・エイトキン老師は、ある集まりで、「自分の性というものを認めなければ、本当の禅をやっていないということになる。……（中略）……そして、自分が同性愛者であることを隠していれば座禅はできない。」と説明し、自分に正直である事の大切さを強調した。

このようなアメリカ仏教徒に大きな影響力を持つ指導者の発言は、伝統仏教での同性愛的行為に関する意見を正しく反映していると言えよう。仏教では、出家僧侶と僧尼には、厳しい戒律を通して禁欲が求められ、その一環として同性愛行為も禁じられてきた。また、在家者には、五戒の中の不邪淫《ふじゃいん》を説き、当時の社会的通念に反する性的行為などの禁止を求めてきた。

仏教の基本立場からすれば、性的行為自体は欲であり、その欲は執着となり、そして執着は苦の元となるのである。しかし、アメリカ仏教の指導者たちは、同性愛行為だけを取り上げ、それを教学的な立場から保守キリスト教団体のように「悪」であるとか「罪」であると定義し、同性愛者を厳しく批判することはなかったようである。[11]

このような伝統仏教の立場と現代アメリカ仏教指導者の寛容な態度に励まされて、同性愛者の仏教グループが西海岸を中心として全国に発足している。それを代表するのは、サンフランシスコにあるGay Buddhist Fellowship、Dharma Sisters とHartford Street Zen Center である。Gay Buddhist Fellowship は、五百名を超える会員がいて、毎週日曜日、講師を招きディスカッション・勉強会を行っている。講師には、チベット仏教の尼僧、医師、市長、大学教授等を招き、テーマは「メディテーション」、「薬の中毒」、「政治関与の方法」や「日常の執着への対応」等が含まれている。

二　メディテーション中心

アメリカ人が仏教に惹かれる最大の理由がメディテーション（瞑想）であると、私は思っている。これは、改宗者やナイトスタンド・ブディストにとっては、特にそうである。彼らにとっては、仏教は「神」や「信仰」が中心である一神教とは異なる宗教形態を提供し、「宗教らしくない宗教」として映るのである。

その一人が、私があるリトリート（参禅会）で出会ったフランシスという女性である。[12]

一　メディテーションの魅力

フランシス（四十五歳）は、近くの町に住む女性心理療法セラピストであり、十年ほど前からこのスピリットロック・メディテーション・センターに通っている。センターには、一か月二、三回はメディテーションに出てくるようにしている。十年前の離婚の際、人生の見直しと心のケアを求めてメディテーションを始めたが、最初はセンターが仏教と関係していることすら知らなかった。そう言えば、

「スピリットロック・メディテーション・センター」という組織の名前には「仏教」という言葉はなく、解らないのも無理はないであろう。

その後、フランシスは仏教の教えに段々興味を持ち始めたが、未だにセンターに惹かれる最大の理由はメディテーションである。彼女は、必ずしも仏教で言う「悟り」が主な目的ではなく、メディテーションすることで日常のストレスの解消や物事に対する余裕を感じ取ることを望んでいるのである。この希望に沿って、ほとんど毎日、早朝約三十分の自宅でのメディテーションは欠かしていない。その上、一日あるいは一週間のリトリートには、一年に一回か二回は参加している。このように、メディテーションは大変有意義なものであり、フランシスの日常生活からは切り離せないものとなっている。

彼女の場合とは対照的に、日本では、「メディテーション」とか「瞑想」というと、オウム真理教などを連想して、あまり良いイメージがないようである。一般のアメリカ人は、メディテーションに対して健全な印象を抱いており、多くの人々は興味を示す。その中でも、フランシスのように日常の生活に取り入れている人がかなり増えている。

二〇〇三年八月四日の*Time*誌では、メディテーションを主題とし、毎日、一千万人のアメリカ人が何らかのメディテーションを行っていると伝えられている。これは、当時の全人口の約三・三パーセントに匹敵する。この数にはヨーガやニューエージ（New Age）という仏教以外の種類のメディテーションも含まれているが、この記事では仏教が代表的なものとして最も大きく取上げられている。

このように、メディテーションが盛んであるが、フランシスの場合のように最初の動機は必ずしも「悟り」や「救い」という宗教的な目的ではないことも事実である。これは日本でも同じようなことがある。例えば、会社の新入社員の研修をお寺で行い、精神修養のため座禅をするようなものである。先述の*Time*誌の記事では、弁護士、小学生、囚人たちの写真を載せ、普通の会社や学校や刑務所でメディテーションが行われているところが増えていることを伝えている。

メディテーションが心の安定や健康等という「世俗的」な効果があるということは、すでに科学的研究によっても裏づけられている。例えば、この*Time*誌によれば、すでに一九六七年のハーバード大学の研究では、メディテーションによって脈拍の数が一分に三つ減り、酸素の使用も一七パーセントほど減り、また、寝る直前に出る脳のθ《シータ》波(theta wave)が増えたという結果がでている。その後、一九七〇年代の研究でも、ストレスとなる反応が低くなっていることも証明された。このように、メディテーションが健康にも良く、ストレスを緩和させてくれるということは、長くアメリカでも知られていることである。

そして、一九九七年のペンシルベニア大学の研究では、新しい脳のイメージングを採用することによって、メディテーションの効果がよりよく証明された。この実験は、仏教徒のメディテーション実践者を対象とし、瞑想の究極の状態の時に点滴静脈注射を通して染色液体を流した。その結果、時間と空間感覚を作用する脳の頭頂部(parietal)が外部からの情報を排除し、その働きが弱まることが解った。この頭頂部の低下によって、時間と空間の「境界」が薄らぎ、「自己と宇宙との一体感」というような感覚機能をもたらすことができると伝えられている。[13]

このような科学的な根拠に裏付けられ、メディテーションの精神的効果も実証され、一般社会におけるメディテーションの魅力にも繋がっていると言える。仏教はこの土俵の上で、多くの人の興味を惹きつけ、その中から、前述のフランシスという女性のように本格的な宗教の目的に進む人びとを養成していくことに最も成功している宗教である。

二　仏教徒の実態

この盛んな仏教メディテーションの実態を調べたのは、カリフォルニア州立大学のジェームズ・コールマン教授（James Coleman）である。教授は、以前述べた仏教徒の四種類中の「メディテーションを中心とする改宗者」を対象とし、禅宗とチベット仏教とヴィパッサナーから二つずつ、および超宗派のホワイト・ヘロン・サンガ（White Heron Sangha）という七つのグループを対象とする調査を行った。それから得られた三五九の調査書により、彼らのメディテーションに関するプラクティスの一端が窺われる。[14]

三五九人の回答者の内、一〇名を除いて、全員が最低一週間に一回はメディテーションを行っていると答えた。そのほとんどが毎日行い、時間の長さは平均四十分程度である。メディテーションの形は、座って行う（座禅）のが主である。しかし、その九割は歩行（歩きながらおこなう）メディテーションも補足的に取り入れている。その三分の一は、毎週頻繁に歩行を行っている。

メディテーションの方法としては、各宗派に伝わる仏教の伝統的な形がとられているが、興味深いことは、宗派を問わず一貫した共通点があった。それは、中にはチベット仏教でイメージを心に描くという観想や臨済宗などで重んじられる公案も行っているが、大多数は、初歩的で容易に実践できる呼吸に集中する方法をとっているということである。それも呼吸を数える（数息）か、呼吸を観察するか、という二つの形が主となっている。[15]

回答者たちは、自宅でメディテーションを行うことが大多数を占めていて、その多くは定期的に自分の所属のセンターに出かけても行っている。また、九割がリトリートにも参加したことがある。その典型的な回答者は、仏教には十二年関わっており、その間十二回のリトリートに参加したことがあるので、平均して一年に一回ほどの回数で参加していることになる。そのリトリートは、三か月間という長いものもあるが、ほとんどが一日~十日間である。

三　カトリック・シスターの評価

このように多くのアメリカ人が、仏教のメディテーションに惹かれる理由は、仏教・キリスト教対話 (Buddhist-Christian dialogue) の分野でよく知られているカトリック・シスターのメリー・ファンク師 (Mary Funk) の評価に見ることができよう[16]。仏教の成果をこう評価している。

キリスト教やユダヤ教は、日常を精神的（スピリチュアル）に生きるように十分な指導をしていない。それに比べて、アメリカの仏教徒が見事に成し遂げていることは、十分な僧侶や寺院や組織がなくても、悟りの道を在家中心の文化に紹介し、それを日常生活に直接導入していることだ[17]。

この評価でのキーワードは、「スピリチュアル」(spiritual) であり、またその名詞形の「スピリチュアリティ」(spirituality) である。この言葉は、日本語としては普段「霊性」とか「精神性」と訳されるが、これでは誤解も招き、また多様な意味を持つ言葉としては不十分な訳である。完璧に定義するのは不可能であろうが、強いて提案すれば「スピリチュアリティ」とは、「個々人の聖なる体験」というほどの基本的な意味が妥当であると私は考える。[18]

またスピリチュアリティは、必ずしも「宗教」という領域に限定されない。[19] その例として挙げられるのは、WHO（国連世界保健機構）の「健康」という定義にある。その定義は、「身体的（physical）、精神的（mental）および社会的（social）に完全な状態」となっていたが、一九九八年には、霊的（スピリチュアル）の面も含むことが真剣に議論されたのである。この定義が代表するように、医療や健康、または、教育や芸術という分野でも語られ、本来宗教の領域を超えた言葉となってきているのである。[20]

しかし、アメリカでは、上記のカトリック・シスターのコメントのように、宗教的な意味で使われる場合が多い。ただその場合、宗教の真髄または一番重要な要素として理解され、伝統宗教や宗教教団から区別する場合が多い。従って、スピリチュアリティを求める人にとっては、宗教組織はあまり必要とされず、どちらかと言えば、妨げになる。逆に言うと、組織の統一を強調する宗教教団にとっては、スピリチュアリティを強調しすぎる人は、邪魔者となるのである。[21]

しかし、アメリカでは仏教は「普通の宗教」とは異なって、スピリチュアリティが旺盛な宗教というイメージが強い。前述のカトリック・シスターも仏教の「悟りの道」がスピリチュアルであると発言している。このように、スピリチュアリティを求める人々にとって、仏教には強く惹かれるところがあるのである。

しかし、このスピリチュアリティが釈尊や後の出家修行者が体験した悟りという高度なものであれば、一般の人には手が届かない無関係なものとなる。在家志向をもつ多くのアメリカ人にとって、日常からかけ離れたスピリチュアリティであっては魅力的ではなくなる。しかし、「日常生活に直接導入している」とカトリック・シスターが評価しているように、アメリカの仏教は、日常生活に関わっている大衆的なスピリチュアリティである。そして、このスピリチュアリティを実現させる最も有力な手だてが、メディテーションなのである。

四　プラクティス重視

スピリチュアリティを重んじる人には、「教義」や「儀式」よりも「行《ぎょう》」が強調される。アメリカ仏教の場合、この「行」は、プラクティス（practice 修行・行）を指すのである。英語の「プラクティス」には、スポーツ、芸術、音楽や武道等の分野で行う「練習」という意味もあり、何度も繰り返して体得し、自分のものにするという意味を含むのである。

仏教徒の多くは、自分のプラクティスを非常に重視し、仏教徒としてのアイデンティティの重要な一面となっていると言えよう。その表れが、宗派を超える仏教徒の集まりで初めて会った人のことをもっと知りたい時は、「あなたの宗派は何ですか」とは聞かず、「あなたのプラクティスは何ですか？」(What is your practice?) と聞く場合が多いことである。それに対して、「テーラヴァーダ」(上座部) や「曹洞宗」や「ニンマ派」という宗派名ではなく、「ヴィパッサナー」や「禅」や「ゾグチェン」という修行名で答える場合が多いのである。

では、「教義」は重要ではないのかと言えば、それは重要であるが、プラクティスほどではないと言える。教義というものは、昔偉い人が言ったことであり、よく自分の頭の中に留まっているに過ぎないか、それをひたすら信じるという場合が多いが、プラクティスすることで、「個々人の聖なる体験」

であるスピリチュアリティがより実現されるのである。その際、抽象的な教えに留まらず、全身で深く体得でき、また、遠い昔の人の経験に留まらず、「自分」が現在、自分なりに自分の日常生活に教えを感じ取ることができるのである。そうして、自分が確かめ、自分が納得できるのである。

また、「儀式」や「法要」に関しても「教え」と似たようなことが言えよう。仏教に惹かれる多くの人々にとっては、儀式は自分とはあまり密接に関係がない古い伝統の一部に過ぎないものなっている。彼らによると、儀式を司る専門家以外の人々は、傍観者であり、儀式や法要の一時的な感動があったとしても、自分が基本的に変わり日常生活に大きな影響を及ぼすというようなことは稀であると、感じている場合が多い。私はこのような意見は、日本の寺院で行なわれる法要に参加した人からも聞く感想であり、アメリカでもキリスト教徒や仏教徒を問わず、同じように感じている人が増えていると感じている。

このように教義や儀式に対するのと異なり、メディテーションというプラクティスを実践することによって、前述のカトリック・シスターやフランシスの評価のように、「聖なる体験」であるスピリチュアリティを少しでも自分が身に付けることができると考えている人が増えているのである。メディテーションを行うことで、自分の心の持ち方が基本的に変わり、日常生活に影響があると見るのである。この変化の可能性を説明する時に、「心の力」(power of the mind) という表現をよく耳にする。それは、自分の心の持ちようで人生を変えられる力を有するのだ、という信念に基づいている。

これこそが、与えられた教えをただ信じるという宗教形態とは異なり、メディテーションを中心とし、教えの適正を自分自身が確認し、体得し、それによって自分が変わっていくという方法である。これは、宗教パラダイムの変換を象徴していると言えよう。

五　体験談

『ロサンゼルスでブッダとなる』(Becoming the Buddha in L.A.)というビデオには、メディテーションを自宅で定期的に行なっているグループのインタビューが含まれている。[22] その指導者は、メディテーションを数か月行えば、人はほとんどが「自分が世の中の一員であり、そこから分離して存在しているのではない」(I am part of the world and not separate from it)と気づき始めると言う。多くの日本人にとってこれは当然なことであろうが、個人主義の行き過ぎた面が旺盛な人々にとっては、このような意識は希薄になっているようである。中には、この意識が頭だけの理解として留まっていたが、メディテーションによって全身に深まったと訴える。

グループの参加者のある中年男性は、仏教で言う「無常」という教えを、メディテーションを通して観ずることによって、頭だけではなくより深く体得できる、と告白する。彼は、いかに自分の人生が、大自然のいのちと一体であるかという感覚が強くなってくると言う。つまり、「無常」とか「死」ということにメディテーションを通して向き合っていくことにより、自分の宗教性が養われていくのである。

この男性は、以前はキリスト教会に通い青年部の会長まで務めていたが、何かしっくりせず、精神的なわだかまりがあったそうである。しかし、仏教に出合い特にメディテーションすることによって、何か自分を探すことができたそうである。彼は、昔は怒りをよく感じ、自分の幸せしか考えず他人のことなどはどうでも良いと思っていたが、メディテーションすることによって大きく変わったと言う。

前には考えも及ばなかったが、今は、他者にも「自分が持っている愛を送るように」(send all the love I have) 心掛けていると、微笑む。

メディテーションが日常生活の重要な一部となっているもう一人を紹介しよう。グレン・スミス (Glenn Smith) は、テキサス州オーストン市に住む会社の四十代の重役である。毎日過酷なビズネス競争の中で忙しい日々をおくっている。その上離婚していて、十四歳の娘を彼が主に育てている。スミス氏は、チベット仏教徒のゾクチェン派に所属して六年間になり、朝三十分から一時間と夜一時間ほどメディテーションを行っている。毎日、行うことを目指しているが、できない日もあるそうだ。[23]

時間に追われてメディテーションができないことが残念だが、その状態こそが現代社会の本質を表わしていると感じている。また、忙しくて常に満足をさせず、何かを購入するようにさせるのが、資本主義社会の仕組みとなっていると見ている。それは、ちょうどクルクル廻る車の中にいるモルモットのように、早く走れば車が早く廻り、止まれば振り落とされると感じるような状態と同じだと言う。だからこそ、この社会を生き抜くためには、メディテーションが必要となるのであると主張する。

また、仏教徒として利益と成功を優先する自己中心的なビジネスの世界に生きることも容易でないと、理想と現実の狭間に生きる難しさを語る。周りの多く人からは、彼が強く、時には強引に行動することが求められ、仏教的な行動をとると、周りに弱い人間として見られるからである。しかし、スミス氏は、常に自分の宗教的信念を捨てず、バランスをとることを目指しているが、なかなか難しいと言う。だからこそ、彼にとっては、日常のメディテーションが必要なのである。

また、メディテーションは、娘との関係を良くしてくれていると、父親としての喜びをほのめかす。メディテーションが良く行われている時には、娘にも良い影響を与え、彼女自身も落ち着いていて幸せそうである。そうなると、自分自身の努力がこのような良い形で現れていると分かると、感銘し、より努力したくなるそうである。

そして、メディテーションは、最終的に自分のプラクティスに対する最大の障害が何であるかを教えてくれるそうである。その障害とは、「忙しすぎる」とか「社会の要求」とかではなく、仏教が常に説いている「自分への執着」(clinging to myself) なのである。自分のメディテーションが良くいっている時こそ、そのこと自体が自分を褒めたり見せびらかしたりするようになっていると、告白している。このように、メディテーションというプラクティスが、自分を「善くやっている良い人」というように傲慢な気持ちになっているという深い反省を生んでいる。ということは、スミス氏にはかなり進んだ仏教的理解と感性が育っていると言えよう。

三　参加仏教　エンゲイジド・ブディズム

一　日本仏教の社会性

比叡山や高野山は、日本仏教を代表する名所である。両山は、社会から離れ、険しい山の上にあり、実に修業を目的とする聖地というイメージがとても強い。この一般社会の日常を離れた雰囲気と姿勢は、心の安らぎや美しい庭園を求めて観光客が訪れる京都や奈良の仏教寺院にもうかがわれる。また、お墓などを持つ「近所」のお寺も、死者が葬られている場として見られ、必然的に現実社会と次元を異にする存在となっている。

このような非社会的、あるいは超社会的な性格は、日本だけでなく、中国や韓国の仏教寺院でも見られる。中国仏教を代表する場所は、現在でも五台山、廬山や天台山等の山の寺院であり、韓国では今でも「町のキリスト教」に対する「山の仏教」と知られている。この仏教寺院の地理的配置は、仏教の目的そのものを反映していると言えよう。それは、インドで興ったジャイナ教や仏教という宗教に共通する目的が俗世界や生死を超える「ニルバーナ・涅槃」にあるからである。目指しているのは主として内面的な心の悟りであって、社会に起こる諸問題の解決ではない。

しかし、これは他人を無視するということではない。仏教には、「利他行」や「菩薩精神」の教えが示すように、積極的に他を救う教えがある。悟った人は自動的に他人も同じ悟りの境地に達することを願い、全力を尽し励むのである。もちろん、日本の仏教寺院では、家庭内の不和や老人福祉に対して活動を行う僧侶もいたし、現在でもいる。また、全国青少年教化協議会やアーユス仏教国際協力ネットワークや仏教ＮＧＯネットワークというような仏教徒が中心となって社会参加を目指す団体も存在する。そして、特に二十世紀に創設された創価学会や立正佼成会は、社会貢献や参加にかなりの力を入れている。

しかし、いわゆる伝統仏教教団の間では、社会参加的活動が重視されてはいないのが現状であろう。まして、家庭内暴力被害者の立場をもっと有利にするために法律を改善するというような社会構造改革を目指す活動はほとんど見当たらない。それは、このような社会への参加は、仏教の本来の目的である心の悟りという点から見れば二次的な活動に過ぎず、本来の領域には入らないという伝統的な考えが根強いからであろう。またもう一つの理由としては、仏教教団が第二次世界大戦へ加担したことを社会参加の例として見る人にとっては、仏教の社会参加には消極的か否定的であるということが挙げられるであろう。

■ 2008年のミャンマー軍事政権による仏教弾圧に抗議し、
サンフランシスコのゴールデンゲート・ブリッジ（金門橋）を行進する仏教徒
（スピリットロック・センター提供）

二　「エンゲイジド・ブディズム」の由来

日本仏教の主流の考えと対抗するかのように、ベトナム出身の僧侶ティク・ナット・ハン師（Thich Nhat Hanh）は、社会参加が仏教そのものであることを力説している。

> エンゲイジド・ブディズム（engaged Buddhism）とは仏教そのものである。自分の家庭や社会で仏教を実践すること自体が、エンゲイジド・ブディズムなのである。[24]

ナット・ハン師にとって、エンゲイジド・ブディズムは仏教と「別なもの」とか「加えたもの」ではなく、仏教の本質なのである。

このようなナット・ハン師の考えは、「エンゲイジド・ブディズム」として欧米の仏教徒の間では一般によく知られている。そして、日本でもよく耳にする言葉となってきた。[25] 実はこの「エンゲイジド・ブディズム」という言葉の普及は、ナット・ハン師が一九六三年にその同じ題名で著した本に由来し、またその後、師がフランスへ亡命しアメリカやヨーロッパで活躍してきたことによって推進されたのである。[26]

本来の engagé というフランス語は、政治に対して発言するとか、関わるという意味で当時のベトナムで使用されていた。それは、フランスを中心とする実存主義、特にジャン・ポール・サルトル（Jean-Paul Sartre 一九〇五～一九八〇）に影響され、社会へ関わることが自由である人々の責任であるという考えに基づく言葉であった。[27]

ナット・ハン師は、ベトナムで長く続いた独立戦争中、僧侶としての役割が何であるかと、悩んだそうである。寺院に残って修行するか、それとも戦争で困っている人々の助けになるか、という選択に迫られた。その選択に悩んだあげく、片方だけでは駄目であり両方行なうことが本当の僧侶としての役目だと決心したそうだ。その後、ナット・ハン師は修行に基づく非暴力を理念として掲げながら、社会の問題に関わっていくことに努めてきたのである。その努力が認められ、アメリカのキング牧師にノーベル賞受賞者の候補者として推薦されたのである。[28]

その後、このような社会参加を支持する運動や団体は、東南アジアや欧米でより活発になっていて、「エンゲイジド・ブディズム」が現代仏教の主な特徴の一つとなったと言っても過言ではなかろう。その中でも一九五八年以来長く活躍しているのがスリランカのサルボダヤ・シュラマダーナ（sarvodaya shramadāna）[29]という社会運動で、それは仏教の教えを理念とし、一般市民全体の経済的・社会的・政治的な向上に努めてきている。そして、このような運動を促進するため、一九八九年には、エンゲイジド・ブディストの国際ネットワーク（International Network of Engaged Buddhists）という組織が結成され、東南アジアやアメリカを中心とする団体が関わってきている。そこで、アメリカ仏教の例を見ることにしよう。

三　参加仏教の専門団体

参加仏教を専門としている最大の団体は、ブディスト・ピース・フェローシップ（Buddhist Peace

Fellowship［BPF］、仏教平和同盟）という組織である。参加仏教を進めることを目的として、一九七八年に創立された団体である。その目的は、次のように表現されている。

我々は、個、他との関係、組織および社会制度から生じる苦悩から、衆生が解放されるための手助けに努める。ブディスト・ピース・フェローシップが行なう行事、出版、および修行等を通して仏教の智慧と慈悲という教えを進歩的社会改革に結びつけることを目指します。[30]

現在、約五千人の会員を擁する組織となっている。カリフォルニア州バークレー市に本部を設け、全国三十九の支部から成り立っている。そのほかにもカナダ、メキシコ、オーストラリア、韓国、インド、ドイツ、イタリア、およびスペインに合計十二の外国の支部もある。会員の多くは既に諸宗派に属していながら、なおかつ社会的問題を仏教の立場から追求したいという興味から、さらに、この二つ目の組織にも加入するという者たちである。また、他に所属していない会員もいるが、彼らにとっては、参加仏教こそが彼らの仏教への主な関わり方となっている。

ブディスト・ピース・フェローシップは、一般アメリカ社会に向けて平和運動を色々な形で行っている。例えば、イラク戦争が二〇〇三年の三月に開始した際、他の平和団体と一緒に反対声明を出し、各都市で行なわれた反戦行進に参加した。一九九〇年の湾岸戦争の時も同じ行動を取った。二〇〇八年のチベット反中国運動の際も、いち早く抗議を行った。

また、毎年ネバダ州、アリゾナ州およびカリフォルニア州にある核兵器の製造や実験を行っている場所に行き、実験停止と核兵器の廃止を訴える活動を長年続けてきた。ブディスト・ピース・フェローシップのデモ参加者たちは、実験場の外で瞑想を行なうという非暴力の形をとり、平和という趣旨を訴えることにしている。また、二〇〇五年八月には広島・長崎の原爆六十周年の記念行事をアメリカ全国の二十か所で行った。その際、幹部の一人であるスーザン・ムーン氏（Susan Moon）は、次のように記念行事を行った理由を説明している。

エンゲイジド・ブディストとして、私は苦悩に背を向けないよう努力しています。我々としては、日本で原子爆弾が三十万人を殺したことを忘れてはなりません。絶対、繰り返していけません。この悲劇がこの二つの都市で起こったのは六十年も前のことですが、今日、同じようなことが起こる可能性は十分あるのです。我が政府は未だに核兵器を生産し実験しています。仏教徒として、我々は皆お互いに繋がっているのだということを発言し、人々に忘れないよう支援する必要があります。[31]

ブディスト・ピース・フェローシップは、他には刑務所や環境問題にも力を入れているが、ここでは、もう一つ興味深い活動として挙げられるのは、若い世代をエンゲイジド・ブディストとして養成するBuddhist Alliance for Social Engagement（ＢＡＳＥ、社会参加のための仏教同盟）というプログラムである。参加者は、六か月間、経験者の指導の下で、「社会問題とスピリチュアル」の両面に対して研修と修行を行うのである。

ここで言う「社会問題」とは、参加者が興味を持つホームレス、刑務所、ホスピス等でのニーズのことを指し、そして、彼らは実際に現場で研修を行うのである。「スピリチュアル」とは、自分の仏教徒としての実践のことであり、それには教義の勉強やメディテーションの実践が強く求められる。このBASEの特徴は、社会問題への関心を仏教の教えと結びつけ、両面の向上が求められるところにある。

以上のほかに、ブディスト・ピース・フェローシップは、*Turning Wheel*（回転する法輪、転法輪）という雑誌を毎年四回発行し、毎回、特集課題を取り上げている。その特集課題とは、社会問題、世界情勢、社会的テーマ、人生のテーマ、そして仏教プロパーという分野に及んでいる。例えば、社会問題には「暴力・非暴力」、「性的犯罪」、「人種差別と仏教」等があり、世界情勢としては、「イラクからのレポート」、「仏教徒の九・一一事件への反応」、「湾岸戦争」等が扱われている。また、社会的テーマとしては、「医療倫理」、「死刑」、「消費主義」等があり、人生のテーマには「老い」、「家族」、「希望」等が取り上げられている。仏教プロパーの課題としては、「カルマ・業」、「仏教指導者と性的不正行為」、「憎しみ」等に興味が寄せられている。

このように、五千人の会員と四十近い支部がこの団体を支えていることは、アメリカ仏教での参加仏教の重要性が強く現われていると言えよう。では、規模としてはブディスト・ピース・フェローシップほどのものではないが、他の参加仏教の二つの例を見ることにしよう。

四　ホームレスの街頭リトリート

普段リトリートと言えば、比較的裕福な人たちが週末に静かで安全な場所で、同じような立場の人たちと法話を聞きながらメディテーションを行なうことを連想する。しかし、この街頭リトリート

(street retreat) は、条件がまったく異なる。参加する人たちは同じ層の人々であるが、リトリートの舞台となるのはニューヨーク市のホームレスが集まる地域である。

主催者はニューヨーク禅センターとそこの創立者バーナード・グラスマン (Bernard Glassman) 師である。師はグレイソン・マンダラ (Greyson Mandala) という施設を設立し、食事、宿泊、就職等のホームレスのニーズに積極的に答えてきた。その事業の一つであるパン・ケーキ販売店は、四十人も雇い、その他に、数百人に就職に必要な経験と技術を提供してきた。

リトリートの話に戻るが、このような活動を行ってきたグラスマン師にとっては、一般のリトリートではすまなかった。一九九三年七月に行われたある五日間のリトリートには、十人が参加し、毎日をニューヨークのホームレスと同じような生活を過ごすのである。一日中、参加者はホームレスが多い地域を回り、同じような所で食事を取り、街頭で寝て、時には物乞いをし、ホームレスの立場に立って「内」から物事を見るのである。

参加者は、毎日二回座禅をし、仏教伝統の施餓鬼食を行い[32]、そして自分の欲望、不安、自己のイメージ、ホームレスの社会的原因等を観察し話し合うのである。このような異例の手段を通して、グラスマン師は参加者の宗教心を刺激し、養成するのである。また、宗教心を通して、社会問題に関心を持ってもらい、仏教が自分の悩みの解消だけに終わるのではなく、特に大乗仏教が掲げる「利他行」(他者を利する行い) を実践させるのである。

そして、このリトリートの参加費としては、高額な一日千ドル、五日間五千ドル (約五十万円) を要求するのであるが、それでも参加者は絶えないそうである。それは、参加者にとって有意義な体験ができる上、参加費がホームレスのための資金となるという満足感もあるからであろう。

五　プロジェクト・ダーナ

アメリカで長い歴史を持ち、全米組織を持つ日系人中心の浄土真宗教団も早くから社会参加プログラムを実施してきた。一九六〇年代には、Buddhist Life Program（仏教的生活）というプログラムを設け、仏教を日常の生活に生かそうとすることを積極的に実現するよう努めた。そして一九七〇年代の初期には、若者のニーズに対応するため Relevant American Buddhists（現実に適合したアメリカ仏教徒）というプログラムを実施し、人間関係等という日常課題やベトナム戦争等という社会諸問題に関わっていく仏教を目指した。しかし、これらプログラムの活動範囲は教団内に止まり、一般社会にまでは及ばなかった。

しかし、その傾向を一変したのが、一九八九年にハワイのモイリリ本願寺から始まったプロジェクト・ダーナ（Project Dāna 布施のプロジェクト）というボランティア福祉活動であった。「ダーナ」とは、サンスクリット語で「布施」という意味であり、仏教では見返りの報酬を求めない報恩感謝の精神で行われるのである。ボランティアは、年寄りの家庭を訪問し話し相手になるとか、アルツハイマー病や寝たきり老人に付き添って日夜看護を続けている家族の方に、看護を一時代わってあげること等を行う。また、電話でお年寄りや看護の家族を励ましたり、買い物を代わってしてあげたり、病院通いを手伝ったりすることも行っている。ごく簡単な修理や修繕、身体の不自由なお年寄りの身の回りの掃除や修理なども手伝っている。

プロジェクト・ダーナの特徴は、浄土真宗や仏教や日系人という枠を超え、一般社会の誰もが利用できるプログラムへと発展していったことである。今は、ホノルル市をはじめとして、福祉サービスや老人問題に取り組む六十以上の病院や研究所、ボランティアグループ、行政、企業などと提携し、お互いの役割を認め合いながら活動している。実に「政教分離」という常識を超えた社会現象となったのである。

そして一九九三年には、ロザリン・カーター（カーター元大統領夫人）が創設したロザリン・カーター賞の最初の受賞者となったのである。これがきっかけとなり、全米のボランティア福祉活動の世界での注目を浴び、それにより、仏教の「ダーナ」という精神が一般アメリカ社会にも知られ始めたと言われている。

プロジェクト・ダーナのこのような活動は、アジア系仏教徒の参加仏教への考えの変化を象徴していると言えよう。以前見たように、自分たちの民族の文化やアイデンティティを仏教に求めてきたアジア系仏教徒は、改宗者がほとんどであるブディスト・ピース・フェローシップの会員と比較すれば参加仏教には消極的であった。しかし、考えもすっかりアメリカ人である三世・四世の時代が訪れるに当たって、社会を重んじるアメリカの宗教観に影響されるのは当然であろう。他のアジア系仏教徒にも同じ傾向がうかがわれる。

それを代表するのは、台湾系のTzu Chi FoundationまたはBuddhist Compassion Relief（仏教慈悲救援）という全国団体である。世界中に四百万人という会員を持ち、アメリカでは十一の州に支部を設け、約十万人という会員を誇っている。この団体は、「慈悲に基づき救済し、喜捨を行う」（To relieve with compassion, to give with joy）という標語を掲げて、洪水、津波や地震という自然災害の被害者救援に力を入れ、それが会員全員の主な役目となっている。[33] 二〇〇五年に起こったハリケーン「カトーリナ」による大被害には、いち早く救済を開始し成果を出している。

六　理由

では、何故アメリカ仏教では、エンゲイジド・ブディズムが比較的盛んなのであろうか？　その理由の一つは、参加仏教に関わっている人たちの中には若い時代、特に一九六〇年代に、社会運動に携わっていた人が多いからである。その多くは、政治的には左翼志向で、進歩派が多く、ほとんどが人権運動やベトナム戦争の反戦運動に関わっていた。その他には、ケネディー大統領が始めた連邦政府主催の平和協力団体（Peace Corp）に参加し、発展途上国に出かけ、国際社会の問題に若いエネルギーを注いだ人も少なくはない。ちなみに、この平和協力団体を通してアジアで仏教に出会った者も多くいるのである。インサイト・メディテーションの創立者の一人であるコーンフィールド師は、その一人である。

もう一つの要素として挙げられるのは、一般アメリカ人の宗教観である。以前述べたように、社会においては、宗教は重要な役割を占めている。従って、宗教は社会の問題に取りくみ、人々の苦しみや問題に関わっていくのが「本物」の宗教であるという考えが根強くある。本物の宗教であればこそ、その教えに影響された人々は、内面的・自分の悩みに止まるのではなく、外面的・社会的な行動を必然的に取るのである。つまり宗教は社会を向上させることができ、それが宗教の使命であると見ることが、一般アメリカ人の宗教観の重要な要素となっていると言えよう。

その宗教観のルーツとしては、ユダヤ教やキリスト教の正義（justice）いう言葉に象徴される世界観や歴史観がある。神が創造した世界は根本的には悪ではなく善であるが、世の中に存在する悪に対しては、人間の努力によって「神の国」(Kingdom of God) という理想的社会を創立していくべきだという考えがある。特にアメリカでは、この思想の流れを継ぐ人々は、この神の国を死後ではなくこの世で実現することを強調したのである。そして、世の中は常に向上するべきものだという楽観的な歴史観に基づいているのである。

また、キリスト教には貧困者を重んじるという教えが強いことは、よく知られていることである。それは開祖イエス自身が、庶民的な生活をおくる大工という階層の者であり、社会の貧困や一般の市民への理解が強かったからでもある。このように貧困者を重んじるイエスの発言や行動は、社会の問題に目を向けるキリスト教が生まれ、それが今日のアメリカ社会にも影響を与えていると、私は考える。

以上のような宗教観を持つアメリカ人が仏教に改宗すれば、彼たちが仏教を理解する際、当然社会性を重んじることになる。例えば、ブディスト・ピース・フェローシップでは、菩薩行 (bodhisattva practice) とか慈悲 (compassion) と言った言葉が非常に頻繁に使われる。これこそ、東洋の宗教と西洋の価値観の出会いである。その結果、長いアジアの仏教の歴史では見られなかったレベルの社会参加が強調されていくのである。

四　超宗派性

日本仏教の特徴は宗派意識であると言っても過言ではなかろう。大多数の寺院では、何処かの宗派に属し、その寺院の住職はその宗派の教育制度を経て僧侶の資格を得ている。これは、アメリカ仏教でも基本的に同じことが言えよう。ただ、異なるところは日本仏教の場合、他宗派との繋がりも弱く、交流も少ない。各寺院や僧侶同士の関係は、同じ宗派の本山を頂点とする組織の枠の中で形成されている場合がほとんどである。一方、アメリカ仏教の場合は、色々な面で「超宗派的要素」が日本と比べて濃厚である。

一　複数の宗派所属

まず、教師には、二つ以上の宗派の資格を得ている人がかなり多くいることが目立つ。例えば、ギル・フロンゾール（Gil Fronsdal）師は、現在、インサイト・メディテーションの教師であり、カリフォルニア州で独立したセンターの住職役を務めている。しかし、フロンゾール師は二十代の時、サンフランシスコ禅センターで仏教に入門し、そこで得度を受け教師の資格を得た。その後四十代に入って、南方仏教系のインサイト・メディテーションで修行を積み、現在のポストに就いたのである。そこで興味深い点は、フロンゾール師は今でも禅センターの教育機関で非常勤として教えていることである。

実は、フロンゾール師は例外ではなく、インサイト・メディテーションのスピリットロック・センターの二十名の専任教師の中には、他の宗派で修行し、資格を得た方が八人もいる。そのほとんどには、禅かチベット仏教、特にゾグチェン（Dzogchen）派で学んだ経験がある。また、その八名中の五人は、ヒンドゥー教ヴェーダーンタ派のアドヴァイタ（Advaita）の教えにも強い影響を受けている。

この八人の一人であるアンナ・ダグラス（Anna Douglas）師は、スピリットロック・センターが開始した時からの教師であるので、長年テーラヴァーダ修行法を教えているが、彼女自身は禅、ゾグチェン、およびアドヴァイタという他の三つの流れの各先生に師事している。また、ダグラス師は心理学の博士号も取得しており、師が教えるクラスやリトリートには、テーラヴァーダ仏教が中心となっても、それ以外の多様な教えによる解釈や教授法が採用され働くことは当然であろう。

このような複数の影響を受けた教師の存在は、インサイト・メディテーションのスピリットロック・センターには限らない。例えば、タンドラ・ウインド（Tundra Wind）師は、最初は曹洞宗系のアメリカ人ケネット老師より伝達を受けた。その後韓国の曹渓宗で学び、ニューヨークにある韓国系のKwan Um School of Zenのお寺の住職まで務めた。さらにその後、師はターラー女神を中心とするチベット系の修行法に励んできた。ウインド師は、このように複数の宗派を経験していることは、弱点ではなく新しく改革する原動力になると、発言している。

二　JUBUs――他宗教にも所属

“JUBUs”（ジューブース）とは、ユダヤ教徒・人（ジュウイシュ Jewish）を指す“JU”と仏教徒（ブディスト Buddhist）を示す“BU”を結合した合成語である。最後の“s”は、複数を示し、“JUBUs”とは「ユダヤ教・仏教徒たち」または「ユダヤ人・仏教徒たち」という意味となる。すなわち JUBUs はユダヤ教徒から仏教徒に改宗した人たちでありながらも、本来のユダヤ教徒・人としてのアイデンティティを保持しているのである。

従って、多くのジューブースの方たちは、二つの宗教を同時に持つということである。英語では、dual religious identity（二重宗教アイデンティティ）とも呼ばれている現象である。このように二つの宗教を持つことは、仏教と神道を同時に日常生活に受け入れている日本では気にならないであろうが、アメリカなどは大変珍しく見られるのである。それにもかかわらず、アメリカでこのように二重宗教を持つようになったのはそれなりの理由がある。

アメリカのユダヤ教徒の中には、キリスト教に改宗することを極力反対する人が多くいるようである。それは、ヨーロッパを中心に長い両宗教間の歴史の中で、ユダヤ教徒の人々はキリスト教徒に差別され、第二次世界大戦中にはあのナチス政権による大虐殺にまで至った。アメリカでは、以前より大変良い状況にあるものの、未だに差別は完全に消えてはおらず、一部のキリスト教徒からは、「イエスを殺した民族」とまで言われつつ批判されている。しかし、ユダヤ教徒にとって、仏教や仏教徒にはそのような苦い経験はないので、改宗する宗教としてキリスト教に較べれば仏教にはあまり抵抗が無いそうである。

また、仏教は寛容な宗教であるというイメージが強い。従って、改宗したとしてもユダヤ教の習慣や儀式を営むことが許され、家族と今までどおりの付き合いができるのである。仏教徒になっても、ユダヤ教の伝統は捨てる必要もなく、逆により良い仏教徒にもなれると考える人が多くいる。また、仏教指導者の中には、仏教自体が独占的な忠誠を強いる他の宗教とは異なるということを説き、仏教の独自性を強調する人も少なくない。

ダライ・ラマ師もその一人であり、一般講演会などでは「仏教に改宗すること」を思いとどまるように勧め、それよりも自分が育った宗教を深め、より良いユダヤ教徒やより良いキリスト教徒になることを促している。そうすることによって、間接的に仏教が目指す個人的な平穏と社会的平和という目的が達成できると考えられるのである。このような他の宗教ではなかなか見られない寛容な発言は、自分の宗教を保ちながら仏教に関わる人々や先述の二重宗教アイデンティティを持つ人々の数を増やしていると言える。

このようなキリスト教徒も少なからず増えていて、その際、キリストの教えは捨てず、仏教のメディテーションを取り入れる場合が大多数を占めている。彼らはキリスト教では強調しないメディテーションを実践することによって、自分たちの信仰を深めることができたとよく証言している。このような人々は、プロテスタント信者より他宗教に比較的寛容な姿勢を保つカトリックの方が多く、その中には神父たちも少なくないのである。

三　他宗派の教師の参加

日本では、寺院のレベルで宗派間の交流は少ない。例えば浄土真宗と日蓮宗の僧侶が、寺に法要の講師としてお互いを招待することはかなり稀なことである。一方、アメリカ仏教では、複数の流れを汲んでいる教師たちが多いことと関連して、多くの団体が他宗派の者を授業やリトリートの講師として招くことがよくある。

例えば、現在サンフランシスコ禅センターの授業やリトリートには、客員講師として沢山の教師たちが招かれている。彼らは、インサイト・メディテーション、ベトナム、テーラヴァーダ、浄土真宗、真言宗、チベット、および臨済宗という幅広い宗派を代表する人々である。その中でも、最も多いのがインサイト・メディテーションからの教師である。それは、彼らが禅センターと同じ「瞑想中心の改宗者」の種類に所属し、長い個人的な付き合いもあるからである。

そこで、そのインサイト・メディテーションのスピリットロック・センターの場合でも同じように他宗派の講師を頻繁に招いている。なかでも代表的なのが禅とチベット仏教で、招かれる数も多い。例えばあるリトリートでは、サンフランシスコ禅センターのノーマン・フィシャー（Norman Fischer）氏は、「弁護士のためのヴィパッサナー」という三泊のリトリートの教師を務めている。また、チベット人のツォクニ・リンポチェ（Tsoknyi Rinpoche）師は、「無畏の容易さ―ゾグチェン瞑想法」と題する八泊のリトリートを教師として担当したことがある。

このように他宗派の者が参加すると、スピリットロック・センターの東南アジアのテーラヴァーダに由来する伝統が薄らぐのではないかという心配は、センターの指導者たちにもある。その懸念を防ぐために、一日以上のリトリートでは、他宗派の教師には教える内容をセンターの伝統に関連して説くように要請している。その上、多くの場合センターの専任教師とチームを組んで一緒に教えている。このように自分たちの伝統を守りながらも、他の視点や瞑想法を積極的に取り入れているのである。

四　超宗派連合会

アメリカ仏教全体の超宗派組織としてはアメリカ仏教会議(American Buddhist Congress)があるが、この組織の活動は南カリフォルニアを中心とした限られたもので、全国の広い支持を得てはいない。その理由としては、前に見たようにアメリカには多様すぎる種類の仏教が存在しており、それをまとめるにはかなり難しい面があることと、国が広いために、費用や時間の面で集まることが困難であるということがある。その他には、宗教として仏教は、イスラム教のような迫害の対象になっていないので、団結して仏教の立場を守ったり主張したりする必要性に迫られていないことも、しっかりした全国的組織ができ上がってない理由として挙げられよう。

しかし全国規模とは違って、地域ごとの超宗派組織は、主要都市を中心としてかなり活発な活動を行っている。この地域連合会（regional council）は、ニューヨーク、シカゴ、シアトル、北カリフォルニア、南カリフォルニアとホノルル等で設立されている。これらの地域連合会は、お釈迦様の誕生日等という仏教共通の祭日の合同儀式を行なったり、新しい仏教寺院の設立に近所の反対があった場合支援を行ったりして、所属する寺院やセンターの相互理解と協力を進めている。また、一般社会に向かっての仏教の伝道的な活動もその目的の一つとしている。

私は長年、北カリフォルニア仏教連合会に関わっていて、そのうち四年間は会長も務めたことがある。それは、先述の四種類にまたがる二十五ほどのグループから成り立っていて、ここで日本では出会うことができないような仏教徒にも出会うことができた。その一例がベトナム仏教徒であった。北カリフォルニア仏教連合会は、シリコンバレイで知られるサンノゼ市のベトナム仏教徒のドゥクヴィエン寺で釈尊の誕生日を毎年四月頃合同で祝った。

当時は寺院と言っても、果樹園の包装出荷の小屋を改造した建物であったが、そこの尼僧と僧侶および信者たちは、非常に熱心で仏教を大切する態度がよく見えた。彼らの中には、ボート・ピープル(boat people)として私の想像を絶するほどの苦難を乗り越えて、さらに新しい国の生活にチャレンジしてきた人たちも沢山いた。その彼らの意気込みが仏教への熱心さの背景にあることを私はひしひしと感じることができた。

最初ドゥクヴィエン寺院を訪れた際、法要が行われていて、その読経の音は慣れている日本のとはかけ離れて異なる音色とリズムで、異様に感じた。それは中国仏教の読経とも異なり、より異質なものとして伝わってきた。私は同じ大乗仏教でもこれほど異なるのかという気持ちを隠せなかった。

しかし、その後何か親しみのあるお経の音が聞こえてきたが何か良く分からなかった。集中して耳を傾けている際、突然それが浄土教の念仏であることが分かった。それは、「ナーウ　アーイダ　ファート」であり、いわゆる「なむ　あみだ　ぶつ（南無阿弥陀仏）」であった。それが何度も繰り返して唱えられ、次第に私は、最初は異様に感じていたお経の音でも、内容は大変近いものであったことに驚きながら親近感をおぼえたのである。この感覚は、アジアの全ての主な種類の仏教が伝わっているアメリカであるから味わえた連帯感に基づくものであった。それを可能としてくれたのも、地域仏教連合会のお陰であった。

五　全米仏教指導者会議

すでに女性の地位向上の項で言及した全米仏教指導者会議（Meeting of the American Buddhist Teachers）は、一九九〇年ごろより数年おきに定期的に開催されてきた。これは、全米からアメリカ仏教を代表する指導者が集まる会議である。多数の宗派の代表が参加するが、参加者の大半は、禅、ヴィパッサナー、チベット系統で、いわゆる「瞑想を中心とする改宗者」の種に属し、ほとんど（九〇パーセント）が白人であった。

その点で、「新・旧アジア系仏教徒」と「題目中心の改宗者」の種の代表者を含む北カリフォルニア仏教連合会とは、異なるものである。その上、これは数年に一度数日間集まるというもので、地域密着の組織ではない。しかし、この全米仏教指導者会議は、アメリカ仏教の全国規模の超宗派的要素を強く示すものとして取り上げるべきである。

私は、北カリフォルニア仏教連合会を代表する者として二度この全米会議に招待され参加した。一度目は一九九六年頃の集まりであって、そこには私のようなアジア系仏教徒は百人中五名ぐらいしかいなかった。参加者の中には名前はよく知っている著名人が多くいたが、顔見知りの方は少なかった。

そこで強く感じたことは、参加者はお互いを個人的にも知っている様子であった。それは、必ずしもこの会議で親しくなったということではなく、以前より、またはそれ以外の機会を通しての付き合いから成り立っている関係のようであった。宗派は異なるが、禅・ヴィパッサナー・チベット系統に所属する彼らにはかなりのネットワークが働いているという事実を知った。

そして次に、私にとって忘れられないことが起こった。会議の初頭でお互いを知り合うため先ず同じ系統ごとに分かれた。そのとき、禅系統の参加者は部屋の右側の隅に集まれという指示がでた。そして、ヴィパッサナー系統とチベット系統の方は、各部屋の隅に集まった。それで、残った参加者は浄土真宗の私やFWBOという新宗派[34]の二人を含めた五名しかいず、我々は「その他」として残った左側の角へ集まることになった。

私が「その他」に指定されることは、ショッキングなことであった。それは、私がアメリカで百年以上継続してきた浄土真宗という仏教教団に関わる者としてそれなりの自信と誇りを持っていたが、この会議では、「その他の」者にしか扱われなかったからである。勿論、会議の指導者たちは悪気もなく、会議の実態を反映しただけである。その後、四つのグループをミックスし、少人数で自己紹介を含むディスカッションに移った。その時私のグループのメンバーの大半は浄土真宗やアジア系仏教徒のことには乏しい知識しかもっていないことが分かった。

この会議を通して、禅、ヴィパッサナー、チベット系統が構成する「瞑想を中心とする改宗者」たちの間では宗派を超えてかなりの交流があるが、彼らと私が所属している「旧・新アジア系仏教徒」および「題目中心の改宗者」とのギャップが存在することを肌で経験したのである。従って、私たちはこの状態を解消するため、次回の会議には後者の種類の代表者をもっと多く招待するよう提案した。その結果、次回の会議にはアジア系の参加者は増え、その後も増え続けているということである。

いずれにせよ、アメリカ仏教には宗派意識は存在するが、超宗派的な交流を促進する方向の働きが常に作動しているように私には感じられる。この傾向は、日本仏教よりも顕著に現れていると言えよう。それには種々の原因があるが、簡単に言うと、短い歴史、指導者の世襲制度がないこと、進歩派志向を持つ仏教徒、アメリカにおいて少数宗教（minority religion）として団結する必要性等が挙げられるであろう。

五　個人化宗教

一　三つの要素

これまで見てきたメディテーションへの魅了は、スピリチュアリティや精神安定を求める所にあった。この傾向は、教理や儀式の軽視から、実践の重視というパラダイムの変換を示している。そして、このような形態の変換は、「個人化宗教」(privatized または individualized religion) という現象を促し、そこには、団体から個人への移行が顕著となる。

実は、これは仏教だけでなくキリスト教を中心とするアメリカの宗教全体に関して言えることである。宗教社会学者であるウェイド・クラーク・ルッフ (Wade Clark Roof) とウイリアム・マッキニー (William McKinney) は次のように説明する。

六〇年代後半から七〇年代にかけて、教養のある中流階級の多くの若者が教会から離れていった。……（中略）……その結果は、自分たちをサポートする同じ信仰を持つコミュニティーを伴わない、非常に個人化した宗教心理の傾向であった。一九六〇年代以来のこの方向への原動力となったのは、個人の達成感と理想の自己の追求であった。……このように個人主義が旺盛な環境では、宗教は、より個人化し、より個人の領域に基づくものとなる。[35]

この環境の中で伸びてきた仏教には、この現象が顕著に現れている。換言すると、仏教はこの個人化傾向という波に乗っかって伸びてきたとも言うことができるであろう。私は、アメリカ仏教におけるこの個人化宗教という現象には、三つの要素があると見ている。一、宗教は家族単位のものではなく個人が決めるものである、二、宗教実践の中心は、教会やお寺という団体よりも、個人の場に置かれる、三、宗教理解のスタンダード（基準）は、伝統の権威よりも個人の経験と判断に求められる、の三つである。

このように、三点とも団体より個人が重視されることは、アメリカ特有の個人主義の表れでもあろう。第二章でも見たように、百年以上前に仏教がアメリカに紹介された時も個人主義（individualism）という要素が求められたが、今日は、社会の変化に伴って、当時よりも個人化がもっと進んでいると考えられる。

日本もこのような現象はすでに現れている。島薗進教授は、広い意味での個人化を「新霊性運動」または「新霊性文化」と名づけ、その現象が一九七〇年代に目立ち始めたことを指摘している。[36]しかし、日本仏教に関して言えば、アメリカほどの個人化現象は現時点では見られないものの、今後より顕著に現れてくる可能性は十分あると思われる。

この現象は、アメリカ仏教に関わっている人びとの個人的なレベルで考察すると、より明らかになるのである。それを代表する一人として、以前紹介したＮＢＡバスケットボールのフィル・ジャクソン監督を挙げることができよう。彼はプロテスタントの中でも保守的なペンテコステ宗派の家庭に育ったが、その保守的な決まりや考え方に限界を感じた。大人になって、主に禅を中心とする仏教に興味を持ち、仏教の考え方とメディテーションを自分のスピリチュアリティとして実践し、監督としても導入したのである。しかし、彼は典型的なナイトスタンド・ブディストとして、自分を「仏教徒」とは決め付けず、また禅に惹かれているが、特定の禅宗の組織に深く関わりを持たず、禅以外の宗派やアメリカ原住民の宗教の考え方も取り入れている。

では、ジャクソン監督をアメリカ仏教における個人化現象の代表的な例として挙げたが、その三つの要素をより詳しく考察することにしよう。

二　参加単位は家族ではなく個人

仏教は、日本人にとって、家族単位で考えられていることはよく指摘されることである。例えば、家族の一人だけが自発的に家族が所属する宗派から他の宗派に転派することは非常に稀である。これは、徳川時代には家族全員が同じ宗派に所属しなければならないというような規定があったことや、家庭の仏壇が象徴するように、仏教は先祖崇拝という習慣と融合していて、家族とは密接な関係であるからである。

このように日本人が仏教徒であることが家族と密接な関係をもっていることは、個人として他の宗派や他の宗教へ改宗することは容易なことではない環境となっている。このことも日本でキリスト教の伝道が始まって四百年以上が経つが、未だにキリスト教徒の数が人口の一パーセントに過ぎない原因の一つとなっていると考えられる。

一方アメリカでは、宗教は一人ひとりが決めるという今までの日本の状況とは違った宗教観が存在する。それは、宗教弾圧から逃れようとアメリカに渡った多くの人びとを含む国民によって出発した国であるということからも理解できるであろう。この考えは、組織を強調するカトリック信者よりも、神との個人的な関係を重んじ、アメリカのキリスト教徒の大多数をしめるプロテスタント信者の間でより強く、子どもにこの考え方を勧める親も多くいる。

以上のような理由に加えて、二十世紀にだんだんと進んだ世俗化という社会的変化にも個人の選択の自由を尊重する原因があると考えられる。宗教社会学者ピーター・バーガー教授（Peter Berger）は、この世俗化は非独占化(demonopolization)という現象を生み、またその非独占化は多様な状況(pluralistic situation）という現象を生むと主張する。[37] この多様な状況の特徴とは、一つの宗教がその社会の支配的立場にあるというのではなく、他の宗教も対等の価値があり、選択の対象となるという社会的環境を促すのである。従って、今までのように支持者が必然的に付いて来るという保証はなく、人々はマーケット原理に従って一人ひとりが納得できるものを求め、それを探せば、今までの宗教や宗派を捨てて新しいものを支持することとなる。

三　実践場は団体よりも個人

以前見たように、スピリチュアリティを求める人々は、メディテーション等のプラクティスを重んじることになる。そうすると、彼らは自宅でも実践することができるので、お寺やセンターに出かけて行く必要が少なくなるのである。それは、メディテーション自体が基本的に一人で行なう行為であり、ある程度の指導を受ければ一人でも十分実践できるからである。

もし彼らが、儀式や法要も求めるのならば、司祭者や他の参加者等が必要となるので、センターやお寺という集団に参加しなければならなくなる。しかし、儀式のニーズをそれほど感じていない彼らにとっては、団体への参加はあまり必要がなくなると言えよう。同じように、教義や知識を重んじれば、僧侶等の専門家にも頼りセンター等へ出向く必要が生じるであろうが、教義よりプラクティスを強調する彼らにとっては、その必要性は比較的弱まるのである。

それでも、教義や歴史の知識を必要とした場合、教育水準が高い彼らには、適切な書物をすぐ手にすることができる。また、インターネットの普及は自宅で知識を得ることだけでなく、同じ仏教に興味を持つ人々と意見交換のサイトを通してコミュニケーションをとることができる。このようなサイトを主催するセンターや団体の中には、法話や行事等をインターネットを通して公開し、バーチャル・サンガ（仮想の仏教団体）を設立しているところも増えている。従って、体を運んでセンターやお寺に行かなくても済むようになったのである。

また、仏教に惹かれる人々には宗教組織自体を極力嫌う人たちが平均より多いと思われる。それは、自分たちが育ってきたキリスト教やユダヤ教の宗教組織の苦い経験があり、仏教こそ違う形態を持つ宗教として求めるからである。彼らの多くは、宗教団体というものが派閥争いやハイエラルキーが旺盛な組織となりがちで、平和や平等という本来の宗教の理想と反しているものという見方を持ち、できるかぎり避けようとするのである。

さらに、彼らの中には、体制に反対する志向を持つ人が多いと言えよう。第三章で述べたように、仏教はカウンターカルチャー的世代に支持されてきた。彼らの多くは、五〇年代の裕福な社会を批判したビートニックの精神を受け継ぎ、六〇年代後半と七〇年代初期のベトナム反戦運動の参加者たちである。このように組織に対する懐疑と社会体制への批判精神を抱く仏教改宗者たちが、仏教に関しても組織を軽視する傾向にあるということは理解しやすいことであろう。

以上は、仏教へ関心を持った人々の個人化傾向を指摘したのであるが、実は、組織離れの傾向はアメリカ社会全体に一九六〇年代ごろから顕著に現れ始めたのである。社会学者のロバート・パットナム（Robert Putnum）教授の研究によれば、ロータリーやライオンズ・クラブ等の市民団体、ＰＴＡ、政治的支援グループ、および職業関係団体等に関しては、参加率の低下が明確となったのである。また、地域社会の集いを象徴するコミュニティーのピクニックの回数も、一九七五年から一九九九年の間に一人当たりの参加回数が一年に約五回から二回まで減っている。また、キリスト教を含む宗教全体の行事への参加も一九六〇年代から、二五～五〇パーセントも減っている。この団体や組織離れの原因として、共働きによる家庭内の忙しさ、郊外への移住による遠隔化、テレビ等の電化製品による個人的な娯楽、および戦後生まれ世代の地域社会に対する価値観等が挙げられている。[38]

四　伝統より個人

アメリカ仏教では、釈尊が生涯を終える時に述べた「自らを灯火とし、法を灯火とせよ」（自灯明、法灯明）というかの有名な文句が非常に好まれる。これは、伝統が伝える教えも大切であるが、自分自身の理解や体験も同じように大切であるという励ましのメッセージとして受け止められる。これは、前述のスピリチュアリティが「個々人の聖なる体験」であったように、そこでも強調された個人の重視と一貫している性質なのである。

また、この傾向は、伝統が伝える教えを無条件で受け入れるべきではない、という考えを強化している。それを証明する根拠として、次の釈尊がカーラーマ族に告げた言葉がよく引用される。

カーラーマ族の皆さんよ、報告や伝統やうわさ等に振り回せられないように。また、宗教書物の権威、……や「我が師である」からだという考えに従わないように。従って、カーラーマ族の皆さんよ、自分自身が、あることが不健全であると解った時、それを放棄しなさい。そして、自分自身が、あることが健全であると解った時、それを受け入れ、従いなさい。[39]

このように、個人の判断が求められ、宗教というものは自分が納得しなければならないという価値観が顕著に現れている。そして、このような個人化の性質に惹かれる人々こそが仏教に魅力を感じるのである。

この「伝統より個人」という要素のもう一つの一面として挙げられるのは、主体性である。この主体性は、以前述べた超宗派・超宗教という特徴に関して強く見られる。例えば、前述のジャクソン監督は禅に惹かれながら、他の宗派のお寺やセンターへも出かけるのである。既に述べたように監督は、シカゴ市にある浄土真宗の日曜法要には時たま来て、本堂の後ろで静かに座り、法要が終わると人知れず帰って行ったということを聞いている。当然、これ以外の仏教センター等に足をのばしていて、また、ネイティブ・アメリカンの宗教にも強い関心を持っている。このような多様な関り方においては、個人の理解が重んじられ中心となり、非常に強い主体的性が必要となる。明らかに、一つの伝統に任せるというよりも、個人が主体となるのである。

五　懸念の声

このような個人化傾向に対して懸念の声も聞こえていることを指摘する必要があろう。例えば、前述のギル・フロンゾール氏は、個人化が顕著であるテーラヴァーダ（上座部）仏教の伝統を継ぐインサイト・メディテーションの教師でありながら、その機関誌にグループの行き過ぎを批判して、その危険性についての警戒感を表明している。氏は、インサイト・メディテーションが二千年以上続いたテーラヴァーダ仏教の伝統を軽視し過ぎていることを批判している。[40]

フロンゾール氏は、集った三十人余りの教師たちに尋ねたところ、その中のたった三人しか自分がテーラヴァーダに属する者と思っていなかったことに驚きを感じたそうである。翌年に東海岸での別の教師の集りでも同じような結果が出た。これをきっかけに翌年、この課題に関する会議が開かれ、インサイト・メディテーションと東南アジアから伝来したテーラヴァーダとの関係をどう見るべきかが議論された。その結果、大半の参加者は、テーラヴァーダとの関係を拒否し、独立の路線をとることを支持したのである。[41]

フロンゾール氏は、同僚のこのような考えこそが、インサイト・メディテーションを幅の狭いものし、質を貧しくすると主張する。そして、インサイト・メディテーションは、テーラヴァーダ仏教の一部である修行法のみを選び取り、儀式や教義全体や世界観という他の部分を無視していると述べている。また、多くの教師たちは、この世の中での社会参加や自由を強調するが、その反面、仏教の本来の目標である悟りを軽視していると、批判は止まない。

また、日常の生活の問題に対してメディテーションがもたらす効果や心の安定という身近に生じる結果だけを求めており、怒りというような煩悩の消滅や統制に励むということはほとんどなく、心に浮かぶその怒りをただじっくりと見詰めることに留まっていることだけだと指摘している。そしてさらに、中には悟りという仏教の目標自体さえを再検討し始めている教師が出ているそうである。このように、フロンゾール氏は仏教の根本目標が揺さぶられることについて、非常に危機感を感じている。[42]

フロンゾール氏のもう一つの批判対象となっているのは、団体や組織であるコミュニティーに対しての極度の個人重視である。悟りとは個人が体験するものであるが、そのプロセスにはコミュニティーという周りのサポートは欠かせないものである。コミュニティーには、種々の儀式が常に行なわれていて、それは連帯感を養い、生活をする場所と我々を結び、そして誕生や死や季節という人生や一年の節目を表してくれるのである。

また、教団内での闘争や葛藤等を解決していく努力や集団的に物事を決めるという作業も、修行者にとっては宗教的な成長を養ってくれる手段でもある。このような効果は、テーラヴァーダ出家教団を中心とするコミュニティーによって出されてはいるが、ただ単に、男性中心でエリート意識が濃厚な出家制度が嫌いだという理由だけで、全てのコミュニティーを拒否してしまうようなことに大きな問題がある、とフロンゾール氏は警告するのである。[43]

＊

以上の五つが、最も目立つ特徴であり、これらこそ仏教のアメリカ化という現象を象徴するものなのである。この中には、現在の日本仏教ではあまり強く見られないいくつかの点があるが、それらの動向は今後、詳しく観察していきたい。

■Endnotes

1 ＳＧＩの「題目を唱える」ことを広い意味での「メディテーション」としてとらえることも可能であろうが、アメリカ仏教の改宗者全体の実践形態とは異なる素質を持つので、題目を「メディテーション」に含めなかった。

2 Richard Seager, *Buddhism in America*. Columbia University Press, 1999, p. 151. これと次の発言は、ゴールドスタイン氏とのインタビューからの引用である。そのインタビューは、"Empty Phenomenon Rolling On: An Interview with Joseph Goldstein," *Tricycle: The Buddhist Review* (Winter 1993), pp.13-18.

3 Richard Seager, *Buddhism in America* p.151.

4 ちなみに、僧侶の職務が日本のような世襲性によって決まるようなことにはならないことは確かである。キリスト教会の制度では、聖職者は教会に雇われる身分である。従って、この制度を採るアメリカ仏教では、僧侶の世襲性は成り立たないのである。

5　アメリカ仏教の著名な女性指導者十八人を紹介する本には、本書にも登場するパッカー、ベック、ケネット、サルスバーグ、メイシー等が含まれている。Lenore Friedman, *Meeting with Remarkable Women: Buddhist Teachers in America.* Shambhala Publications, 1987.

6　これは、「八つの特別規則」(garudharma) というもので、尼僧団（サンガ）を認め、設立する条件として設けられたと言われている。基本的には、尼僧サンガを僧侶サンガの管理下に置くということが目的であったようである。

7　http://www.sakyadhita.org/ を参照。

8　同性愛に関しては以下の論文による所が多い。Roger Corless, "Queer Community in American Buddhism," in *The Faces of Buddhism in America*, pp. 253–265.

9　Eric Kolvig, "Gay in the Dharma: Wisdom and Love," *Gay Buddhist Fellowship Newsletter*, March, 1993.

10　Mahāvagga 25:3. 日本語訳は英語訳による。I.B. Horner, trans. *The Book of the Discipline* Vol.4 (London: Luzac, 1951), p. 430.

11　後期のチベットやインドの学僧たちに簡単に言及されている程度である。See Roger Corless, "Queer Community in American Buddhism," pp. 254–255.

12　二〇〇六年八月に北カリフォルニアのスピリットロックで行われた一日間のリトリートで知りあい、その日お話を聞き、彼女の仏教への関わり方を代表的な例としてここで紹介することにした。

13　*Time*, Aug.4, 2003,p.52.

14　James Coleman, "The New Buddhism: Some Emperical Findings," in American Buddhism, edited by Duncan Ryuken Williams and Christopher S. Queen (Curzon, 1999), pp. 91–99.

15　最初の方式である「数息」とは、鼻からの呼吸を、吸う時「一」、そして出す時は「二」と数え、それを呼吸する度、繰り返すのである。また、別の方法では、呼吸する度、一、二、三、と十まで数え、十に達せば、逆に、十、九、八、と一まで数える。そして、またそれを繰り返すのである。もう一つの方式である「観察」とは、呼吸をそのまま観察するのである。例えば、息を吸う時には、鼻の下が涼しい、そして、息を出す時には、息が温かい。また、腹部は上がったり下がったりすること観察するのである。両方式で共通することは、思い（雑念）が浮かんできたら、それにとらわれず、呼吸への集中に戻ることである。

16　宗教間の対話は一九八〇年代より盛んになり、その象徴として一九八七年に創立されたSociety for Buddhist Christian Studiesという学会が存在する。

17　*Time*, Oct.13,1997,p.81.

18　この私の定義は、島薗進教授の最近出版された本での定義と類似していることを知った。『スピリチュアリティの興隆』岩波書店、二〇〇七年、v頁。

19　島薗教授は、この現象を「新霊性運動・文化」と呼んでいる。同書、v頁。

20　同書、三〜四頁。

21　例えば、スピリチュアリティの要素が濃厚である神秘主義者と知られるマイスター・エクハルト（Meister Eckhart、約一二六〇〜一三二八年）は、中世カトリック教会から弾圧された。

22　ビデオは、序文で述べたダイアナ・エック教授が制作に関わったものである。

23　*Tricycle: the Buddhist Review*, vol. 10, no.3 (Spring, 2001), pp.42-42.

24　Arnold Kotler, "Breathing and Smiling: Traveling with Thich Nhat Hanh," *Buddhist Peace Fellowship Newsletter* (summer 1989): 22. またこれは、下記にも引用されている。Donald Rothberg, "Responding to the Cries of the World: Socially Engaged Buddhism in North America," in *The Faces of Buddhism in America*, edited by Prebish and Tanaka, p. 272.

25　日本仏教の社会参加については、ランジャナ・ムコパディヤーヤ著『日本の社会参加仏教』（東信堂、二〇〇五年）を参照。

26　Kenneth Kraft, ed., *Inner Peace, World Peace: Essays on Buddhism and Non-Violence*. State Univ. of New York Press, 1992, p. 18.

27　Donald Rothberg, "Responding to the Cries of the World," p. 273.

28　*Ibid.*, p. 268。

29　「全ての衆生の向上（又は、目覚め）に努めることを布施とする」という意味である。

30　ブディスト・ピース・フェローシップの紹介パンフレットから抜粋したものである。

31 ブディスト・ピース・フェローシップの本部で行われたインタビューでの発言である。

32 日本では、真宗以外ほとんどの宗派で行われている。五または七如来を拝して、食物を餓鬼に供養する。グラスマン師は禅僧侶である。

33 Richard Seager, *Buddhism in America*, p. 162.

34 The Friends of the Western Buddhist Order（ＦＷＢＯ、西洋仏教団体の同朋）は、一九六八年にサンガラクシタ（Sangharakshita）というイギリス人仏教僧侶によって設立され、根本仏教に基づいて欧米やインドで活躍している。

35 Wade Clark Roof and William McKinney, *American Mainline Religions*. Rutgers University, 1987, pp. 18–19, 7–8, 32–33. Quoted in Robert Putnam, *Bowling Alone*, pp. 73–74.

36 島薗進、『スピリチュアリティの興隆』、二七九頁。

37 Peter Berger, *Sacred Canopy*, Doubleday, 1966, pp. 134, 137.

38 Robert E. Putnam *Bowling Alone: The Collapse and Revival of American Community*, Simon and Schuster, 2000, P. 283ff.

39 Anguttara-nikāya, ed. *Devamitta Thera*, Colombo, 1929 and Pāli Text Society Edition, p. 115.

40 Gil Frondsal,"The Treasures of the Theravāda: Recovering the Riches of Our Tradition," *The Inquiring Mind*. Vol. 12, No. 1(Fall 1995), pp.14–15.

41 その理由は、第三章で述べたように、テーラヴァーダが、人生否定（life-negating）、来世志向（other-worldly）および二元論的(dualistic)であると見るからである。Gil Fronsdal,"The Treasures of the Theravada," p. 14.

42 *Ibid.*, p. 14.

43 *Ibid.*, p. 15.

［第五章］解釈

アメリカへの同化

■ロサンゼルス近辺の臨済寺で座禅に励む一般在家者たち。（撮影 Don Farber）

本章でも前章のように、アメリカ仏教の特徴を取り扱うことにする。しかし、前章では、社会的現象としての特徴に重点を置いたが、本章では、解釈の特徴に焦点をあてることにする。換言すると、前章が客観的な姿勢であったならば、本章では主観的な立場から五つの課題についてアメリカ人がどう解釈し、理解してきたかということを検討したい。その五つとは、一、仏教と科学、二、仏教と心理学、三、仏教と環境、四、「今」の重視、および五、ユーモアである。

一　科学

宗教と科学の関係は、対立し相容れられないと、アメリカでも日本でも考えられてきた。特にアメリカでは、十九世紀半ばのダーウィンの進化論の登場以降、科学の進化論とキリスト教の創造論の矛盾が浮き彫りになり、科学の側からのキリスト教への批判が高まっていた。この矛盾によってキリスト教に不満を持ったり失望したりした人たちは、別な宗教や思想を求めたのである。その中の一人が以前述べたポール・ケーラス（Paul Carus）であった。

一　ポール・ケーラス氏

ケーラスは、この矛盾を解消してくれる「科学の宗教」(religion of science) というものを求めていた。そこで、一八九三年の万国宗教大会に参加し、アジアからの仏教代表者の講演を聞き、仏教こそが求めていた「科学の宗教」であると大いに喜び、熱烈な仏教の支持者となっていったのである。

ではケーラスはどのような理由で仏教に惹かれていったのであろうか？　先ず、釈尊について、次のように語っている。

彼は、歴史上最初の実証主義者 (positivist) で、最初の人道博愛主義者 (humanitarian) で、最初の急進的な自由思想家 (freethinker) で、最初の偶像破壊者 (iconoclast) で、そして最初の「科学の宗教」の提唱者 (prophet) であった。[1]

ケーラスにとって、釈尊はあたかも人類の最初の科学者であった。これに基くかのように、ケーラスは、仏教に対する批判を下記のように弁護した。

釈尊は、法則の非破壊性 (irrefragability of law) を説いたが、この点は釈尊の他の教えと同じように、現代科学の理論と全く一致するのである。[2]

このようにケーラスは、科学が説く理論と仏教が説く法則が一致しているという点を強調した。その場合の仏教の法則とは、カルマ（業）のことを指し、それが自然の法則（natural law）と同じであるとし、宇宙の天体から地球の自然界の現象に関わっていると解釈したのである。当時でも、カルマが自然の法則やダーウィンの進化論と同じことを指しているかどうかという疑問や批判はあったが、ケーラスのような仏教支持者たちは、肯定的に理解したのである。

とにかく、ケーラスはキリスト教が説く神の啓示（God's revelation）や神聖なる手（divine hand）では、自然の現象の説明がつかないと見て、科学の教育を受けたキリスト教徒でさえ仏教のことを知れば仏教を支持するだろうと発言している。

二千年のキリスト教の伝統を持ち、キリスト教学校で教育を受けた科学者たちが代表する近代科学は、〔宇宙の創造等という宗教課題に関して〕仏教側につくであろう。[3]

そしてこの仏教の支持は、仏教と科学の真理が同じであるという考えに基づいているだけではなく、仏教の真理は科学の方法以外では証明されないとまで言いきっている。

仏教と科学の理論の間には、たくさんの合意できる点がある。……これは、驚くことではない。それは仏教という宗教は、科学によって証明される真実以外の啓示（方法）を認めないからである。[4]

ここでは、科学とは異なる禅定や般若の智慧という仏教の真理探究への方法を無視しているところには問題があるが、ケーラスによる「科学の宗教」としての仏教への支持がいかに強烈なものであったかということがうかがわれる。

二　アジアの仏教宣教師

ケーラスが理解した仏教は伝統仏教からかけ離れ、「科学の宗教」を求めていた彼の行き過ぎた迎合的な解釈に見える。しかし、実はアジアの仏教宣教師が伝えた仏教の教え自体が、西洋人に合った現代化された新しい解釈や説き方を含んでいたのである。万国宗教大会でケーラスを魅了した日本の釈宗演やスリランカのダルマパーラは、アジアにおけるキリスト教の宣教に対抗する新しい仏教を構築する狙いもあったのである。彼らは、物質的に強い西洋に対して精神的に優った東洋の宗教を西洋に広げたいという運動を代表していたと言える。

釈宗演は慶応大学で西洋哲学を専攻し、僧侶としてスリランカや東南アジアに遊学し、当時の日本仏教の現代化運動の中心的人物であった。釈宗演ともう一人の日本からの代表が万国宗教大会へ臨む前年に懐いた気持ちが次のように伝えられている。

自分の文明に誇りを持つ西洋人は、〔最近小乗仏教によって〕目覚め始めつつある。西洋人は、宗教の領域においてのみ自分たちが東洋の国々に遅れをとっていることを意識している。……だから、大乗〔仏教〕を西洋思想に結合させよう！　天がこれを成し遂げる機会を与えてくれた。来年、〔万国宗教大会で〕この時期がくるのである。[5]

釈宗演らは、大会が日本の文化の一部である仏教の素晴らしさを主張する機会であると考え、続くコメントが示すように、西洋が宗教的危機を迎えているということを意識していた。

〔西洋〕文明内の働きによって信仰の基盤が破壊されていることを意識しているキリスト教徒たちは、かなりの苦痛を感じている。……ここには仏教の可能性がある。[6]

釈宗演は、万国宗教大会での講演では、因果（cause and effect）を色々な角度から検討し、その中の一つとして、「因果論は自然の法則（law of nature）である」と説明したのである。この自然の法則とは、神の啓示に対比された明らかに科学の根本原理である。それを仏教の因果論と同一視することによって、仏教の科学性を強調することを狙ったと言えよう。この因果の法則は、無始無終で永遠であり、また、時計のように外部の介入なしで作動し、宇宙に現れる自然の現象までも決定すると理解していたのである。[7]

スリランカのダルマパーラも大会の演説で同じような点を強調している。

釈尊は、最上の創造主（supreme Creator）というような者は存在しないと言い、進化論（doctrine of evolution）とそれと同類する因果の法則（the law of cause and effect）を唯一の真実であると受け入れていた。[8]

このように仏教の因果論を進化論と同格に説明することは、当時の科学への関心を巧みに利用したと言える。同時に、ダルマパーラは明確に創造神を否定し、キリスト教や他の一神教との違いを強調し、仏教こそが新しい時代に合っている宗教であるということを訴えた。

このように釈宗演やダルマパーラが紹介した仏教の教えは、ケーラス等のアメリカ人によって歓迎され、その後、さらに科学との関連という面が強調されていったのである。

三　アインシュタインの見解

二十世紀の科学を代表するアルベルト・アインシュタイン（Albert Einstein 一八七九～一九五五）は、仏教についてこのような発言をして、高く評価している。

> 未来の宗教は、広大無辺の宗教となる。それは、人格的神を超越し、硬直した教義や神学を避けなければならない。自然と精神の両領域を含み、自然と精神の全てが、有意義な一体として体験される宗教的感覚に基づかなければならない。……仏教こそこれらの要素を持っている。もし近代科学に対応できる宗教があるとすれば、それは仏教である。[9]

アインシュタインがここで言う「広大無辺の宗教」（cosmic religion）とは、「畏れの宗教」（religion of fear）、「道徳の宗教」（moral religion）および「広大無辺の宗教」という三種類の宗教観に基づくものである。未開の社会では、餓死、猛獣、病気、死等への畏れに対して「畏れの宗教」が誕生した。次に、社会が発展するにつれ人々は教訓や愛というものを求め、それに答える人格的な神を設定し、その神によって人々は報われたり、罰せられたり、守られたりされるのである。これが「道徳の宗教」である。

「広大無辺の宗教」は、人格的な神などを否定するので、優れた素質を持つ個人やコミュニティーによってしか理解されない。彼らは、人間の欲望の無意味さを知っており、逆に自然界や人間の思想の素晴らしさを求める。その中で、彼らは宇宙を統一したものとしてとらえようとする。この点は、ここで自然と精神（natural and spiritual）が有意義な一体（meaningful unity）という関係にあると表現されている。

「広大無辺の宗教」を求めた人々は、古代ギリシャの哲学者デモクリトス、アッシジの聖フランシス、または、オランダの哲学者スピノザ等のように西洋では異端者や無神論者として時には批判された。また、この種の宗教観は、『旧約聖書』中の「ダビデの聖詩」や預言者の幾人にも窺われる。従って、アインシュタインは、仏教のみが「広大無辺の宗教」であるとは考えてはいなかったが、特にドイツの哲学者アルトゥール・ショーペンハウエル（Author Schopenhauer、一七八八〜一八六〇年[10]）の書物が伝えた仏教にはこの種の宗教観が旺盛であると見ていた。

科学との関連で注目するべき点は、仏教こそが自然と精神が別ではなく有意義な一体であるという宗教観を持っているということである。従って、アインシュタインもケーラスのように、科学と仏教は矛盾しないという考えを提唱したと言えよう。

四　『物理学の道』の影響

この本は、*The Tao of Physics: An Exploration of the Parallels between Modern Physics and Eastern Mysticism*（物理学の道―現代物理学と東洋神秘主義の類似性の探求）という題で一九七五年に出版され、百万部以上売れ、すでに数十か国語に翻訳されている。[11] 著者のフリッチョフ・カプラ（Fritjof Capra 一九三九～）は、物理学を専門とし、パリ大学、スタンフォード大学、カリフォルニア大学などでの研究と教育の経歴を持っている。現在は、エコロジーやシステム論的発想を初等・中等教育の段階で普及させることを目的とするカリフォルニア州バークレー市のセンター・フォー・エコリテラシー（Center for Ecoliteracy）の所長を務めている。

この本は、副題が示すように、現代物理学（modern physics）と東洋神秘主義（Eastern mysticism）の類似点の探求を目的にしている。「東洋神秘主義」とは、仏教のみを指すのではなく、ヒンドゥー教と仏教と道教を含むのである。著者カプラが主張する基本的な点は、現代物理学が東洋神秘主義の聖者たちが体験した世界観と非常に似た世界観に到達してきたということである。[12]

この本の人気は、十九世紀末以来、前述のケーラスやアインシュタインによって提唱されてきた仏教と科学の類似性に賛同する見解と同じようなものであると言える。ただ、以前とは異なって、この本には非常に多い数百万人という賛同者が集まった。それは、本が出版された一九七〇年代の半ばには、仏教や他の東洋の宗教がアメリカ社会に広く浸透していたことが原因でもある。また、行き過ぎた物質社会が生んだ環境問題や核兵器への問題の解決策として、科学と宗教の調和を提唱するこの本に何らかの期待が寄せられたとも言えよう。

では、物理学と仏教の類似性を、カプラがこの本でどうとらえたかを、三つの代表的な点に絞って見ていくことにしよう。まず採り上げられるのは、万物の合一性（the unity of all things）である。古いニュートン力学では、宇宙は基礎的な積み木によって構成されていると考えられたが、新しい量子理論（quantum theory）が明らかにしたのは、宇宙は完全に独立した最小限の単位によって成り立っているのではなく、宇宙自体が相互連結性（interconnectedness）のものであると、いうことである。カプラは、この相互連結性が、大乗仏教の『華厳経』が説く万物や出来事がお互いに無限に関わり合っている世界観と似ていると指摘している。[13]

次に、カプラは実験に関する対象と観測者の相互関係について述べる。ドイツの物理学者ヴェルナー・ハイゼンベルク（Werner Heisenberg 一九〇一～七六年）が示したように、素粒子に関しては、観測者は必然的に実験の対象に関わり、その結果まで作用するのである。実験には、純粋な客観性というものはなく、実験者は、「観測者」（observer）ではなく「関与者」（participant）と呼ぶべきであると、カプラは提案する。カプラは、東洋の神秘主義者の中では、このような関係は当然であると指摘する。神秘主義者が体験する智恵は、関与者抜きでは成り立たないのは当然であり、また、その内容には主観と客観の区別もなくなるのである。[14]

三つ目の類似点は、虚空と形象（emptiness and form）の関係である。古いニュートン力学では、何もない受動的な虚空の中で独立した形象が存在すると考えられていた。しかし、新しいフィールド理論（field theory）では、「虚空」は何もないのではなく、能動的に無量の形象を限りなく生産し、破壊していることが判明したのである。また、無量の形象の一つひとつは独立したものではなく、虚空に基づいて現れる無常な現象である。カプラはこの関係を仏教経典の『般若心経』等で主張する「色即是空、空即是色」と類似し、「虚空」が「空」、そして「形象」が「色」に匹敵すると指摘している。[15]

この本に対しては批判的な意見も少なくないことも事実である。最も多い批判は、物理学と東洋神秘主義の本質まで深まらず、両者の比較が皮相的なレベルでしか行われていないということである。しかし、このような批判にもかかわらず、この本が幅広い層にとって仏教等の東洋の宗教が「科学的」であるという印象を強めたことに大きく貢献したと言えよう。カプラはその後も、同じような見解に基づく数々の本を出版している。[16]

五　科学者仏教徒

B・アラン・ウォレス（B. Alan Wallace 一九五〇〜）は、仏教徒であり科学者として数々の仏教と科学の関係についての本を出版し、[17]大学での講義や一般講演を行なっている。今まで見てきた三名（ケーラス、アインシュタイン、カプラ）と異なり、ウォレスは、自称チベット仏教徒である。ウォレスは、仏教と科学の違いをこう見ている。

科学と仏教の主な違いは、科学者が主観的経験を自然界からほとんど排除し、原因の効果（causal efficacy）を物質的な現象にしか認めない。対照的に仏教は、主観的な心的現象を少なくとも客観的な物質的現象と同じように真剣に扱い、その二つ（心的現象と物質的現象）の間に幅広い相互的因果関係を提唱する。[18]

仏教が主観的な心的な面を客観的な現象と同じように扱う点に、科学との違いの根拠があると見ている。

ウォレスにとってはこのような違いはあるが、仏教と科学の間には共通点も認められるとする。先ず、真理の検証については、よく科学の発見は誰にでも実証されるが、宗教の目覚めは限られた人々にしか体験できないと言われる。しかし、ウォレスはその意見に反対である。それは、科学の発見は普段その分野の専門家によってのみしか検証されず、他の多くの専門外の科学者や一般人はその専門家たちの意見に頼るしかない。これは、仏教修行者による禅定中の発見とそれほどの違いはない。その真理は修行者らの体験によるものであり、他の人々は自分が体験する以外には、体験者の発言に頼らざるをえないのである。従って、ウォレスは両分野の真実とされるものは、同じように素人には検証できないものとなっていると指摘する。[19]

また、ウォレスによると、仏教は科学と同様に感覚と心的経験の理解に努め、宇宙のさまざまな現象に関するその内容と機能も追及するのである。その上で、仏教が人生の目的、意味および価値観といった宗教的な要素も持っていることも認めるが、だからと言って、仏教が「宗教」であるとか「科学」であると断定するのは不十分である。従って、従来の「宗教」という固定概念から離れて仏教を見ることを促し、それによってまた「科学」とその根底にある原理との関係すら問い直すことが必要となると主張する。

このように、仏教は科学と対等なレベルにあると考える。しかし、ウォレスはダライ・ラマがよく主張する意見に賛同し、科学が明らかに仏教の世界観と矛盾した場合、仏教はその考えを放棄するべきであるという立場を取る。それは、無明と迷いによる苦悩から解脱するためには、科学と同様に現実を「自我の執着を超えてありのまま」にとらえなくてはならないからである。そしてウォレスは、仏教に関する研究が、科学と同じような経験的、分析的な方法を採用するとなる面が最も魅力的な点になると言い、今後の仏教と科学の対話の必要性を訴えるのである。

六　マインド・アンド・ライフ研究所

アラン・ウォレスも会員の一人となっているマインド・アンド・ライフ研究所（The Mind and Life Institute 心と命の研究所）は、仏教と現代科学の協力を持って心（mind）と実在の本質（nature of reality）を理解することをヴィジョンとして掲げている。心に関しては、認識科学の視点や方法で実験を進め、その結果を医学、神経科学、心理学、および教育学の分野に提供し、また、実在の本質に関しては、物理や哲学の分野で起こっている認識論の革命的な発展に貢献をすることを目指している。[20]

このためにこのマインド・アンド・ライフ研究所は、本部をコロラド州ボルダー市に設け、一九八七年の設立以来種々の研究プロジェクトを進めてきた。その中でも、二、三年おきにダライ・ラマを中心として科学者と仏教者の会議がインドやアメリカで行われてきた。会議は、「新しい物理学と宇宙学」や「睡眠、夢と死」といった課題を最先端の視点より追求し、その成果も本などの形で公開している。

マインド・アンド・ライフ研究所は、仏教と科学の対話だけに終わるのではなく、二つの伝統を統合して新しいものを生み出すことを目指しているのである。例えば以前述べたように、瞑想の科学的研究はすでに四十年程前から行われてきているが、この研究所では、「神経柔軟性」（neuroplasticity）とも言える新しい分野を開拓している。神経柔軟性とは、脳が新しい神経細胞や接続を生産し、その結果、人間の感情、行動および知覚が変容することを指す。この分野は、今までの脳の構造と作用に関する知識をくつがえすほど進んで、最新の神経科学の分野で注目を浴びている。

この分野では、特にマインド・アンド・ライフ研究所の会員でもあるウィスコンシン大学教授のリチャード・デイビッドソン（Richard Davidson）が優れた成果を挙げている。以前には、憂うつ、不安、および恐怖といったネガティブな感情に注目していたが、最近は、以前よりも数十倍良い性能の機械を揃え、神経柔軟性の視点より、情熱、歓喜、機敏性というポジティブな感情を育てる研究を行ってきた。その結果、卓越した修行僧がメディテーションを行うことによってポジティブな感情と関係する脳の部分が非常に活発になったことが報告されている。デイビッドソンは、これは未だ決定的な結論ではないと注意深い姿勢を取りながらも、今後の可能性に大きな期待を抱いている。

デイビッドソンは、このような成果を基に、メディテーションの初心者数十人を対象として調査を行った。四十五分のメディテーションを毎日八週間行った結果、彼らの不安のレベルが低下し、免疫のレベルが逆に上昇し、修行僧ほどのレベルではなくてもポジティブな感情に関する脳の部分も活発になったということが報告されている。このような成果に励まされて、マインド・アンド・ライフ研究所は、学校の先生などストレスの高い職業についている人たちを対象に、メディテーションをもって破壊的な感情を低下させるプログラムを作成中である。このように、仏教と科学の協力の研究成果を基にして一般社会の向上に貢献することこそが、マインド・アンド・ライフ研究所が掲げるヴィジョンなのである。

七　ダライ・ラマとアメリカ神経科学会

前述のように、仏教と科学の関係を代表的人物の数人を通して検討してきたが、アメリカでは仏教が科学の視点からも魅力的な宗教であるということが明らかになったと思われる。最後に、この点を象徴する出来事を述べることにしよう。

神経科学学会（Society for Neuroscience）の二〇〇五年の定例学会は、首都ワシントンのコンベンション・センターで開かれた。その大会には、ダライ・ラマが基調講演者として招待された。宗教者が科学系学会に基調講演者として招待されるのは異例であり、会員の中からも反対意見が沸騰し、署名運動も起こった。学会内の論争を巻き起こし、一時はダライ・ラマの招待も取り消す可能性も出たのである[21]。

しかし、結局招待は実施され、ダライ・ラマの人気ぶりが証明された。当日講演の二時間ほど前には数千人が座席を争うように列を作り、最終的には、一万四千人が基調講演を聞きに来た。講演の内容は、ダライ・ラマが一年前出版した *The Universe in a Single Atom: The Convergence of Science and Spirituality*（一原子の中の宇宙―科学とスピリチュアリティ）という科学と仏教に関する本が中心となった。

講演の来聴者の中にはダライ・ラマの知名度に惹かれた者もいたであろうが、多くは宗教と科学の関係という重要な課題に関心を持っていたと言える。宗教が重視されるアメリカでは、科学者でも科学と宗教との接点に強い関心を抱く人が多いのである。それも、科学者らが争ってダライ・ラマを聞きに来たことは、仏教への関心が示されていると言える。

またこの仏教への興味は、長年ダライ・ラマが訴えてきた仏教と科学の融合性という考え方に惹かれた所があるであろう。そのダライ・ラマの見解は既に一九八九年のノーベル賞受賞の際に述べている。

〔宗教と科学の〕二つは、矛盾していない。お互いに貴重な見識を提供し合っている。科学と釈尊の教えは両方とも、全てが繋がっているということを教えてくれるのである。この見解は、我々がグローバル規模の環境問題に対してポジティブで明確な行動を取るためには欠かせないのである。[22]

二　心理学

一　心理学が仏教の窓口

約百年前の二十世紀の初頭のできごとであった。ハーバード大学で心理学の講義をしていたウィリアム・ジェームズ教授（William James 一八四二～一九一〇）は、聴衆にスリランカからの有名な仏教者アナーガーリカ・ダルマパーラがいるのに気が付いて、「どうぞ私と代わってください。貴方の方が私よりも心理学について講義する資格があります。」と言って、ダルマパーラ師に講義を頼んだ。その講義が終わった段階で、アメリカ史上初の心理学の教授であったジェームズ教授は「これ（仏教）こそ二十五年後に、皆が勉強することになる心理学です。」と発言した。[23]

百年経った今日、心理学と仏教は密接な関係にあり、アメリカが仏教を導入していく大きな窓口の一つとなっている。[24]これを裏付けるかのように、南方仏教系のインサイト・メディテーションの教師の三分の一は、セラピスト等の心理療法の分野の専門家である。また、この団体の主な指導者の一人であるジャック・コーンフィールド氏は、心理学の博士号を取得していて、次のように宣言し、心理学の役目を高く評価している。

西洋の多くの〔仏教という〕スピリチュアリティを求める学徒や先生達は、スピリチュアルな生活を送るためには、心理療法を導入することが手助けになり、または必要である。未だしていない人は、そうする事できっと良い効果が出ると思う。[25]

また、今日、数百という多くの心理学と仏教の本がアメリカで販売されているということも心理学が重視されていることを証明すると言えよう。[26] その中でも、非常に注目されているのは、後ほど紹介するマーク・エプスタイン医師による心理療法を仏教の立場から解説した本である。

ここで言う「心理学」とは、心理学と心理療法を含む広い意味を持つ総称である。そして、脳の研究などを行う行動心理学的な分野については、すでに前節「一　科学」でも言及したのでここでは心理療法に重点を置くことにする。

二　精神分析と仏教

実は、前述のジェームズ教授による「仏教は二十五年後には、皆が勉強する心理学だ」という予言は実現しなかった。それには、ジェームズ教授と仏教に共通する内省的なアプローチは、科学的客観性を重視する心理学界から歓迎されなかったからである。それに関連したもう一つの理由は、その後精神分析が心理療法の主流として登場し、その開祖であるジグムント・フロイト（Sigmund Freud 一八五六～一九三九）が宗教、特に東洋の宗教に否定的であったからである。

フロイトは、東洋宗教の神秘的体験を「幻想」や「大洋的感情」（oceanic feeling）として見て、それを原始的な、欲動的な興奮や態度に他ならないと考えた。言い換えれば、赤ん坊のように、自己と他者の区別がついていない、一次的なナルシシズムへの退行に他ならないとしか理解しなかった。このような状況の中で、二十世紀前半には仏教に関する心理学の動きはほとんど見られなかった。

ただ、フロイトから離れて行った弟子達の中からは、カール・ユング（Carl Jung 一八七五～一九六一）、先述のカレン・ホーナイ、およびエーリッヒ・フロムなどが、仏教を含む東洋の宗教に興味を持った。その結果は、第二次世界大戦後の仏教と心理学の関係の盛り上がりに貢献したのである。

ユングは、宗教的要素を積極的に取り入れ、仏教に関しても色々な発言をしている。例えば、個性化が最も充実したレベルの象徴的表現はマンダラ（曼荼羅）であり、ノイローゼ患者が良くなってくると、丸や四角をさかんに書くようになるという意見を述べた。また、『東洋的瞑想の心理』で浄土教の経典である『観無量寿経』の十六観を説き、これが本当に分かったならノイローゼも治ると主張した。[27]

仏教を代表する鈴木大拙や久松真一とも深い関係を持った。

ホーナイに関しては、特に鈴木大拙と禅思想の影響を受けたことが知られている。また、最近日本でもよく耳にする「自己実現」（self-realization）という言葉を提唱したことでも知られている。またフロムは、一九五七年、メキシコ市の国立大学精神分析研究所主催の「禅仏教と精神分析」のシンポジウムに参加し、その成果を基に *Zen Buddhism and Psychoanalysis*（禅仏教と精神分析）という当時としては、非常に画期的な本を鈴木大拙等と著した。[28] フロムは、座禅も行なっていたことが示すように、充実した人生のために宗教体験の重要性を認めていたことが窺われる。

三　トランスパーソナル心理学

このようなユング、ホーナイ、そしてフロムによる成果は、フロイトの精神分析療法とは異なった心理療法を生む土台の一つとなった。精神分析療法は、人間の欠点や病気（ヒステリー、ノイローゼ等）や罪については多くのことを明らかにしたが、人間の潜在能力、美徳、達成可能な望みなどについては関心を示さなかった。そのためには、高度な健全な人格も対象とする必要があると考えた新しい心理療法は、人間性・実存心理学およびヒューマン・ポテンシャル・ムーヴメントとして、六〇～七〇年代に伸び、心理学界の主流を占めていた精神分析および行動主義心理学と肩を並べる第三勢力となった。この第三勢力の流れの発展には、エイブラハム・マズロー（Abraham Maslow 一九〇八～一九七〇）やカール・ロジャース（Carl Rogers 一九〇二～一九八七）が重要な貢献をしている。

この人間性・実存心理学は、六〇年代の人種人権運動やベトナム反戦運動とも交流し、カウンター・カルチャー的要素を伴い、社会制度や価値規範に対する問い直しを促した。このような社会情勢の中で、新しい心理学は「真の自己」や「理想社会」ということを求め、そこには「個人の悟り」や「社会平和」を掲げる仏教と通ずる一面があったと言えよう。その中でも仏教と強い関係があったのは、トランスパーソナル（transpersonal）という流れであろう。

トランスパーソナルの「トランス」（trans）とは、「超越」で、「パーソナル」（personal）とは、「自己・自我」という意味である。従って、トランスパーソナルとは、「自己超越」という意味であり、それは、一、プレ・パーソナル（未自我）、二、パーソナル、三、トランス・パーソナルという人間成長のフル・サイクル中の第三段階のことを指すのである。そして、このトランスパーソナルの段階では、個人性を超えた他者・共同体・人類・生態系・地球・宇宙との一体感が確立するので、宗教的体験や世界観が十分含まれている。ここでこそ仏教を含む東洋の宗教や古代の神秘主義が重んじられる。

この点では、従来の科学的方法を取る精神分析と行動主義心理学とは明らかに異なるのである。しかし、トランスパーソナルは、科学や理性を排除せず、それらを特にパーソナルの段階で認めている。従って、トランスパーソナルは二つの局面を含む。一つは、近代的個人の正当な面（科学・理性・批判性）であり、二つめは、古代の英知（宗教・霊性）である。トランスパーソナル心理学は、正当な自我は認めるものの、自我の確立で終わるのではなく、自己超越を目的にし、またそれは生まれつき可能であり、その成長は適切な幅広い種々の方法で促進できると主張する。

トランスパーソナル心理学を代表する人の中で、仏教との関わりが非常に強いのは、ケン・ウィルバー（Ken Wilber 一九四九〜）であろう。彼は、青年時代には宗教のようなものには一切興味がなく、自然科学が好きで大学では生物科学の専攻を目指した。しかし、入学間もなく偶然中国の古典『老子』を手に取り、その冒頭にでる、「道の道とすべきは常の道にあらず……」の文章に一切予想にもしなかった衝撃を受ける。その時、まったく新しい異なった世界にさらされているかのように、世界観が根本的に転変し始めたのである。そして彼は、その後二、三か月間、道教と仏教の入門書を読むことに没頭したそうである。

このような体験から始まった探求の成果として、ウィルバーは数々の本を出版し、特に第三段階のトランスパーソナルの意識について詳細な説明を行った。この自己超越段階を、ケンタウロス、微細、元因、アートマンという四つの宗教・神秘体験のレベルに分け、その最高のレベルであるアートマンは、悟りの領域を指しているのである。それも、形のない純粋な目覚めに留まっておらず、その形のないものがそのまま形のあるこの世界と一つであるという悟りである。これこそ、『般若心経』の「色即是空、空即是色」という境地である。[29]

このように、ウィルバーに代表されるトランスパーソナル心理学は仏教を高く評価しており、仏教の悟りの境地を、自己超越段階の四種の宗教・神秘体験のうち最高位に位置づけている。トランスパーソナル心理学が結果的にアメリカへの仏教導入の入り口としての役割を果たしていると言える。また、ウィルバーが仏教に個人的に興味を持ち、メディテーションも行なっていることも多くのアメリカ人に、仏教と心理学がより密接な関係にあるというイメージを強化してきたと言えよう。

このイメージを一段と高めたのは、トランスパーソナル心理学者以外にもいる。その代表的な人物と著書を次に見ていくことにしよう。

四　精神医師の仏教徒

精神医師であるマーク・エプスタイン（Mark Epstein 一九五三～）の著書 *Thoughts without a Thinker: Psychotherapy from a Buddhist Perspective*（思う人なき思い―仏教的観点からの心理療法）は、一九九五年の出版以来大きな反響を呼び、専門家の間でも高く評価され、好調な売り上げが続いている。[30] そのことが、心理学・心理療法における仏教の役割の拡大に貢献してきた。また、長年仏教徒であり精神医師でもある人が、どのように仏教、特にテーラヴァーダ系のメディテーションを、精神分析セラピストとして取り入れているかという所にこの本の興味深い点がある。
エプスタインは、人々は仏教に惹かれるが、仏教の正しい理解や日常生活への応用がよくできていないと感じている。そして、まだ、仏教はエキゾチックなイメージに包まれている点がある。彼の考えでは、この状況は仏教が中国に最初に紹介された時と似ている。仏教は、道教によって中国化され、禅が誕生した。今日のアメリカでは、精神分析療法の言葉や考えが普及しており、これによって仏教の英知がアメリカ人に伝えられるとエプスタインは期待を膨らます。
フロイトが仏教を含む東洋神秘主義を「幻想」や「大洋的感情」に過ぎないと批判したことは、前に述べた。エプスタインは、それはフロイトが仏教メディテーションに特有の観察的・分析的な面を知らなかったからであると言う。仏教メディテーションは、心理からの神秘主義的逃避ではなく、心理の全ての面を観察の対象とするのである。世間否定ではなく、日常の心の観察であり、これこそ、心理学的であると、エプスタインは主張する。その際、この仏教メディテーションとは、主に彼自身が長年行なってきたテーラヴァーダ系の瞑想法のことである。[31]
エプスタインは、この数十年、精神分析療法もその範囲や深さも進展してきたと見ている。心の問題の原因も以前のように性や攻撃欲求に留まらず、「自己」の探求にまで着目するようになってきた。その理由は、「自己」を知らないということから不安になるということが徐々に解ってきたからである。この不安とは、別な言葉では「ナルシシズム的ジレンマ」(narcissistic dilemma) と言い、人は虚無感や虚偽感に陥り、他人や自分を常に理想化するか、または批判するという心理的問題を起こすことになる。このように、精神分析療法は、精神苦悩の問題を突き詰めたのは良いが、その簡明な解決法がまだ見付かっていないと、エプスタインは分析する。[32]

しかし、エプスタインによると、仏教はその解決法を既に持っている。自己の本性を見つめ自己が作成する苦悩を終わらせることを目的とする仏教は、とっくにこの問題意識とその解決法を持っていた。西洋の心理療法は、最近になって自己の問題に取りかかり始めたのであるが、仏教のような全体的見地を有さない。そこで、精神分析者の多くは、百年前にジェームズ教授が予言したように、ようやく仏教に目を向けるようになってきたと言える。

エプスタインの著書はこの精神分析者の関心に答えようとするものであり、「仏陀の心理学の心」(The Buddha's psychology of mind)、「メディテーション」(meditation) および「セラピー」(therapy) という三つの部門から構成されている。ここでは、第三部の「セラピー」で説かれる仏教のメディテーションと心理療法の協力関係を要約することにする。

まず、エプスタインは、アメリカで仏教を求める人々の中には、疎外感を強く感じている人が多いと指摘する。この西洋人特有の疎外感 (estrangement) とは、取り残され、疎遠にされ、孤立していて、空しく感じ、また、手が届かず、少し怖く感じるような愛情に憧れ、求める気持ちであると、エプスタインは説明する。別な言い方とすれば、彼らは自分のことを良く思っていないで、「自己尊重」度が低い (low self esteem)、また、自分が愛される価値がないと思い込んでいる。エプスタインによると、この原因は、個性と独立の強調、親族の支援や時には核家族関係の崩壊、子供のやることに常に満足できない親、および、愛情より努力や成功を優先しすぎる所にある。[33]

それと対照的に、エプスタインは、東洋人には束縛感 (enmeshment) が強いと見ている。そこには、家族、カースト、そして他のグループの上下関係や期待に縛られているという面がある。そういう中で、宗教の道は、西洋人と同じように自己の探求であるが、社会が容認する「プライバシー」を求める場」でもある。そして東洋人には、他人への同情的意識、自我と他者の境界の弾力性、情的感受性、そして所属感という文化的要素を自然に備えている。従って、仏教のメディテーションは、このような東洋人の心的要素を前提として成立していると、エプスタインは指摘する。[34]

そこで、上記のような性質を有するアメリカ人がメディテーションを行うには、限界があることを指摘する。メディテーションは、よく心的障害の原因となる過去の問題を思い出させて浮き彫りにするが、それに対処する方法を持たない。アジアで育った東洋人のメディテーション指導者は、対処できない。彼らは、そういう訓練も受けていなければ、また西洋人特有の疎外感のような問題を個人的にもほとんどが体験していない。

エプスタインは、メディテーション経験の有無にかかわらず、心的障害を持つ人にはセラピーが必要であるとする。精神分析療法セラピーができることは、例えば、幼児時期での不足点、あるいは、性や攻撃欲求を自覚し、それを減少することである。しかし、それだけでは、ある程度までの解決は成り立つが、人間のナルシシズムの欲求からの解放は実現しない。フロイトは晩年期に、この精神分析療法の限界に気づいていたようである。しかし、仏教は明らかに、これ以上の期待を持たせてくれる。[35]

そこでエプスタインは前出の著書の「セラピー」部門で、フロイトが説いた「思い出す (remembering)、繰り返す (repeating)、成し遂げる (working-through)」という枠組みを導入し、その中で、仏教のメディテーションがどのように心理療法を手助けできるかを説明する。

最初の「思い出す」の中では、フロイトは三つの方法で過去の問題を思い出させた。その三つとは、一、精神浄化 (cathartic) 方法は、直接に患者に思い出してもらう、二、自由連想 (free association) は、夢のように直接ではない、および三、目の前 (immediate present) に治療中起こっていることである。

この中の第三の「目の前」方法としてメディテーションを採用することで、良い効果が得られるとエプスタインは主張する。[36]

次の「繰り返す」でフロイトは、患者が繰り返すということは、問題点を演じているだけで意識していない場合が多いということに気がついた。例えば、ある女性患者は子供の時父親から厳しく批判されたので、大人になっても充実した人間関係が築けない。しかし、彼女自身も他人に対して非常に批判的になっている。しかし、彼女は、自分が批判的な人間になっていることを「演じているだけで」意識していないのである。そこでエプスタインは、このことをただ言葉で説明や解釈することだけではなく、メディテーションをすることによってその患者に自分が繰り返し起こす行動を意識し、今起こっている自分の感情を拒否せず体験してもらうことにした。[37]

最後の「成し遂げる」とは、過去からの怒りや恐怖等という悩まされる感情を無くすのではなく、自分のその感情に対する意識を変えることである。エプスタインは、この意識を変えるということを、悩まされる感情をはっきりと意識してもらうことと理解する。そのために、仏教のメディテーションを採用する。

その際、悩まされる感情を抽象的、客観的にとらえるのではなく、「自分が感じている、自分のもの」という自分が体験している自分の問題として主観的に意識を持ってもらう。そうすることによって、悩まされる感情もより明らかになり、見え易くなるのである。[38]

ただ、この悩まされる感情は見え易くなるが、現在の心理療法では消却することはできない。この点は、フロイトも認めていたことである。[39] しかし、仏教は心理療法ではできないこのことを成し得る。それは、仏教の叡智とメディテーションを実施することである。エプスタインによると、仏教が主張する無実体性（無我）という視点を持って「我」を見つめることによって、固執する「我」が絶対的でないことに目覚めることができる。

換言すると、悩まされる感情の基となる「我」が相対化されると感情も相対化されてくるのである。「我」には実体がないという智恵が深まれば、以前のように嫌な感情に悩まされなくなる。エプスタインは、仏教も完全に感情を消し取ることはできなくても、心理療法よりも有効に軽減することができ、これこそ仏教が心理療法に貢献できる重要な点であると主張する。[40]

五　「目覚め」と「実現」の融合

次に、セラピストとしてこの分野で高い業績を上げているジョン・ウェルウッド（John Welwood）の考え方を中心としながら、仏教と心理学の関係の新たな側面を見ていくことにしよう。[41] ちなみに、ウェルウッドも仏教徒であり、三十年以上チベット仏教の道に励んできた。

ウェルウッドは、仏教はスピリチュアル、そして心理学は心理を領域とするので互いが目的を異にすると見ている。この「スピリチュアル」とは、無限で、普遍的で、そして絶対的真実をその領域とするのに対し、「心理」とは有限で、個人的で、そして相対的真実をその対象としている。ただ、このように二者は異なっているものの仏教を求める人々、特に現代アメリカ人には、両方が必要なのであると氏は見ている。

ウェルウッドによれば、スピリチュアルの道には「目覚め」（realization）と「実現」（actualization）の二つの側面があり、「目覚め」は相対的な領域から絶対的な領域への突入であるが、「実現」とは逆に絶対的な領域から相対的な領域に戻ることである。例えば、リトリートなどである程度の「目覚め」を体得し、全ての問題が解決したかのように思えるが、実際家族や仕事という日常生活に戻ると、以前の好き嫌いや偏見という自分の欠点は一向に変わっていないということに気付き、落胆することは多くの人が経験する所である。

しかし、このような「悩み」は伝統的なアジアの仏教においてはほとんど見られなかった問題であったと、ウェルウッドは主張する。それはなぜなら現代化以前のアジア諸国の社会では出家修行者たちが社会的責務を逃れても彼らのことを人々は尊敬し、支援する環境が整っていたからである。それとは対照的に、アメリカで仏教を求める人たちは、ほぼ全員が家族を持ち社会で仕事をもつ「在家者」である。また仏教徒が未だ少ないため、コミュニティー全体の支えが不可欠となる日常の托鉢というような習慣をサポートする社会的基盤も弱いのである。この上に、仏教かキリスト教かにかかわらず、アメリカ社会において宗教・スピリチュアリティ全体に関してその本質が弱まってきていると、ウェルウッドは見ている。[42]

このように社会的基盤がスピリチュアルな面を受け入れて支えることが比較的困難になってきたからこそ心理学の重要な役目があると、ウェルウッドは主張する。その役目とは、上記のスピリチュアルの「目覚め」に対する「実現」の側面を促してくれることである。これがどのようになされるかというと、セラピストとクライアントという心理療法の形態を通して、クライアントが個人的な心的状況を仏教の普遍的な教えに照らしながら、個人のレベルで理解し受け入れていくのである。また、必ずしもセラピスト―クライアントという関係の中だけではなくても、心理学の知識は、一個人が相対的な日常の生活の中に普遍的な仏教の教えを具現化することの手助けになるのである。

ウェルウッドもエプスタインのように、アメリカ社会に心的障害が非常に多いと感じており、彼らが仏教を求めるには心理療法が一段と重要になってくる事を指摘している。この中には幼い頃に親との密接な関係を持つことを意味する「支えられる環境」(holding environment) に欠けている大人がかなりいる。この彼らの環境は、親が幼い子を常に抱いたり親といっしょに寝たりするボンディングが強いアジアの文化とは対照的なのである。また、分裂した家庭で真実性に欠けるテレビ番組にとらわれて育ったアメリカ人もかなり多いのである。このように、「支えられる環境」が弱まった社会に育った人々は、現代社会病と言われる貧弱な自己に悩ませられるのである。それは、自己嫌悪 (self-hatred)、不安 (insecurity) および自己懐疑 (self-doubt) という心的障害として表れるのである。[43]

実は、アメリカで仏教を求めてくる人々の中には、このように悩む人が非常に多く、平均的にリトリートに参加する人の半分を占めると言われている。[44] ウェルウッドによると、彼らはしばしば自分の心的障害を避け、仏教の教えや修行を利用して自分を正当化しようとすると言う。

ウェルウッドは、これを「スピリチュアル・バイパシング」(spiritual bypassing、宗教を理由に自己の問題を避けること) と呼んでいる。例えば、自己嫌悪や不安の障害に悩む人が、人間関係が恐いがために人から離れ、孤立するのを、彼らは自分の行動を「無執着」(detachment) や「放棄」(renunciation) という仏教の教えを利用して正当化するのである。しかし、彼らが本当に求めているのは、人との深い触れ合いであり、そのニーズが満たされなければ、いくら修行を行なってもスピリチュアルな効果はないのである。従ってまず、彼らの心的障害に目を向けなくてはならないのである。[45]

このような「スピリチュアル・バイパシング」と言う現象は、他にも色々な形で表れる。例えば、自信が無くて、他人を喜ばすことによって安心や自己評価を得ている人たちは、往々にして「無我」の真意を誤解し、「我を忘れ」無我夢中になり、異常なほど献身的に社会や師のために尽くすのである。

また具体的な例をあげると、ウェルウッドのクライアントである女性が結婚問題の悩みで、彼女の仏教指導者にアドバイスを求めた時のことである。その女性の師の答えは、主人には怒りではなく、慈悲の心を持って彼の友達のようになりなさい、ということであった。ウェルウッドは、これは仏教の絶対的視点からのアドバイスとしてはよろしいかもしれないが、彼女の現実問題は無視されたと見た。絶対的視点では、慈悲心は怒りより優先されるべきであるが、相対的観点からではそうではないからなのである。

彼女は、虐待的な父の下で育ち、父に対する怒りを長年抑えてきたという経歴を持っていた。従って、その環境の中で、彼女は気持を抑え、常に「良い子」ぶって他人を喜ばしていたのだ。だから、「怒り」ではなく、慈悲の心を持て」というアドバイスを受けた時、彼女は本心ほっとしたのである。それは彼女にとって、内在する「怒り」を認めるということが大変恐いことであったからである。

しかし、問題はまったく解決されておらず、心の中の怒りは治まらず、彼女を苦しませ続けるのであった。そこで、ウェルウッドは彼女のセラピストとして、自分の怒りを避けるのではなく、もっとしっかりと向き合ってもらうことに努めた。それによって、彼女は次第に自己に内在する力を発見し、それを養うことによって夫ともっと対等に本音で付き合えるようになれることを目指したのである。そしてそのプロセスの中で適切な時期が来た段階で、ウェルウッドは、彼女に「怒り」とは波のようでなもので実体を欠くものである、という仏教の教えを彼女の仏教指導者のもとで実践してもらおうと考えたのである。[46]

これこそが、ウェルウッドが理想とする心理学・心理療法と仏教の関係である。要約すると、二種類の関係が成立すると考えられる。先ず一つ目は、心的障害を持つ人たちに対する処置法としての心理学である。これは、仏教に取りくむ前段階、または平行して行われる。ただ、ここで注意を要するのは、心理学の重要性とは、重い心的障害者だけに限らないということである。それは、「普通」の人にでも「スピリチュアル・バイパシング」という現象は、多かれ少なかれ、起こるからである。

そして二つ目には、仏教における「目覚め」(幅広い意味での)を日常生活の中で実現するための心理学の導入である。伝統仏教の教義はほとんどの場合、普遍的なレベルに留まっていて、個人的な現実生活のレベルでの考察はほとんどなされていなかったと言えよう。個人の体験が語られても、それは常に絶対的真実を基準としていた。しかし現代では、日常世界という相対的レベルでの仏教の証の「実現」が求められている。それは、特に宗教に対して大きな期待を持つアメリカ社会では、避けられない課題である。だからこそ、心理学との関係が重視されるのである。

三　環境

環境問題に関心があるアメリカ人の間では、ユダヤ・キリスト教の人間中心（anthropocentric）の自然観が、人間を自然界（nature）の管理人（steward）という自然界より優位な立場に置き、それが現代の環境危機を起こした根本原因であると見ている人たちが多くいる。[47] そして彼らの多くは、この西洋の人間と自然界の対立関係が、東洋の自然観とは基本的に異なっていて、「自然界との調和」（harmony with nature）が東洋思想の特徴であるということもよく知っている。[48] 従って、環境問題の解決を真剣に求める人びとは、必然的に東洋思想へ目を向けるのであり、その一環として、仏教が注目される場面が増えてきている。

その一例として挙げられるのは、一九九七年にハーバード大学世界宗教研究センターで開かれた「仏教と環境」（Buddhism and Ecology）と題する会議である。そこでは、仏教学者および実践者による約二十人の発表があった。この会議の背景には、大学内でこのテーマへの関心が高まっていたことがある。例えば、ハーバード大学の仏教学者マサトシ・ナガトミ（Masatoshi Nagatomi）教授による仏教と環境問題の授業がその三年前から行われていた。このように高まる関心が、アメリカでは初めてと思われる、環境問題を仏教の立場から議論するこの集まりを実現させたのである。

この会議の発表は、*Buddhism and Ecology: The Interconnection of Dharma and Deeds*（仏教と環境―仏法と行いの繋がり）という本として一九九七年に出版された。[49] 編集者であるダンカン・ウィリアムス（Duncan Williams）は、この本が仏教の基本知識を備えた大学生、大学院生および教養のある一般読者を対象とし、今後の研究を促すものになることを目的としている。また、ウィリアムスは、環境保護者たち（environmentalists）の中に仏教の「仏性」等の教えやメディテーション等のプラクティスに強い関心を持っている人もいて、仏教がアメリカの環境問題の解決策に影響を与えている事を指摘している。[50]

特に仏教の「仏性」（Buddha nature）という教えは、前述の西洋の人間中心的な自然観とは対照的に、環境問題の解決策に貢献できる貴重な考えなのである。それは、人間以外の生き物だけでなく無生物までも尊い存在となるからである。仏性という教えは、全ての動物や生き物は仏になる可能性（仏性）を有していること（一切衆生悉有仏性）を訴え、この教えが人間以外の生き物を大切に扱うという根拠となっている。また、東アジア仏教では植物（草木成仏）や無生物でさえ仏になれる（非情成仏）というキリスト教等の一神教でほとんど見られない稀な考えも強調され、[51] アメリカではこの教えが自然全体を尊い存在であるという根拠として興味を惹いている。

そしてウィリアムスは、環境問題に関わっている仏教団体として、参画仏教徒の国際連盟（International Network of Engaged Buddhists）とアメリカからは仏教平和同盟（Buddhist Peace Fellowship）および動物を思う仏教徒（Buddhists Concerned for Animals）を挙げている。その他に個人名としては、アメリカでも活躍しているダライ・ラマやティク・ナット・ハンが有名であるが、アメリカ人としては、ゲイリー・スナイダーとジョアナ・メイシーの二人が深く環境問題に貢献していると見ている。従って、この二人のアメリカ人在家仏教徒の考え方を見ていくことにしよう。

一　詩人仏教徒ゲイリー・スナイダー

一九五〇年代のビート仏教を代表するゲイリー・スナイダー（Gary Snyder 一九三〇〜）は、第二章で述べたように著名な詩人であるが、特に自然をテーマとする詩人として一般アメリカ人の間でも有名である。彼は長年数々の作品を出版し、自然や環境問題に関心を持つ詩人として国際的にも知られている。

私生活でも自然を重んじ、一九七一年からは北カリフォルニアのシエラ山脈の麓に住居を移し、日本の民家とネイティブ・アメリカン（原住民）の住居方式やデザインを取り入れ、自然を尊重する有志たちとのコミュニティーを築きあげてきた。このように自然を重んじる日本の住居を活かしていることは、スナイダーが十年近く仏教の修行と研究のため日本に住んでいたことが影響していることは確かである。

そこで、前述の *Buddhism and Ecology*（仏教と環境）に含まれている論文を中心に、スナイダーの自然と環境への仏教的な見解は、三つの特徴に絞ることができよう。この三点とは、一、サンガの拡大、二、ローカル重視、および三、楽観性である。[52]

サンガ（sangha）とは、仏教で重視される仏・法・僧の「三宝」中の僧のことである。アジアの仏教諸国では出家僧侶と尼僧を指したが、アメリカでは在家者も含み、お互いを助け合う仏教徒のコミュニティーという広い意味を持つ場合が普通である。スナイダーは、それをさらに広げて、全ての人類、生き物および無生物を含み、地球全体がサンガとなると考えるのである。

そのように見ると、「私と他者」や「人間と自然界」という自然界との隔たりが軽減されていくのである。従って、自然を功利主義的に考えられなくなり、必然的に自然環境を守りたいという気持ちが生まれる。このように自然界をサンガとして見ることによって、自然界への親近感と畏敬の念が感じとられるのである。ある日一日中、古い森（old growth forest）で過ごした際、詩の中で「我々は、長老たちの一行の中で長い時間を過ごす事ができた」とスナイダーは語っている。[53] この「長老たち」とは、北カリフォルニアで何百年と聳えてきたセコイア木のことであるが、スナイダーは木の巨大さや樹齢に対する尊敬だけでなく自分にとって「彼ら」が、我々に貴重な自然の情報を教えてくれるサンガの「大先輩たち」であると受け取っている。

第二点のローカル重視とは、地球全体がサンガであると見る考えにやや矛盾するかのように見えるが、スナイダーは仏教で有名な「インドラ網」という比喩をもって説明する。その比喩が示すように、広大な網全体も重要であるが、網の極一部である結び目が無ければ、全体も成り立たないので、結び目も全体と同じように大切である。網の全体と結び目は一体である。

スナイダーは「インドラ網」以外にチベット仏教の曼陀羅のイメージも採用し、最小部分の重要性を訴えている。

最近エコシステムのモデルとして使用する一つは曼陀羅である。巨大なチベットの曼陀羅には中央の仏像の外にもたくさんの小さい像もあり、その一つ一つには全体の絵の重要な役割を果たしている。皆必要なのである。……虫や昆虫という生き物でさえ価値がある。全てには価値があり、それこそがエコシステムの本義である。[54]

このように、地球や世界規模での関心も忘れてはならないが、スナイダーは自分が住むコミュニティーやちっぽけな虫を「網の結び目」と見て大切にしている。まさに、環境問題等の対策としてアメリカではよく聞く「グローバルに思い、ローカルで実践する」(Think globally, act locally.) の一句が示す精神が反映されている。

第三点の楽観性とは、スナイダーの姿勢が非常に楽観的であるということである。その彼の楽観性は、山脈の麓で新しい住居を協力し合って造り上げる事を描いた"Building"(建物)という詩にひしひしと表れている。世俗社会から自然の要素が豊富な場所へと遠ざかるが、それは「逃避」という感覚ではなく、希望に満ちたものである。この詩「建物」は、日本の鴨長明の「方丈記」を念頭において書かれたようであるが、スナイダーには鴨長明の感傷的な隠遁というイメージは見られない。逆に彼の「無常観」には、ものの哀れや移り変わりというものよりも、次のように、物事や自然の「再生」という面が強調される。

……(前略)……建物はすばやく建てられ、全てを再生させるプールによって何時も潤い、飾りがなく、輝いている。[55]

ここでの「プール」(pool) の正確な意味は不明であるが、自然を「水たまり」と象徴的に表現したのではないかと考えられる。何れにせよ、自然界とは、世俗社会を包容するダイナミックで再生に溢れているものと見ていて、明らかに楽観的でポジティブにとらえている。

以上の三点が示すように、スナイダーは仏教的見解を環境問題の解決策の一端として採用しているのである。

二　社会活動家ジョアナ・メイシー

ジョアナ・メイシー（Joanna Macy 一九二九～）は、仏教学、総合制度理論（general systems theory）および深層環境（deep ecology）を専門としていて、一般には「エコ・哲学者」（eco-philosopher）として知られている。博士論文は、原始仏教の教理と総合制度理論という新しい科学の考え方の比較と融合をテーマとしたものであった。[56] 現在でも活躍中であり、アメリカやヨーロッパでは最も良く知られている女性仏教徒の一人である。

また、雄弁なメイシーは、学問研究に基づいて平和（peace）、正義（justice）および環境（ecology）という課題に取り組み、四十年間もアメリカだけでなく、ヨーロッパやアジアでも講演を行っている。また以上の課題の外に、死（death）、慈悲（compassion）、相互承認（mutual recognition）という宗教的・精神的な課題を中心とした「精神威力を与える」（empowering）ワークショップも数々行って好評を博し、幅広い支持を得ている。

メイシーの環境に関する活躍は、彼女の仏教と総合制度理論を融合した哲学に基づくものである。総合制度理論とは、二十世紀の前半に欧米で起こった新しい科学的な考え方であり、オーストリアのルードヴィク・フォン・ベルタランフィ（Ludwig von Bertalanffy）やハンガリー人で科学哲学者であるエルヴィン・ラスズロ（Ervin Laszlo）という一流科学者によって提唱され支持されてきた。

この新しい考え方とは、直線的因果性（linear causality）を基本とする従来の科学の考え方とは種々の面で異なる。例えば、宇宙は個別な実体（entities）ではなく、流れ（flow）と関係性（relations）のプロセスを持って構成されていて、またこのプロセスは、因果関係は直線（linear）にあるのではなく相互的（interdependent）にある。さらに、現象を個別な実体でとらえるのではなく、組織の一部として見ていくのである。

この総合制度理論は、社会科学にも応用され新しいパラダイムを提唱してきた。社会活動家でもあるメイシーは、この点を採用し環境問題等に活かしてきた。この活動とは、一九七〇年代以来「再連係する活動」（Work That Reconnects）と名づけその意義をこのように説明する。

この活動の目的とは、人びとがこの世の中の動向をどう見てどう感じているかを、自分と他者に正直に言えるように手助けすることである。このように本当のことを言うということは、自分たちが孤立しておらず、互いにいのちの繋がりの中の一員であるということを発見できる環境におかれるということである。そして、人びとはこの世の中〔の悩み〕を直していくための勇気、団結および責務を発見することができるのである。[57]

また、この「再連係する活動」の理念として仏教と総合制度理論を採用し、次のように説明している。

仏教の教えと総合制度理論は、「再連係する活動」の主な理論的根拠を提供してくれる。この二つの思想は、全ての現象が相互依存しているということを鮮明に明らかにさせてくれる。特に両者を一緒に通して見れば、より明らかになる。[58]

メイシーは、仏教を科学的思想と連結させ、社会的活動の理念とし、環境問題等に取り組むことを進めている。このように両者の類似性を行動の基盤とするが、一方、慈悲等の倫理とメディテーション等の実践も提唱し、科学としての総合制度理論にはない仏教の特徴を導入するのである。その一例として、「菩薩」観を提唱している。

この相互因果論的な世界観を理解し実践することによって、自分が他者と繋がっているということに目覚め、そのような人を仏教では「菩薩」と言う。菩薩とは、仏教徒の行動のモデルであり、菩薩の生き方に近づけば、シナジー（synergy、協働作用）という新しいエネルギーと情報である可能性が湧いてくるのである。そのシナジーは必然的に、その人を環境問題の解決のために積極的に取り込んでいくようになると、メイシーは主張する。[59]

以上のように、スナイダーとメイシーの見解は、ユダヤ・キリスト教文明や伝統的科学に基づくアメリカで主流な自然観に対して修正を図るような考えを打ち出している。そしてそこには、仏教の縁起や仏性という教えが強い影響を与えてきた。このような形で仏教思想はアメリカの環境保護運動に貢献しているのである。

四 「この世・今」の重視

宗教の特徴の一つは、「死後・来世」を扱うという所にあると言えよう。この領域に関しては、医学や社会学は言及しないし、できないのである。同じように心を重視する心理学でさえ同様なことが言える。従って、「死後・来世」は宗教独自の領域なのである。

仏教にとっても死や死後の不安に対応してきた長い歴史の中、仏教の僧侶は葬式を司り、また死後に就いて語り、その不安を軽減する努力をしてきた。日本では「葬式仏教」と批判的に呼ばれるほど、仏教のアイデンティティの一つにまでなっている。

しかしアメリカ仏教では、異変が起こっている。仏教は以前のように、「死後・来世」が主な領域ではなくなり、その代わりに、「この世・今」が重視される傾向にあるのである。

一 大会での風刺漫画

「この世・今」の特徴を示す象徴的なできごとから始めよう。一九八七年八月に仏教キリスト教国際会議が、カリフォルニア大学バークレー校で行われた。会議には、約三百五十人の対話に惹かれる仏教徒とキリスト教徒が主にアジアとアメリカから集まった。サンフランシスコ近辺ではかなりの注目を浴び、この会議を意識したかのように地域の有力新聞である『サンフランシスコ・クロニクル』が宗教対話をテーマとした風刺漫画を会議中に掲載した。

風刺漫画に描かれているのは、街頭で一人のキリスト教徒が看板を体に掲げて通りかかる人たちに訴えている。その看板には、「ジーザス・イズ・カミング」(Jesus is coming)(「イエス様が再来されます！」)と書かれている。彼の表情は真剣である。だがその彼の背後には、アジア系の男が明るい表情で看板を掲げている。何が書いてあるかと言うと、「ブッダ・ヒア・ナウ」(Buddha here now.)(仏陀は今ここに居る！)である。二人の表情もメッセージも対照的である。

この風刺漫画は、参加者の間の話題となり会議を大いに盛り上げた。漫画の内容に対しては異論もなく、このキリスト教と仏教の相違点は会議の参加者の多くが認めるものであった。これこそ、アメリカでは「この世・今」の重視が仏教の特徴であると、見られていることを表わしたと言えよう。

二　「無常」のとらえ方

このアメリカ仏教での「今」の重視は、「諸行無常」という仏教の根本教理の理解の仕方にも表れている。この教えは、すべてのものは無常であり、変化し、滅びていくということを指すのであり、この点はアメリカでも同じである。しかし、その教えに基づく理解の仕方には違いが見られる。ものごとは変化し頼られるものではないので、「執着するな」というのがアジアの伝統的な理解であるが、アメリカ仏教では、無常だからこそ「今」を大切にすることを強調する場合が多いのである。全てが移り変わる世の中では、過去は終わったもので、未来はまだ来ておらず、目の前にある「今」しかないと理解するのである。従って、過去に起こった出来事を後悔したり、またまだ起こっていない未来のことを心配したりすることにこだわらず、今を大切にしようと言うのである。そして、この今、または現在を充実した有意義なものにすることに努めることを重視するのである。

以前、このインドの叡智に基づいた次のようなことわざがアメリカで大変人気を呼んだ。

昨日は歴史、明日は未知、しかし、この今は、さずかりものだ。だから、「プレゼント」と呼ぶのである」(Yesterday is history and tomorrow is a mystery. However, this moment is a gift, which is why we call it the "present.")[60]

これは、今を大切するだけではなく、今が「さずかりもの」(gift) であるということを端的に分かりやすく表現している。また、「present」が「この今・現在」と「プレゼント・贈り物」の両方の意味を含む「洒落」も含まれ、今という二度と繰り返されない一時が貴重な授かりものであるということを巧みにまた面白く表現しているのである。これが、社会一般に好まれたということは、今を重視することが現代アメリカ文化の価値観を反映しているからであると言えよう。

三　「この世」の強調

この「今」の重視は、「あの世・死後」に対する「この世」を強調することにも繋がるのである。例えば、インサイト・メディテーション派では、輪廻転生の世界観の中で言われる「次生」というものより、「この世」志向が重視される。例えば、東南アジアのテーラヴァーダ仏教では、輪廻転生からの解脱（悟り）を目的とし、それに関しては「輪廻転生とは大変恐いものである。従って、生死の惨めな状況を見極め、限りのない転生から脱がれ、涅槃の体得に全力をあげるべきである。」という、伝統的な見解が主流である。

しかし、これとは対照的に、インサイト・メディテーションではこの世での解脱を重視する傾向が非常に強く、この点は創立者の一人であるコーンフィールド氏の発言にも顕著に表れている。

二千五百年の間、仏教の教えは、（ものごとを）明かに見て、賢明に生きるための方法を提供してきた。これは、我々がこの現実世界において（in the midst of this very world）、我々の身体と心の中に解放（liberation within our own bodies and minds）をもたらす方法を提供しているのである。[61]

ここでは、輪廻転生からの解脱ではなく、この現実世界で起こるものごとを明らかに見て、賢明に在家者として生きることを勧め、これこそが二十五世紀の間行ってきた仏教の本望であるとまで主張している。そして、解放がこの世だけで起こるのではなく、自分たちの身体と心というより身近な

「領域」で可能となることも強調している。従って、悟りとはこの世を超える未来に起こるのではなく、この世のど真ん中で身体と心で体験することなのである。

この違いは別な角度からも明らかになる。東南アジアの指導者たちは、解脱や悟りを語る際にそれを妨げる原因である欲や憎しみという煩悩を力説する場合が非常に多いのであるが、インサイト・メディテーションの指導者たちは、日常生活において精神的に自由になる姿という結果を強調するのである。

従って、悟りを妨げる原因よりも悟りの結果、または、出家よりも在家的な見解が旺盛となる。この傾向では、自分たちのライフスタイルを大きく変えず、如何に幸せに、思いやりを持って、そして賢明に、現生の今を生きるかということに目が向けられるのである。

四　修行での「今」の重視

インサイト・メディテーション派では、憶念（サティ）というメディテーション法が最も重要視されている。英語では通常マインドフルネス（mindfulness）と訳されており、この英語の単語は普通「マインドフル」（mindful）という形容詞の形で使われ、その場合には、「〜に注意する」または「〜に心を配る」という意味で使われる。例えば、“You should be more mindful of your health.”は、「あなたは自分の健康にもっと心を配るべきですよ。」というような意味である。

しかし、この「マインドフル」に「ネス」を付け加えて「マインドフルネス」という名詞形にした場合は、通常英語としては特殊な使い方になるのであるが、インサイト・メディテーションでは彼らのプラクティスに関してよく使われる言葉となるのである。

このマインドフルネス（憶念）が東南アジアのテーラヴァーダ仏教の正式な修行法であることは言うまでもなく、それを紹介するパンフレットには次のように説明されている。

インサイト・メディテーションでは、今この瞬間（this present moment）、自然に起こる出来事をしっかり憶念する。我々の憶念の対象となるものは身体的感覚や想いや感情という幅の広いものである。[62]（強調は筆者による）

この説明では、テーラヴァーダ仏教の伝統的な意味よりさほど変わってはいないが、「今この瞬間」はこのグループが強く強調するところである。このように、前記のコーンフィールド氏の発言でも表れていたように、インサイト・メディテーション修行法全体の中で「この現実世界」という事がかなり強く打ち出されていることが良く分かる。[63]

次にインサイト・メディテーションで見られる特徴は、「今」重視の一面として、マインドフルネスをお寺やセンターの特定の修行場だけに限らず、日常生活の中での修行を強調する所にある。そして、前記の説明はさらに、次のように続くのである。

メディテーションは、一日の生活の中でも行えるのである。我々は、身体の動き、歩く時の感性、周りの音、または心に浮かぶ思いや感情に注意（マインドフル）することができる。このメディテーションの修行が深まってくれば、心がもっと平静になり、ものごとがはっきり見えてくるのである。すなわち、我々の自己中心的な固定した感情、期待、希望や不安が見えてくるのである。このように固執した心の働きが見えてくれば、バランスを保ち余裕を持って、もっとこの瞬間瞬間を生きることができるようになる。そして、我々の固執した心の思いや感情の動きに以前のように振り回されなくなる。これこそが、自由の味わいの始まりである。[64]（強調は筆者による）

仏教が日常に生きていくことを強調するこの説明には、瞬間瞬間を生きることとの重要性と励ましが含まれている。

このように修行においての「今」の強調は、アジア系仏教徒の間でもうかがわれる。カリフォルニア州の中国系仏教伝道者ユータン・リン師は、諸行無常を基に修行することによって身近で目の前にある成果を賞賛する。

突然、人生はどの瞬間にでも終わりうることを知った。
死が、かくも身近と知った時、心がスーッと自由になった。
他の人びとを批判したり打ち負かしたりする暇がどこにあろう？
ただ心を清くし、人生を味わいたいものだ。[65]

この詩が示すように、彼は心を清くし目の前の人生を味わうことを大事にするのである。従って、仏教に改宗したインサイト・メディテーションの指導者たちもアジア系仏教徒のリン師も、「あの世」より「この世」、「離脱世界」より「現実世界」、そして「過去や未来」より「現在」等、目の前にある「今」を重視するのである。

五 仏教ユーモア

アメリカ人がユーモアを好むことは日本でもよく知られている。例えば、講演は何らかのユーモアで始まることが多い。また、女性が理想の男性の特徴を述べる際、良い性格や頭の良さや背の高さと並んで、良いユーモアのセンス（a good sense of humor）という点がよく挙げられる。

そしてこのユーモア好みは、宗教の分野にも及んでいる。宗教ユーモア（religious humor）とはユーモアのジャンルの一つなのである。それは、宗教の気高い態度や信者の真面目さが風刺の対象になり易いからである。例えば、宗教の課題や情報を宗教・宗派別に提供している大手のオンライン Beliefnet 会社は、あらゆる宗教グループの中から選んだジョークを毎日登録者全体へ配信している。[66]

その他ユーモアは、学術会議の対象にまでもなっている。二〇〇七年二月には、カリフォルニア大学バークレー校の東アジア研究所主催で、Does Humor Belong in Buddhism?（ユーモアは仏教にあっても良いものか？）というテーマで二日間も行われた。そこでは、十二名のそうそうたる仏教学者が種々の角度からテーマについて議論し、ミシガン大学のドナルド・ロペス（Donald Lopez）教授は、What's So Funny about the Laughing Buddha?（笑っている仏陀の何がそんなに可笑しいのか？）という演題で基調講演を行った。[67] 日本ではこのようにユーモアを主題とする学術会議などが開催されたということは未だに聞いたことはない。

このようにユーモアが重んじられる国民性の中で仏教ユーモアが創造され、語られ、喜ばれるのは当然であろう。それは仏教徒の間だけではなく、一般社会でも通用するものも少なくないのであり、それは仏教が大衆化されアメリカの宗教として受け入れられ始めているという証拠でもある。言うまでも無く、ユーモアを文化や言語の壁を越えて伝えることは困難であるが、日本語にしても理解できるいくつかの仏教ジョークを紹介することにしよう。

一　電気掃除機

これは、最もよく聞く仏教ジョーク（Buddhist joke）であり、サンフランシスコに本社があるＫＧＯラジオ局でも発信されたものである。[68]

質問：どうしてお釈迦様は、ソファの下を電気掃除機で掃除することができなかったのですか？
(Why couldn't the Buddha vacuum under a sofa?)

答え：それは、お釈迦様にはアタッチメントが無いからです。(Because he had no attachment.)

ソファの下はあまり隙間がないので、狭い箇所のごみを吸い上げるためのアタッチメント（くっつける器具）が必要である。しかし、釈尊はアタッチメントを持っていない。そこで、何故釈尊がアタッチメントを持っていないかと言うと、その答えはアタッチメントのもう一つの意味にある。その意味とは、「執着」である。悟っている釈尊は、すでに煩悩・執着を断っているので、執着（アタッチメント）はないのである。

このジョークは、一般のアメリカ人でも意味が伝わり笑う場合が多い。私は、カリフォルニアの仏教寺院の住職を務めていた時、地域のボーイスカウト関係の親たち約五十人がお寺で会合を開いた。その中には仏教徒は二、三人しかいなかった。せっかく仏教寺院で集まったので、私は簡単に仏教の教えを説明することにした。その際、このジョークで始めた。

それは、思ったより大受けで、参加者もよく笑ってくれた。この反応は、仏教徒でない人びとでも、釈尊には執着が無かったという一般知識を持っているということを示すのである。この点でも、一般アメリカ人の宗教への関心や知識が比較的高いと言えよう。

会合の終わりには、数人がこのジョークが面白かったと言い、その一人はジョークのお陰で仏教のイメージが変わったと嬉しそうな表情で私に挨拶に来たのである。その際、コミュニケーションの手段としてのユーモアの重要性を再確認した。特に、宗教や人種の異なる人びとが共存する現代アメリカでは、ユーモアのパワーは欠かせないと強く感じた。

二　出家僧とホットドッグ[69]

ある出家僧が、ホットドッグが欲しくなって、ホットドッグの出店に行きました。売り子は、「和尚様、何になさいますか?」と聞きました。A Buddhist monk wanted a hot dog. So he went to a hotdog food stall. The vender asked, “What would you like, sir?”

そこで、仏教僧は、背筋を真っ直ぐにし、“Make me one with everything!”と答えた。

The monk straightened himself to answer, “Make me one with everything!”

先ず仏教の出家僧がホットドッグを食べたいと言うこと自体が面白い。その上、アメリカでは仏教徒はベジタリアン（菜食主義者）が多いというイメージが強く、僧侶ならなおさらである。また、注文をする際、修行僧にふさわしく背筋を整えるという光景も面白い。

それで、このジョークの落ちは僧侶の“Make me one with everything!”にある。これには世俗的と宗教的の二つ意味がある。世俗的には、「全ての香辛料と付け野菜が入ったのを一つ作ってください」という意味である。香辛料とは、マスタードやケチャップ等のことで、付け野菜とは、刻んだ玉ねぎやピクルスやサワークラウト（煮た酸っぱいキャベツ）である。好き嫌いがあるので、人によってはこの中の一部しか注文しないのだが、この僧侶は「everything 全て」が付いているホットドッグを一つ（one）を作って（make）くれと、頼んだのである。

この意味だけでは、面白くないが、次の宗教的な意味で僧侶の答えでジョークとして成り立つのである。それは、「私を全てと一つにして下さい」という意味になる。「全て」とは私を取巻き支えてくれる物質と精神的世界の全てを指し、「一つにさせてください」とは、神秘的体験の一体感を意味するのである。要するに、「私を（me）全て（everything）と一体に（one with）させてください（make）」と理解すれば、この二つ目の意味が理解され笑えるのである。

このジョークは、さらに続く。

それで、ホットドッグをもらってから、僧侶は売り子に二十ドル札を出しますが、一分経ってもおつりがもらえません。僧侶は静かにおつりを待ちましたが、いくら待っても出ないので、少しいらいらしながら聞きました。

「私のチェンジ（おつり）はまだなのですか？」

売り子は、修行僧に向かって指を指しながら、答えました。

「和尚様、チェンジ（変化・変革）は貴方の〔心の〕中で起こらなければならないのですよ。」(Sir, the change must come from within [you])

落ちは、change にあり、ここにも二つの意味がある。僧侶は、「おつり」という意味の change を求めているが、売り子は「心の変化・変革」という意味での change で僧侶の要求を返したのである。社会的身分の違う二人の会話で、売り子が僧侶の領域であるはずの「心の改革・変容」を指摘するというブラック・ユーモア的な面も持つこのジョークの面白い所である。

三　誕生日プレゼント

アメリカでは、相手に気持ちを伝える時にはカードを使用する習慣がある。誕生、結婚、または死という人生の節目の出来事の他に、感謝や謝罪の意までもカードを通して伝えるのである。

ある店で見つけたのは仏教をテーマとする誕生日カードであった。それには、"Happy Birthday" と表に書かれて、中をめくれば三人の弟子らしい僧侶たちがニコニコしながら、ダライ・ラマを眺めているところが面白く描かれている。そしてダライ・ラマは、プレゼントが入っている大きな袋の中を覗きながら感激してこのように叫んだ。

あぁ、空っぽだ。これこそ前々から欲しかったのだ！（Wow, it's empty! This is what I always wanted!）

袋の中には何も入ってなかたのだ。空っぽのことを一般用語ではemptyと言う。しかし、emptyとは深い仏教的な意味もある。それは、『般若心経』などでも説く「色即是空、空即是色」という文句中の「空」のことであり、ダライ・ラマはじめ仏教の僧侶が目指す悟りの境地の一面を指すのである。だが、このカードが画いているのは、何もプレゼントが入っていない、空っぽという普段の意味である。しかし、これに仏教界では最も有名で尊敬されているダライ・ラマが感激しているという所にこのユーモアの面白さがある。

また、このカードが一般向けに販売されているということは、「空」という高度な仏教思想をテーマとしたユーモアが理解できるアメリカ人が増えているということであろう。これは、アメリカ仏教の一般文化への浸透を証明するもう一つの証拠としてみることができるであろう。

四　ブルース演奏バンド[70]

次のユーモアは、黒人文化で発祥したリズム・アンド・ブルース（Rhythm and Blues）という種類の音楽に関してのものである。

質問：何故、仏教徒で構成されるリズム・アンド・ブルースのバンドがそんなに少ないの？
(Why are there so few Buddhist rhythm and blues bands?)

答え：それは、仏教徒にはソウルがないからだ。(Because they got no soul.)

このジョークの落ちは、soul（ソウル）にある。この言葉の一般的な意味は、「魂、精神、情熱」である。従って、「ソウルがない」とは、リズム・アンド・ブルースという種の音楽に対する魂、精神、または情熱がなく、その素晴らしい価値が分からないというほどの意味である。

では何故、仏教徒がそうであるのか、という質問が当然出る。それは、soul（ソウル）には宗教的な意味もあり、一人ひとりに備わっている不変的で死後も継続する「霊魂」や「真髄・エッセンス」を指すのである。しかし、仏教はそのような soul（ソウル）を「我・アートマン」として否定し、「無我」説を提唱することは仏教の特徴としても良く知られている。従って、このユーモアでは、宗教的な意味での soul（ソウル）を持たない仏教徒には、音楽に関する意味での soul（ソウル）がないと見られたので、仏教徒で構成されるリズム・アンド・ブルースのバンドが非常に少ないというユーモアが成り立つのである。

五　ダライ・ラマと前世

一九九〇年代の半ばのことであった。ダライ・ラマは、全米テレビ番組放送でインタビューを受けた。インタビューした人も有名なテッド・コペル（Ted Kopel）というジャーナリストであり、二十年も続いたこの番組のプロデューサー兼司会者である。[71]

普段は、テレビ中継でインタビューを行うのだが、今回コペルはダライ・ラマに敬意を払って、国家元首等をインタビューする際にしか行わない面談方式を取った。二十五分間、コペルは政治や宗教に関するさまざまな課題について質問し、インタビューの終わりが近づいてきたので、微笑みながらダライ・ラマへこう聞いた。

> 是非聞いておきたい質問があります。先生は、生まれ変わりをなさったダライ・ラマとしては十四代目ですね。そこで、前世のことを何か覚えていらっしゃいますでしょうか？(I must ask you this question. You are the 14th in the succession of reincarnated Dalai Lamas. Do you remember anything from your past life?)

ダライ・ラマは、くすくす笑い、手で自分の頭を撫でてこう答えた。

> 前世を覚えているかどうかですね。……正直言って、最近、前世どころか、昨日何をやった

かさえも覚えていないんですよ。(Do I remember my past life? To tell the truth, recently, I don't even remember what I did yesterday.)

答えた後に、ダライ・ラマは激しく笑い続けた。的外れの質問をしたことに気づいてコペルは顔を真っ赤にして「そんな質問してすみません。私が悪かった」と言わんかのように恥ずかしそうに謝った。

ダライ・ラマは、輪廻転生という一人ひとりの信仰の内容に関わる複雑な質問には、限られた時間で二百万人のアメリカ人視聴者に正確でまた有効に答えられる質問ではないと判断したのであろう。そこで、ユーモラスな答えで返したのは、ダライ・ラマの長年のアメリカ人との付き合いでユーモアは好まれ、コミュニケーションの効果があると知っていたからであろう。そして、私がこのエピソードをここに持ち出したのは、これこそアメリカ仏教におけるユーモアを象徴する出来事であると見たからである。

■Endnotes

1 Paul Carus, *Buddhism and Its Christian Critics*, Open Court Publishing, 1897, p. 309.
2 Sōen Shaku, *Zen for Americans*, trans. Daisetzu Suzuki, Open Court, 1906, p. 122. According to Martin Verhoeven, Sōen was credited with this but was actually written by Carus.
3 Carus, *Buddhism and Its Christian Critics*, p. 131.
4 *Ibid*., p. 114.
5 *Journal of the Maha-Bodhi Society*, I, no.11, March 1893, 5.

6 *Ibid.*

7 J.W. Hansen, ed. *The World's Congress of Religions*, Vol. 1, 1893. reprint, Edition Synapse, 2006, pp. 388–390.

8 *Ibid.*, p. 382.

9 Thinley Norbu, *Across the Cleansed Threshold of Hope: An Answer to Pope's Criticism of Buddhism,* Jewel Publishing House, 1997 の "Welcoming Flowers" の章に引用されている。

10 ドイツの哲学者で仏教にも造詣が深く、仏教の存在を十九世紀の西洋の知識人の間に高めた。

11 Fritjof Capra *The Tao of Physics,* Third edition, Shambhala, 1975; reprint, 1991, p. 324. 著者は、一九九一年の段階で既に百万部を超えていることを指摘している。翻訳として吉福伸逸等（訳）『タオ自然学―現代物理学の先端から「東洋の世紀」がはじまる』（工作舎、一九七九年）がある。

12 Fritjof Capra, *The Tao of Physics*, p. 19. 筆者は、この定義には東洋以外の「神秘主義者」も含めている。

13 *Ibid.*, pp. 139, 143, 293.

14 *Ibid.*, pp. 140–141ff.

15 *Ibid.*, pp. 215–223.

16 例えば、吉福伸逸等（訳）『ターニング・ポイント』（工作舎、一九八四年）、吉副伸逸等（訳）『新ターニング・ポイント』（工作舎、一九九五年）、吉福伸逸等（訳）『非常の知』（工作舎、二〇〇〇年）、*The Science of Leonardo: Inside the Mind of the Great Genius of the Renaissance* (2007) 等が挙げられる。

17 例えば、B. Alan Wallace, *Buddhism and Science: Breaking New Ground,* Columbia University Press, 2002.

18 B. Alan Wallace, "Overlapping Worlds," *Tricycle: The Buddhist Review* Vol.12 No.3 (Spring 2003), pp. 68.

19 *Ibid.*, pp. 68–69. ウォレス氏に関する項目はこの資料に基づく。

20 Marshall Glickman, "The Lama in the Lab," *Tricycle: The Buddhist Review* Vol.12 No.3 (Spring 2003), pp.70–74. この科学研究所に関する項目はこの資料に基づく。

21　George Johnson, "Worlds Apart," *Tricycle: The Buddhist Review* Vol.15. No.3 (Spring 2006): 80–83. ダライ・ラマの学会基調講演に関する項目はこの資料に基づく。

22　Website of the Office of Tibet. http://www.tibet.com/DL/nobelaccept.html.

23　Rick Fields, *How the Swans Came to the Lake*, pp. 134–135.

24　この点は、安藤治の『心理療法としての仏教』が本全体を通して詳しく解説している。

25　Jack Kornfield, *The Path with Heart*, Shambhala, 1993, p. 244. これは、Fronsdal, p.174 に引用されている。

26　アマゾン書店のインターネット目録を「仏教と心理学」で検索した結果、二千を越す本が掲載され、その中の数百は「仏教」および「心理学」が題名に含まれているという状況である。

27　C・G・ユング著、湯浅泰雄・黒木幹夫訳『東洋的瞑想の心理』(創元社、一九八三年)。

28　Erich S. Fromm, D.T. Suzuki and Richard de Martino, *Zen Buddhism and Psychoanalysis*, Harper & Bros., 1960. 佐藤幸治・豊村左知訳「精神分析と禅仏教」、『禅と精神分析』(東京創元社、一九六〇年)。

29　岡野守也。『自我と無我』ＰＨＰ新書一二八、二〇〇〇年、一四三〜一四七頁。Ken Wilber, *A Brief History of Everything*, Shambhala, 1996, pp. 197–240.

30　Mark Epstein, *Thoughts without a Thinker: Psychotherapy from a Buddhist Perspective*, Basic Books, 1995. 日本語訳としては、井上ウィマラ訳の『ブッダのサイコセラピー——心理療法と〝空〟の出会い』、春秋社、二〇〇九年がある。

31　*Ibid.*, pp. 2–4.

32　*Ibid.*, pp. 6–7.

33　*Ibid.*, pp. 170–178.

34　*Ibid.*, pp. 176–177.

35　*Ibid.*, pp. 178–180.

36　*Ibid.*, pp. 163–170.

37　*Ibid.*, pp. 181–183.

38 *Ibid.*, pp. 203–222.

39 *Ibid.*, p. 204. フロイトは悩まされる感情を思い出すことはできても、それを無くすことはできなかったと、エプスタインは言う。

40 *Ibid.*, pp. 203–222.

41 John Welwood, “The Psychology of Awakening” *Tricycle: The Buddhist Review*. Vol.9, No.3 (Spring, 2000), pp.43–48, 125–129.

42 *Ibid.*, pp. 43–45.

43 *Ibid.*, p. 45.

44 Gil Fronsdal, “Insight Meditation in the United States,” in Prebish and Tanaka, eds. *The Faces of Buddhism in America*, p.170.

45 Welwood, pp. 46–47.

46 *Ibid.*, pp. 47–48.

47 Lynn White Jr., “The Historical Roots of Our Ecologic Crisis,” *Science* 155 (1967), pp.1203–7. これが、環境問題を考える重要な役割を果たしてきた論文であることを、Eckel 氏が指摘している。Malcolm David Eckel, “Is There a Buddhist Philosophy of Nature?” in Tucker and Williams, eds., *Buddhism and Ecology*, p. 328.

48 東洋の高い評価は、定型化し過ぎる面も無いでもなく、中国や日本の環境汚染状況を指摘する意見もある。この点を論じているものとして上記の Eckel 氏は次の論文を挙げている。Stephen R. Kellert, “Concepts of Nature East and West,” *Conservation Biology*5 (1991), pp.297–308.

49 Mary Evelyn Tucker and Duncan Ryuken Williams, eds., *Buddhism and Ecology: The Interconnection of Dharma and Deeds,* Harvard University Center for the Study of World Religions, 1997.

50 Duncan Ryuken Williams, “Introduction,” in Tucker and Williams, eds., *Buddhism and Ecology*, pp. xxxv–xlii.

51 Ian Harris, “Buddhism and the Discourse of Environmental Concern,” in Tucker and Williams, eds., *Buddhism and Ecology*, pp. 390–391.

52 David Landis Barnhill, "Great Earth Sangha: Gary Snyder's View of Nature as Community," in Tucker and Williams, eds., *Buddhism and Ecology*, pp. 187–217.

53 *Ibid.*, p. 195.

54 *Ibid.*, p. 194.

55 *Ibid.*, pp. 209–210.

56 論文は本として出版された。Joanna Macy, *Mutual Causality in Buddhism and General Systems Theory: The Dharma of Natural Systems,* State Univ. of New York Press, 1991.

57 メイシーが二〇〇八年十一月十五日浅草で行われた第二十四回世界仏教徒会議で発表した論文に掲載されている。Joanna Macy, "The Work That Reconnects: A Dharmic Response to the Environmental Crisis," p. 2.

58 *Ibid.*, p. 3.

59 Joanna Macy, *World as Lover, World as Self,* Parallax Press, 1991, pp. 34–35.

60 これは、医者でもあり、スピリチュアリティーに関する数々の本を出版しているインド系アメリカ人ディーパク・チョープラ（Deepak Chopra）が広めたことわざである。

61 Jack Kornfield, ed. *Teachings of the Buddha,* Shambhala, 1993, p. x.　これは、Fronsdal,"Insight Meditation in the United States," pp. 171–172 に引用されている。

62 これは、Guy Armstron というインサイト・メディテーションの教師が書いた "The Path of the Buddha" というパンフレットからである。これは、Fronsdal,"Insight Meditation in the United States," p.173 に引用されている。

63 この傾向もサヤーダー師が強調した「瞬間の三昧」(khanika samadhi) に基づくのであろう。Fronsdal,"Insight Meditation in the United States," pp. 166 参照。

64 Fronsdal,"Insight Meditation in the United States," p.173.

65 Yutang Lin, *Two Practices of Impermanence,* Yutang Lin, 1992, p. 8.

66 Beliefnet（信仰ネット）というＨＰである。http://community.beliefnet.com/

67 この会議のホームページは、http://ieas.berkeley.edu/events/2007.02.09x.html である。「笑っている仏」と

は、中国仏教において創造された布袋さんのように太った仏像のことを指す。

68 この他にいくつかのバージョンが存在する。例えば、Beliefnet（http://www.beliefnet.com/Entertainment/Joke-of-the-Day/Daily-Joke.aspx）が二〇〇九年六月二十一日付けで登録者に配信したものがある。(質問)「何故、仏教徒に電気掃除機をプレゼントするのは良くないか?」。(答え)「アタッチメントがくっ付いてくるからだ。」

69 短いバージョンが、Beliefnet に掲載されている。http://community.beliefnet.com/go/thread/view/ 43961/13349619/Buddhist_Ohmmmm

70 同サイトで掲載されている。

71 これは、Nightline（ナイトライン）という二十年ほど続いた人気ニュース話題番組だった。

［第六章］

原因

全体の伸び

■日曜法要に家族づれで参加する禅センターの人びと
（撮影 Alan Senauke）

本章では、アメリカで仏教が伸びてきた原因に焦点を当てることにする。

確かに、ここまでにはいくつかの原因が個別に、また間接に言及された。例えば、第三章の「特徴」ではメディテーションへの魅力が原因の一つであることがうかがわれた。

しかし本章では、伸びてきた原因の全体像を直接に述べることにする。

もちろん、アメリカ仏教の伸びの原因には複数の要因がある。それを整理するために、広い視点から始め、しだいに視野を絞って考察を進めることにする。

先ずは、一、アメリカ社会の宗教重視という態度を見た上で、二、宗教情勢の変動について考察することにする。そして、三、その変動の中で東洋宗教が求められる原因を探り、最後に、四、仏教に惹かれる仏教特有の理由を見ることにする。

一　宗教の重要性

一　東大生の意見

数年前、私は東京大学で Japanese Buddhism from Global Perspective（グローバル視点からみた日本仏教）という授業を一年間非常勤講師として教えた。授業の内容はこの本と同じアメリカ仏教についてであり、授業は全て英語で行なわれた。文学部で文学や社会学を学ぶ三年生を中心とする学生たち十五人が受講した。

授業が終わるころ、学生全員に授業についての感想を求めた。ある社会学専攻の学生が、非常に興味深い意見を述べてくれた。彼によると、アメリカ仏教や宗教全体の事情を学んで日本と比較することができ、その視点から見れば、日本の宗教の社会的立場がより明らかになったそうである。

彼によると、日本では宗教は社会の「外」にあるということである。カルト教団は当然「外」であるが、仏教寺院を含む一般宗教法人でさえも、神秘的なことにのみ専念するというイメージが強くて、社会の「内」にあるとは思われないそうである。彼が言う「神秘的」とは、日常の生活や現実社会から離脱しているという広い意味合いであった。

この意見を聞いた瞬間、私は「外」と「内」という新しい概念を通して、日本とアメリカの社会における宗教の立場と役割の違いを直感的に再確認することができたのである。私にとっても、違いがより鮮明になった。以前より両国の宗教の違いについて考えてきたものの、この「外」と「内」という概念は新鮮で、特にアメリカ人が宗教を重視する態度を的確に表示してくれたのである。

では、アメリカ社会で宗教（religion）が社会の「内」なるものとして重要視されているという点をいくつかの例を挙げて見ることにしよう。

二　宗教の社会性

まず、日本とアメリカの違いは、「宗教」に関わっている人に対する見る目である。日本では「宗教に入っている人」は、どちらかと言うと「変わった人」として見られるが、アメリカでは逆にそういう人は「良い誠実な人」と評価される。信仰しているからといって、決して社会的に不利になるということはない。実際はその逆なのである。

その象徴的な例となるのは、大統領選挙運動中の候補者達の行動であろう。彼らは、日曜礼拝に出向いたり、著名な宗教者と会談を行ったりして、自分がいかに信仰深い者であるかを訴えるのである。例えば二〇〇〇年、ジョージ・ブッシュ候補が選挙運動の討論の際、「あなたが一番尊敬できる思想家は誰ですか」という質問に対して、「イエス様」と答えた。このような政治の場面で、キリスト教の開祖へ敬意を払っても、ブッシュ氏の答えは不利にならず、彼は数か月後大統領として当選したのである。

もう一つの例として挙げられるのは、宗教者（牧師、神父、その他の聖職者）は社会的地位が高く、尊敬される存在であることである。彼らは、各自の宗教団体の指導者としてだけではなく、地域コミュニティーのリーダーとしての役割も期待されるのである。例えば、市内で人種差別問題が発生したとすれば、その解決には宗教者の関与と協力が期待される。それは、多くの市民と密接な関係と信頼感が持たれるからである。福祉関係に関しても、自治体だけが主導権をとるのではなく、宗教団体も公的な資金援助のもとで福祉関係のプログラムを実施する場合がある。[1]このようなことが可能であるということは、宗教への信頼度が高いからである。

宗教者が尊敬される理由は、彼らが尊い職業に携わっている、いわゆる「聖職者」であるということもあるが、もう一つは一般と比べて自分たちの生活水準や内容までも犠牲にしているという所にもある。一般社会は、多くの宗教者が同じ教育レベルの者と比べてもかなり安い報酬で勤め、勤務時間も夜やウィークエンドが主であり、家族には大変な犠牲を払わせているという認識を持っているのである。

そこで社会はこのような点を考慮し、一般にはあまり知られていないようだが、宗教者は国の税法で特別扱いされている。例えば、住居の家賃・ローン額や光熱料の出費が一般と同じく控除の対象となるが、家を購入した場合は、住宅ローン額をもう一度控除することができる。要するに住居に関する控除に関しては、一般の人びとは一回しかないが、宗教者は二回も可能である。

国による宗教者に対する特別扱いは、徴兵制度にも及んだ。これも、私自身が経験したことである。

ベトナム戦争の真最中であった一九六九年、私は翌年大学を卒業する年であった。卒業後は、仏教を勉強するために大学院に進む予定であった。それまでは、大学院に進めば、徴兵が自動的に免除されていた。しかしこれでは大学院に行けない人達に対して不公平であるということもあって、大学院生の徴兵免除が廃止された。しかし、その際二つの専門がそれまで通り免除された。

一つは、医学であった。そしてもう一つは、宗教者養成の神学（theology）であった。医者が社会に重要であるということは、世界の誰もが理解できるであろうが、宗教者については必ずしも同じ理解は得られないであろう。しかし、医学と神学が同等に扱われたということは、アメリカ社会における宗教の重要性を象徴していると言えるであろう。この結果、神学と同じ扱いをされた仏教の僧侶養成の大学院課程に進んだ私は、徴兵されなかったのである。

このように宗教や宗教者を重視する理由には、アメリカという国の歴史の出発点がある。よく知られているように、最初にアメリカへ渡ったヨーロッパ人には、宗教弾圧から逃れる者が多くいた。従って宗教の自由は強く求められ、憲法の基本的人権宣言 (Bill of Rights) にも守られている。また、宗教重視は、首都ワシントンD.C. の設計にも反映されている。それは、政治の主要な建物の位置は、キリスト教の十字架の形を形成しているのである。その縦軸の両先端部には国会議事堂とリンカーン大統領記念堂があり、横軸の両先端部にはホワイトハウスとジェファーソン大統領記念堂が設定されている。このように、宗教は首都を守り、政治の権威を支えている役割をしていると言えるのである。[2]

三　「宗教は子供のためになる」

アメリカでは、大多数の人が神（God）または超越威力（Higher Power）を信じている。二〇〇八年の統計によると、神を信じると答えた人が約七〇パーセントで、超越的存在は一二パーセントだった。残り一八パーセント中一二パーセントは無神論者（atheists）かまたは少なくとも不可知論者（agnostics）で、六パーセントは答えなかったそうである。従って、アメリカの八二パーセントの人びとは、宗教の領域と言える「存在」を信じていることになる。これこそ、前に述べた宗教を重要視する理由となっている。[3]

これは宗教行事への参加率にあらわれている。西ヨーロッパでは、日曜日にキリスト教会に行く人は大変少なくなっているが、アメリカではそれとは対照的である。それは、六〇年代と比べれば参加率は下がっているといえども、まだ多くのアメリカ人は定期的に教会等に行っているからである。数年前の統計によれば、五八パーセントの回答者が一か月に最低一回は教会等に行っているそうである。[4]

そしてその五八パーセントをより細かく分けると、三六パーセントは一週間に最低一回、六パーセントはほとんど毎週で、そして一六パーセントは一か月に一回か二回通っているのである。と言うことは、大半が少なくとも一週間に一回は教会等に通っているということになる。[5]

この統計結果は、私が数年前体験したことでも裏付けられる。二〇〇七年十一月のある日曜日の朝八時半ごろ、首都ワシントンのホテルを出発し二十キロ離れたところにあるバージニア州の恵光寺という仏教寺院へ向かった。バージニア州に入ってからは、非常にたくさんの立派なキリスト教会が道

■諸宗教の交流を目的とする音楽コンサートに参加した浄土真宗寺院の子どもたち。ユタ州ソルトレーク市のモルモン教会にて。
(撮影 Mark Minaga)

路を挟んで建っていることに感心したが、もっと驚いたのは、この日曜日の八時〜九時台という時間にもかかわらず、どの教会の駐車場も満車状態であったことである。これは日本や他の国では中々見られない光景であると感じた。

そして多くの教会の日曜礼拝は、早朝から何度も行われ、中には夜まで行われるそうである。その多くは毎回の礼拝も満員である。また、一日に何万人という人が参加する巨大教会（mega-churches）もあり、それは特に、福音派（Evangelicals）の教会が多いようである。[6]

この大勢の参加者は、大人だけでなく子供たちと一緒に参加する場合が多い。親の多くは、「宗教は子供のためになる」という考えを強く持っている。それは生きていくためには、宗教的な土台が必須であると考えている親が多くいるからである。従って宗教は、大学へ進学することと同じように、親が子供に勧めることの一つである。これは、日本とは対照的であろう。

この親の考え方こそ、子供たちに宗教に関心を持たせる要因につながることは当然である。こういう親たちは、実際に子供が幼児や児童の時から教会等へ行く習慣をつけるため、一緒に連れていくのである。アメリカの仏教会や寺院でも同じ傾向がうかがえる。[7] 私が住職として勤めたお寺には、何組もの若い親が子供を日曜学校（Sunday または Dharma school）に熱心に毎週連れて来た。[8] そこで親たちが、口癖のように発していた言葉は、「宗教は子供のためになる」であった。

この言葉に籠められている親たちの願いこそが、宗教を大切にする態度を象徴していると言えるのである。

二　宗教情勢の変化

一　社会全体の激動

以上のようにアメリカ社会は宗教を非常に大切にしてきたが、それだけでは仏教が伸びる原因とはならなかった。それには、二十世紀後半に起こったアメリカ宗教情勢の変化が必要であった。それを考察する前に、宗教のみでなくアメリカ社会全体の激動があったことに簡単に言及しておく必要があろう。

第二次世界大戦を終えたアメリカ社会は、大きな被害を受けなかった唯一の戦勝国として繁栄を遂げ、一九五〇年代という社会的に安定した時代を経てきた。戦争から戻った兵士たちも政府による充実した奨学金制度を利用し、大学で学び、拡大する経済分野で職に就き、また住宅購入援助金等を大いに活用し、快適な住宅に住むことができた。離婚や犯罪率も低く、一九五〇年代は繁栄と安定の時代であった。

しかし、六〇年代になると経済的繁栄は続いたが、社会情勢は急変した。既成概念や制度は、根っこから揺らぎ始めた。先ず、カトリック教徒であったジョン・ケネディがはじめて大統領となった。これは、主流のプロテスタントがカトリックを弾圧してきたアメリカの歴史では、画期的なできごとであった。また、そのケネディ大統領は、ベビー・ブーマーズ（baby boomers 団塊世代）を中心とする若者たちの理想主義精神に訴え、社会や世界のために尽くすことを指導し、多くの若者が新設された平和協力団体に殺到したのである。

このような変動は、社会全体に影響を及ぼし、黒人人権運動も活発化した。それは、一九六三年のキング牧師のかの有名な「私には夢がある」（I have a Dream）の演説に象徴され、特に南部の社会のあり方や人種関係の性質が問われたのである。この人権運動は反対勢力と闘い、キング牧師の暗殺という犠牲者も出したが、一九六四年の画期的な人権法案が実現することによって、二百年以上続いた南部社会の差別体制が崩れ始めた。

これにより、全米に平等や非差別という理想を実現しようとする波紋が広まったのである。また六〇年代の後半になって、ベトナム人やアメリカ人の犠牲者が増え、戦争の目的が明確でなくなると、ベトナム戦争の反対運動も高まった。そして、この課題は既に自由言論等で奮起していた大学での学生運動を活気付け、世代間の闘争へと発展していった。

このような出来事は、社会にたくさんの変化をもたらした。宗教に関しても例外ではなかった。特に目立ったのは、一九六一年〜六四年にカトリック教会内で画期的な「第二バチカン」という改革が行なわれ、プロテスタントや他宗教との対話や儀式をラテン語から英語に切り換えるということが実施された。これは、宗教に対する人々の意識変化に対応する処置であったのである。

このカトリックの宗教改革が始まった同じ頃からプロテスタント中心であったアメリカ社会の体制が、世俗化等によって崩れ始め、種々な社会的変化をもたらした。既に述べたように、宗教社会学者ピーター・バーガー（Peter Berger）は、この世俗化は非独占（demonopolization）という現象を生み、またその非独占は多元的な状況（pluralistic situation）という現象を生む、と指摘している。[9]

そしてこの多元的な状況の特徴とは、今までの支持者が必然的に付いて来るという保証はなく、人々はマーケット原理に従って自分が納得できるものを求め、それを見つければ、以前の宗教や宗派を捨てて新しいものを支持することになる。特にプロテスタント精神では、宗教とは家族や民族単位のものではなく、個人的な要素が非常に強く、個人が納得しなければならないものである。家族のしきたりや伝統というものは重要であるが、強く押しつけはしない。従って、非独占的や多元的状況の中では、店でたくさん並んでいる品物のように、自分の好みの宗教を選ぶマーケット的状況を生んだのである。

そしてこの宗教的に多元的な環境の中で、さらに仏教の発展を大きく促進させた出来事が起こった。それは、一九六五年の移民法改正法案であった。[10]この法案によって、アジア諸国からの移民が急増し、仏教にとって二つの利益をもたらした。まず仏教が盛んなベトナム、ラオス、カンボジア、台湾および韓国という国々からの移民が増えたことによって仏教徒の数も増えた。彼らが、前述の新アジア系仏教を構成することになった。第二に、多くの僧侶や尼僧等の仏教指導者もアメリカへ移り、その一部はアメリカ人改宗者グループの指導に当たったのである。

二　ウェイド・ルッフ教授の考察

一九六〇年代に始まった社会全体の変化は、カトリック教会の改革のようにアメリカの宗教情勢にも大きな変化をもたらした。この変化については、多くの学者が言及しているが、ここでは主に、アメリカ宗教の分野では著名なウェイド・クラーク・ルッフ（Wade Clark Roof）教授の意見を紹介することにする。[11]そしてそれに基づいて、東洋の宗教と仏教が伸びた背景をより明らかにすることに努める。

一九六〇年代以降、宗教の低下がよく指摘される。その際基準となるのは、キリスト教会の会員数や参加率等である。[12]しかしルッフ教授は、そのような基準を当てると宗教活動が低下しているように見えるが、それのみでは正しく実態が把握できないという立場を取り、アメリカの宗教情勢は基本的には減少も増加もないと言う。真相は、万華鏡（kaleidoscope）のように変化し、形態が変わっているということを主張する。

教授は、この変化には四つの傾向があると分析する。その四つとは、一、新しい多元性（the new pluralism）、二、新しい選択（the new volunteerism）[13]、三、新しい組織形態（the new organizational structures）、および四、新しいスピリチュアリティ（the new spirituality）である。この四つの傾向には全て「新しい」（the new）という形容詞が付されているのは変化の激しさや斬新さを示すのである。

これらの傾向は、アメリカ宗教の歴史においてほぼ初めて見られる現象を物語っていて、その背景には、一九六〇年代以降のグローバル化、メディアの影響および世代交代等が考えられる。それでは、この四つの傾向を一つひとつ見ていくことにする。

三　新しい多元性

一九五〇年代のアメリカの宗教界では、プロテスタント、カトリックとユダヤ教の三つが圧倒的な数を占めていた。そして、この三つは「ユダヤ・キリスト教」(Judeo-Christianity) という宗教・文化の伝統を構成し、アメリカ文化の根底に流れる精神の大黒柱であった。

しかしルッフ教授によると、一九九〇年の半ばにはこのユダヤ・キリスト教人口の減少が目立ち、その変動は特にプロテスタントに著しかったそうである。その反面、どの宗教にも所属していない層(unaffiliated) と、仏教やイスラムというユダヤ・キリスト教以外の宗教の人口が増えたのである。また、人口の人種的・民族的な変動も起こった。例えば、カトリック教会ではヒスパニック系の信者が急増し、ほぼ半数を占めるまでになってきた。このような変化こそが、ルッフ教授が主張する「多元性」(pluralism) をもたらしたのである。[14]

そしてこの多元性の傾向は今日も継続されている。一九五〇年代には、全国の六七パーセントだったプロテスタント教徒は、二〇〇七年には、五四・五パーセントに減少した。そしてカトリックは、その同じ期間には、二四パーセントと人口の変動はなかったものの、ルッフ教授が予測したようにヒスパニック系の信者が半数を超え（五八パーセント）た。[15] そしてユダヤ教徒は、約三・五パーセントから二パーセントと激減した。[16]

一方、ユダヤ・キリスト教以外の宗教の人口は、同じ期間には、一パーセントから四パーセント弱と四倍近くも増加した。この中には、仏教、イスラム教、ヒンドゥー教等という他の世界宗教が含まれている。そして、最も飛躍的に増えたのは、どの宗教にも所属していない層である。彼らは、一パーセントから一六パーセントへの伸びを見せたのである。[17]

従って、この約半世紀の間に、ユダヤ・キリスト教というアメリカの主流宗教の人口数は、九三・五から八〇・五パーセントへ減り、その一方、キリスト教とユダヤ教以外の人口が、二パーセントから二〇パーセントへ増加したのである。つまり一九五〇年代には、十人中、九人以上がキリスト教かユダヤ教に所属していたが、今日、五人に一人は、そうでなくなったのである。

また、ルッフ教授によると、キリスト教やユダヤ教の組織に所属していながら積極的に組織に関わっていない人がかなり増えているそうである。教授は、彼らに、上記のどの宗教にも所属していない層を足すと、全米人口の約四〇パーセントが宗教組織には積極的に関っていないことになると主張する。この現象は特に、主流プロテスタント（mainline Protestant）、カトリックおよびユダヤ教の人びとに比較的多く見られると考えられる。[18]

ただし、これでは、以前述べたアメリカ社会の宗教重視と頻度の高い教会通いと矛盾するのではないかという疑問が生じる。私は、この矛盾のように見える状況は説明可能と思う。まずは、多くの人びとは、神や宗教には深い尊敬をもっていても、宗教の組織（religious organization）には同じ気持ちは持たず、中には、嫌悪感さえ抱いている人がいるのである。つまり、宗教の教えと宗教の組織を区別しなければならない。

次に、アメリカ人の宗教への関わり方は、二極化されつつあるように思われる。六割は参加するが、四割の人はしない。そして、参加する人は頻繁にするが、そうでない人はほとんどか全く参加しないというように二極化されていっていると考えられる。

以上が、ルッフ教授が主張する多元性の代表的な現れである。そこで、仏教に関して言えば、このように変化しつつある宗教情勢こそが仏教の受け皿となっていると言える。多元性は、寛容な環境を提供し、外来宗教である仏教の導入を促してくれるのである。そして特に、宗教組織へ参加しない四割の人びとの中には、宗教の組織は嫌いだが宗教の実践やスピリチュアリティに興味があるならば、仏教に目を向ける人が結構出ているのではないかと考えられる。それは、アメリカでは仏教は普通の宗教とは異なる、または、「宗教ではない」とまで考える人が多いからである。

四　新しい選択

プロテスタントの中には、天台宗、真言宗、浄土宗、浄土真宗、禅宗、日蓮宗等という日本仏教の宗派と似たように、プレスビテリアン、メソディスト、バプティスト等というたくさんの宗派が存在する。しかし、人びとが一つの宗派から別の宗派、または他の宗教へ移るという点では、大きな違いが見られる。日本では、宗教は「家の伝統」という枠の中で考えられるので、宗派の所属を変えるということはかなり稀である。

一方アメリカでは、ルッフ教授によると、プロテスタント信者の三分の一の人が、一生の内に宗派を変えているそうである。また、カトリック教徒やユダヤ教徒も、以前より「転派」や「改宗」する人の数が増えている。これは、家の伝統ではなく、個人の意向を重んじるという傾向の表れであると、ルッフ教授は説明する。

現代のアメリカ人は、信念、価値、および生き方を基準として集まるようになった。彼らは、以前のように家の伝統や習慣を気にしなくなったのである。[19]

このような個人の選択の対象となるのは、宗派の所属のみでなく、決めた宗派でどんな形で関わり、どのくらい深く関わっていくのかと、いうことにも及ぶのである。信者の中には宗派の全ての教えに従うわけではなく、特定な課題については自分が納得できる立場を取り、行動する。

例えば、中絶に関しては、カトリック教会は反対の立場を取っているが、カトリック教徒の中にはそれを無視する人が多くいる。それにもかかわらず、自分たちは「良いカトリック教徒」であると考えていられる所が、個人の「選択」を容認するアメリカの宗教情勢を表している。

この選択に関して最も顕著に表れている点は、教会等への参加率である。ルッフ教授は、ある統計によると、回答者の八〇パーセントが、「教会やシナゴーグに通わなくても良いキリスト教徒またはユダヤ教徒でいられる」という考えに賛成したことを指摘している。この考えは、キリスト教・ユダヤ教、主流派・福音主義派、全ての階級や年齢の間に共通し、幅広く支持されている。この考えを代表する発言として、シーラ・ラーセン（Sheila Larsen）という若い女性看護師のものがある。

私は宗教的熱狂者ではありませんが、神を信じていますよ。そうね、何時教会へ最後に行ったかも覚えていないわ。それでも私は、信仰のお陰でいろいろ助けてもらっています。そうね、それは私の中の小さな声、「シーラ教」（Sheilaism）とでも言えるようなものですね。[20]

このような考え方を持ち、組織離れする人達は特に団塊世代の間に多い。そして、この社会現象は、宗教指導者の間に強い危機感を与えている。

しかし、ルッフ教授は、この組織離れの現象を単なる世俗的な減少であるとは見ていない。それは、個人が「選択」することには、創造性と精神的な力が伴う場合が多いからである。既成宗教から離れても、彼らはより真剣に自分の人生を反省し、人生自体の意味を求めている場合が多いのである。そして、それに基づいて選択する宗教は、家の伝統として受け継ぐよりも、その人にとって有意義で、強いものとなる。従って、既成宗教離れという「量」的な減少が起こっていても、ルッフ教授は、「質」的に良い性質が高まっているのであって、未来は明るいと見ている。

私は、アメリカのこのような宗教情勢も、仏教が伸びるための良い環境を提供していると考える。それは、個人選択は、仏教のような新しい宗教を選ぶ可能性を促してくれるからである。個人が納得すれば、周りの家族や友達は、認めてくれるのである。また、組織離れの傾向は、先述（第四章）の仏教の個人化という特徴を容認すると思われる。そこでは、寺院やセンターより、個人の家でメディテーションを行なう人が仏教に惹かれることを述べた。従って、仏教が伸びる要因は、組織離れに伴なってここで言及した個人選択の傾向にも見出せるのである。

五　新しい形態

キリスト教を中心とするアメリカの既成宗教は、以前述べたように、宗派（denominations）に分かれている。しかし、ルッフ教授は、新しい組織形態ができつつあり、多くの人達を惹きつけていると指摘する。新しい形態とは、特殊な目的を持つグループ(special purpose groups)のことである。[21]

それは、宗派内にある場合もあるが、宗派を超える場合もある。この特殊グループには、環境問題、ホームレスのための住居の建築、刑務所での援助、AIDS患者の援助等がある。このような社会へ向かって活動するグループもあれば、その他には、アルコール依存症、家庭不和、禁煙等といった個人生活に関する改善を求めるグループもある。このようなグループは、ある学者によると、五百という数の種類におよび、進歩派と保守派の宗派でも同じように盛んである。

そして、特に保守派キリスト教に所属する特殊グループは、テレビやインターネットの活用によって大変活発になっている。例えば、「キリスト教徒連合」(Christian Coalition)は、中絶や同性愛という課題に対しては猛烈な反対を表明したり、選挙の保守候補者を支持したりして、活発な政治的活動を展開している。また、テレビを通しての宣教者、いわゆる、テレヴァンジェリスト(televangelist、テレビ宣教者)たちは、強力な宣伝力で寄付金を集め、いろいろな社会的問題に関して多くの人たちを自派の主張に沿って誘導している。

私は、このような特殊グループの現象も仏教が伸びる要因となっていると思う。メディテーションへの魅力がアメリカ仏教の大きな特徴であることは、既に第四章で述べた通りである。インサイト・メディテーションという組織がその典型的な例である。この組織に参加する人たちには、メディテーションのみによって惹かれて来る者が多くいる。南方・テーラヴァーダ仏教の儀式や世界観等という伝統的な要素には興味を示さない。組織の名称も「仏教」を含んでいないのである。

従って、このグループを「宗派」としてではなく、「特殊グループ」として考えれば、その非常に高い人気が理解できるであろう。換言すれば、インサイト・メディテーションは、アメリカ宗教情勢の

「特殊グループ」という傾向に乗っかって、伸びていると見ることができるのである。

六　新しいスピリチュアリティ

ルッフ教授は、ある調査で若い世代を対象に、「自分を宗教的（religious）であるか、スピリチュアル（spiritual）的と見ているか」という質問をしている。その結果、その多くは「宗教的」を嫌がり、「スピリチュアル」を好んでいることが分かった。この傾向は人口全体にも言えることであるが、若い世代がこう思っていることは、今後ともスピリチュアリティの重要性が長く続くことにつながるであろう。

スピリチュアリティとは、「個人が求めるものに合った深遠な一人ひとりの体験」（personal experience tailored to the individual's own quests）である、とルッフ教授は定義する。そして、その体験の正当性の基準は、既成宗教や伝統よりもその人自身に置き、この要素は、少し極端でもあるが、先述のシーラ・ラーセンの「私の中の小さな声」という発言にも見られると言えよう。

スピリチュアリティの具体的な表れとしては、既成宗教の中にもあり、また外にも存在し、幅広い種類がうかがえる。例えば、自然の宗教（nature religion）、いやしの儀式（healing rituals）、全身用の健康（holistic health）、女神信仰（goddess worship）、十二段階回復支援グループ（twelve-step support groups）、神話（myth）、および神秘主義者（religious mystics）等への非常に強い関心が挙げられる。これは、本屋では伝統的な宗教の本が減る一方、スピリチュアリティに関する本が増えていることからも明らかである。

ルッフ教授は、「スピリチュアリティ」の特徴として、連結性（connectedness）、一体性（unity）、平和（peace）、調和（harmony）、落ち着き（centeredness）という五つの単語で説明している。これらのキーワード的な単語は、神（God）、罪（sin）、信仰（faith）、懺悔（repentance）、道徳（morals）という伝統宗教の特徴とは明らかに異なっている。

ところでルッフ教授は、スピリチュアリティが浅薄で、流行的でしかないと批判されるということを認めながらも、この変化を悪い現象とは見ていない。反対に、このスピリチュアリティの高まりこそが、多くのアメリカ人が真剣に有意義な生き方を求め始めた表れであると見ている。

私は、このようなスピリチュアリティへの関心も、仏教への受け皿を大きくしてくれていると思う。その主な理由は、スピリチュアリティと仏教には類似点があるからである。その類似点とは、両方とも個人体験を重視することである。仏教では、メディテーションや題目というプラクティスを行なうことによって、教えや教義ではなく、体験を重視することは既に（第四章）述べたことである。また、先述のスピリチュアリティのキーワードとなる連結性、一体性、平和、調和、および落ち着き等は、実にアメリカの仏教徒が良く使う言葉ばかりで、それも特に実践や体験を語る際に採用されているのである。

もちろん、仏教とアメリカで見られるスピリチュアリティとは同じものではない。二千六百年近い歴史を持つ仏教には、教義や戒律という伝統宗教の要素が備わっている。しかし、アメリカでは、個人の体験を重んじるという点で重なるところが多くあり、スピリチュアリティの高まりがアメリカ仏教の伸びの原因の一つとなっていると考えられる。

次には、東洋の宗教の魅力という視点から、仏教がその一部として受け入れられやすくなった状況を見ていくことにする。

三　東洋宗教の魅力

ハーバード大学の著名なキリスト教神学者であるハーヴィー・コックス（Harvey Cox 一九二九年〜）教授は、アメリカ人が東洋の宗教に惹かれる現象を研究し、その結果をまとめて *Turning East*（東に向く）という本を一九七七年に出版した。[22]この画期的な本は、出版当時のベストセラーとなり、大きな反響を呼び、この分野では重要視されてきた。対象となったのは、ヒンドゥー教、仏教、儒教、道教、イスラム教、スーフィー教という「東洋の宗教」全体であって仏教はその一部にすぎないが、私は、仏教がアメリカで伸びてきた理由を理解する重要な視点を提供してくれていると思う。

この本をまとめるに当たってコックス教授は、研究者としてだけではなく、実際に参加者としてあらゆるグループへ出向き、彼らの活動に参加したのである。従って、スーフィー教の舞い、ヒンドゥー教のマントラ、ヨーガの実践、ハリクリシュナの読誦、チベット仏教寺院のメディテーション等を実際に行った。教授は、アメリカ人で東洋の宗教に改宗した人びとのことを「東洋転向者」（East Turners）と呼び、彼らのことを客観的な視点からだけではなく、体験的に同じように関わることで理解しようとしたのである。

教授が注目したのは、団体やその指導者達ではなく、その転向者たちだった。その中で、彼らが転向した理由を、六つの項目にまとめている。この六つは三十年ほど経った今日でも東洋宗教の魅力の理由を解明してくれると思われるので、ここで引用しながら論を進めることにする。

一　友情

まず、東洋転向者たちからよく聞いた理由は、友情（friendship）を求めていたということである。特に共同生活を営む団体では、孤独な生活からコミュニティーの温かい人間関係を求めた者が多くいた。コックス教授は、このようなコメントをよく聞いたそうである。

ここでは皆、私のことを思ってくれているようだ。ここに来る前、人生が面白くなく、迷っていて、ただうろうろしていた。最初ここに来た頃は、皆が何を言っているか分からなかった。皆がクレイジーだと思い、彼らには、そう言ったよ。しかし、彼らは気にせず、私を受け入れてくれて、アット・ホームにさせてくれた。今はここの一員であり、それも重要な一員である。私の居場所はここである。そういう運命だったのだ。[23]

この体験のように、彼らの中には家庭、職場、学校、または教会では見付からなかった温かくて親密な人間関係を求め、東洋宗教のグループに出会ったことで満たされたのである。

仏教に改宗したジェフ（Jeff）という四十代の白人男性も似たようなことを、私とのインタビューで話してくれた。若い時、ジェフは人付き合いを避け、孤独な生活を送っていて、その上に自分が怠惰な性格であったことを告白した。しかし、このような過去が一変したのは、彼が仏教のグループに入会した時からであった、とその様子を語ってくれた。

私は宗教が嫌いだった。それは、宗教とは人を形にはめて、とやかく言いすぎると思ったからだ。だがこの仏教のグループは、人種、経済レベル、人生観および性格という面で色々な人がいて多元であった。入会してからは、他人のためになる行事を任されるようになり、責任を強く感じるようになった。これによって、私は自信と責任感を持ち始め、私に頼っている人達のためにも努力し、このチェンジ（変化）は、私の職場や家庭にも良い影響を与えてくれた。[24]

彼の証言は、仏教に限らず、他の宗教へ改宗する多くの人びとの場合にも共通する要素であるとも言えよう。ただしジェフは、確かにアメリカ仏教の特徴である寛容性や多元性という点に惹かれたことを通して、コックス教授が指摘する「友情」を見付けたのである。

二　直感的な体験

第二の理由は、概念や思想を通してではなく、直接的な体験（direct experience）を求めるところにある。彼らの多くは、神や聖なるもの、または自然や他の人々等と深く親密に関わることを望んでいる。コックス教授は、彼らの典型的な意見をこうまとめている。

私が〔前に〕行ったどの教会でも、神についての説教ばかりだった。……〈中略〉……言葉、言葉で、ここにしかこなくて〈頭を指し〉、感じることなんか一回もなかった。抽象的で、直接ではなく、何時も他人の言った言葉ばかりだった。……〈中略〉……しかし、ここでは、自分が感じたのです。自分自身が体験したのです。自分が感じたので、他人の言葉によらなくてもいいのです。今でも感じ続けていますよ。直覚で、それを否定する必要はないのです[25]。

この意見が示すように、東洋の宗教の指導者は、色々な修行法を採用し、実際に体を使わせ、教義や倫理を強調する西洋の宗教とは対照的である。それも、東洋の宗教に出会った最初の段階から修行〈プラクティス〉を行い、思考などを伴う行為は拒否される。この傾向を最も代表するのが禅であるので、東洋転向者の間では、禅が魅力的なものとなるのであると、コックス教授は指摘する。

私は、このような直接的な体験の要求に対して、アメリカ仏教はしっかりと対応してきたと評価する。それは、第四章で述べたメディテーション中心という特徴に現れていた。メディテーション中心という特徴は、教義よりもプラクティス〈修行・行〉を重視すること、また超宗派の仏教徒の集りで自己紹介する際、自分の宗派名よりも行っているプラクティス〈修行・行〉を主に語るところにも見られた。そしてそのプラクティスが求めるのは、スピリチュアリティ〈個々の聖なる体験〉を体得することである。アメリカ仏教がこの要求に答えることに、アメリカの主流宗教よりも成功したという評価は、以前述べたカトリック・シスターのファンク師の発言でも明らかであろう。

キリスト教やユダヤ教は、日常を精神的（スピリチュアル）に生きるように十分な指導をしていない。それに比べて、アメリカの仏教徒が見事に成し遂げていることは、……（中略）……それを日常生活に直接導入していることだ。[26]

三　権威の探求

三つ目の理由は、権威の探求（quest for authority）である。彼らは、西洋の宗教では明確で確かな答えが見つからず、東洋の宗教にそれを求めたのである。そして多くの場合、その答えは特定の「師」となる人物であった。その指導者の知識やカリスマ性に魅了され、人生が転換したと言うのである。コックス教授はこのように典型的な意見を聞いている。

全てをやってみた。本を読んだり、講演を聴いたり、色々な先生の話を聞きに行ったが、結果はもっと迷い解らなくなった。……（中略）……そして、師に出会った。言われることがやっと分かり、全てがまとまった。師こそ本物であり、答えがあるとすれば、師はその答えを知っている。話し方から、師が真実をつかんでいることが、私には分かった。もう私には、迷いはありません。[27]

社会学者たちは、この権威の探求の原因を、通常の道徳規範の崩壊や伝統的な権威の衰退等にあると説明している。またこのような社会現象に伴って、選択するものが多くなりすぎて悩む人が増える。そしてそういう人達の中には、ものごとを簡単に明確にしてもらうことで、彼らの選択の対象が減り、困難な努力も避けることができる。そこで、アジアの智慧などというイメージに照らされた東洋宗教の指導者を求め、そこに確実性を与えてくれる権威者を見付けた者は少なくないのであると、コックス教授は指摘する。

私は、アメリカ仏教ではこの要素は、第一章と三章で言及したサンフランシスコ禅センターの佐々木老師やチベット仏教系のヴァジュラダートゥのチュルンパ師等に顕著に現れていたと思う。この両師は、多数の優秀なアメリカ人を惹きつけ、彼らを有力な弟子として育て、両師が各々創造した組織は師亡き後の現在でも健全に存続している。

カリスマ的な仏教指導者は、この両師以外にも前述したように多数いるが、ここではサンフランシスコ禅センターの鈴木俊隆老師に惹かれたメル・ワイツマン師（Mel Weitsman 一九二九年〜）のコメントを紹介することにする。ワイツマン師は、鈴木老師の弟子となり、サンフランシスコ禅センターおよびバークレー禅センターの住職も務めたこともあるアメリカの禅を代表する長老である。ある講演で、鈴木老師に魅了され、禅の世界に飛び込んだ理由をこの様に語った。

私は、育ったユダヤ教の世界で聖者（holy man）と言えるような方に子供の時から憧れ、探していたが、そのような方には出会えなかった。しかし、鈴木老師に出会った時、この人こそ私が長年求めていた聖者だと直感し、老師の所へ入門させてもらったのである。[28]

四　西洋の腐敗

第四は、西洋の腐敗（Western corruption）からの逃避とも言える理由である。この理由で東洋転向者になった人びとは、西洋の宗教が堕落し、古臭くなったという強い意識を持っている。そして、かれらは純粋で新鮮な東洋宗教を求めるのである。この種の意見の例として、コックス教授は次のような発言を取り上げている。

西洋文化はだめだ。技術と力と正当化だらけである。また、戦争と虐殺と十字軍という血だらけの歴史だ。権力と金で芯まで腐敗している怪物である。自然との触れ合い、感性、自発性というものがない。根底にあるキリスト教は、ものごとを悪化させてきた。今必要なのは、東洋人から学ぶことである。彼らは、機械や科学の被害を受けていない、彼らの先祖の質素さ、内面の感情、そして自然と宇宙とのリズムを保っているからである。西洋の宗教は無効となり、今の可能性は、東洋にしかない。[29]

このような考えをもっている人びとの多くは、東洋転向者の中では最も教養が高く、ゲイリー・スナイダー氏の「禅と自然」の詩やアラン・ワッツ氏（Alan Watts 一九一五～七三年）の「キリスト教批判」の議論もよく知っている者である。彼らにとっては、東洋を求める理由よりも、西洋から離れたい理由の方が明確であって、東洋は理想化した逃避の場所に過ぎないようなところがあると言えるであろうと、コックス教授は分析している。

私は、このような西洋・アメリカ文明やキリスト教に対する批判と絶望感は、仏教に興味を持った人びとであれば、多かれ少なかれ時代を問わず抱いていたことであると考える。そのような感覚がなければ、新しい宗教に目を向ける動機が湧かなかったであろう。それは、十九世紀末に仏教に魅了されたポール・ケーラスにもうかがえる。彼は、進化論を受け入れられなかったキリスト教に失望し、理想化した「科学の宗教」である仏教に今後の宗教として大きな期待を寄せた。また、一九五〇年代のビート仏教の代表者たちは、『ザ・ダーマ・バムス』の本には、「生産品を消費し、消費する「特権」のために働くという無駄なことを断るべきだ。」と訴え、消費に溢れる資本主義アメリカ社会を批判した一方、仏教的な生き方を賞賛したのである。

五　男性支配への反発

五番目の理由は、西洋宗教の男性支配（male dominance）から逃れるためである。この理由で東洋に目を向けた人達の数は比較的少なく、ほとんどが女性である。キリスト教には、教義や組織に男尊女卑の要素が顕著に表れているので、東洋の宗教にこの修正を求めたのであるとコックス教授は指摘し、西洋の宗教を批判するある女性の発言を取り上げている。

男性の神が男性を創造し、女性によって彼は誘惑される。男性の開祖と預言者、男性のキリスト、そして十二人の使徒も皆男性だ。その上に、法王も司教も男性だ。女性は、処女か、魔女か、売春婦か、喜んで子供を産む者としか描かれていない。この宗教には、女性の居場所がないのは明らかである。しかし、ヒンドゥー教徒の例を見れば、カーリ女神などを崇拝しているではないか。[30]

ただしコックス教授は、このような理由を掲げる東洋転向者には、東洋宗教を含むどの宗教にも西洋宗教と同じか、中にはより酷い、男性支配が存在する、と警告している。

このコックス教授の警告は、アメリカの女性仏教徒はアジア仏教の男性優位の現状を把握し、その体制の弱点をよく理解してきたと思われる。この点は、民主化というアメリカ仏教の特徴として第三章で言及したように、女性仏教徒たちは、アジアの伝統仏教の男性支配という現状が、釈尊の教えや仏教の本質に反しているという確信に基づいて、積極的に女性解放的な教えを打ち出し主張してきたことに窺われる。従って、以前言及したようにアメリカの改宗仏教徒の間では多数の女性指導者が輩出され、男女平等の要素が非常に強いアメリカ仏教が実現するに至ったと言えよう。しかし、その後の三十年間、アメリカの女性仏教徒はアジア仏教の男性優位の現状を把握し、その体制

六　健康と環境への関心

最後の第六の理由は、健康と環境（health and ecology）への関心である。この理由で東洋転向者となった人達は、食べ物と精神の相互関係に強い興味を持ち、自然食やベジタリアン・ダイエットを実践する人が多いとコックス教授は示し、彼らを代表する意見として、次のような考え方を取り上げてい

る。

西洋宗教は、地球や水や木が神聖であるということを真剣に崇敬しない。神は自然を超越し、聖書は人間に自然を支配させるので、その結果、自然は悪用され、荒廃し、害されたのである。西洋の宗教は、外面的で、操作的である。しかし、東洋の宗教では、聖者は自然の中にそれを見出し、自然に対し平穏で非媒介的な態度を採る。東洋的な自然観を採用し、人間が自然の他の生き物と同じ権利しかないのだと目覚めなければ、我々はこの地球を破壊してしまう。[31]

このように、この種の東洋転向者達は、聖書の自然観が現代の危機をもたらしたと考え、東洋宗教以外に、エスキモー等のアメリカ原住民の文化も支持し称賛している。

第五章で述べた環境の項目が示したように、仏教は環境に優しい世界観を提供し、それに賛同する人は仏教にも惹かれる理由となったと考えられる。ゲイリー・スナイダーやジョアナ・メイシーは、仏教思想を積極的に取り入れアメリカ的な環境論を展開してきたことは、すでに述べたことである。彼らは、非人間中心の縁起的な自然観を採用し、種々な形で環境問題の解決策を訴えている。また、仏教徒はベジタリアンだという一般的なアメリカ人のイメージにより、仏教が健康的な食生活を推薦していると思っている人は多くいると思われる。このような食生活に関る点でも、多くの人びとにとって仏教が好意的な宗教として映っていると言えるであろう。

コックス教授は、以上の六つが東洋転向者たちが輩出した原因であると見たのであるが、もう一人の著名な宗教社会学者ロバート・ベラー教授（Robert Bellah）も、東洋の宗教の業績を同じように評価している。

東洋のスピリチュアリティは、キリスト教のような聖書を基にする宗教よりも、アメリカ社会で行き詰まった自己中心的個人主義（utilitarian individualism）に対してはより明確な答えを出したのである。その答えとは、外面的な業績に対しては内面的な経験、環境の破壊に対しては環境との共存、そして人間味のない組織に対しては熱情的な師（グル）との関係であった。[32]

それでは次に、アメリカ人が東洋の宗教の中でも特に仏教に惹かれた仏教特有の原因を見ていくことにしよう。

四　仏教特有の原因

仏教は、前項で説明したように東洋の宗教の一つとしてその恩恵を受けてきたが、仏教にはその他に二つの仏教特有の原因があると考えられる。その一つは、アメリカ自由近代主義と重なるという点と、もう一つはダライ・ラマが象徴する仏教の良いイメージがある。

この二つは、ヒンドゥー教、イスラム教、スーフィー教、儒教、道教、神道という他の東洋宗教（中近東を含む）と比べて、仏教が、幅広い社会・経済的階級の間で最も好感度が高い宗教である原因となっている。イスラム教は、下級階層を中心としてアメリカでも改宗者を得ているが、特に二〇〇一年の同時多発テロ事件以来、社会全体の支持は低下している。

それに比べて、仏教はより幅の広い層の支持を得ている。その中で、仏教思想がアメリカ自由近代主義と似ているという点で、特に知識階級の人々が仏教に興味を持つ要因の一つとなっている。

一　アメリカ自由近代主義との類似性

アメリカ宗教の専門家であるマーチン・ヴェルホウヴェン（Martin Verhoeven）教授によると、ここで言う自由近代主義（liberal-modernism）とは、自由主義（liberalism）と近代主義（modernism）を合成した現代アメリカの思想の一つの流れのことを指すのである。[33] この自由主義と近代主義は、アメリカでは十九世紀末期から二十世紀初頭というほぼ同じ時期に興った思想である。そして、一、自由主義とは社会・経済的で、二、近代主義は宗教的な意味合いが強いと言える。

前者の自由主義とは、アメリカでは進歩、繁栄、統一、平和および幸福といった価値観を主張し、アメリカが世界の先頭に立って掲げる理想を実現することを主張した。それには、人間が進歩し、常に向上し理想を達成できるという強い信念が根底にある。そして、国際的な面も強調されるが、アメリカが中心となって指導し、社会的および経済的な面で発展することを目指す考えでもある。

もう一つの近代主義とは、伝統的キリスト教と近代科学を和解させようとする宗教的な運動の表れである。従って、「宗教的近代主義」（religious modernism）と言った方が妥当であるかもしれない。この考えでは、科学の影響によって人間の理性や能力が重視された。そして、神に関しても、神はこの世を遠く離れている存在ではなく、この世で身近に働きかける神としてとらえた。言い換えれば、神の超越性よりも顕現性を強調したのである。

この自由近代主義は、「アメリカ的な仏教」を形成していく原動力となっているのである。そして、この原動力は、一、人間能力の可能性、二、人間の理性、三、顕現性、および四、批判精神という四つの特質として本書の第四章と五章で指摘した特徴に反映されていると考えられる。まず、人間能力の可能性は、特にエンゲイジド・ブディズム（社会参加仏教）のような形に現れている。社会問題は、神の仕業や運命としてあきらめるのではなく、人間の能力と努力で改善することができるという信念に立ち、行動を起こすのである。それには、仏教によるメディテーションを含む修行という自己向上の努力が伴うのである。また、メディテーションへの魅力も人間能力の可能性を信頼するという自由近代主義に基づくものである。すなわち、メディテーションという努力をすることによって人間の可能性が高められ、個人の生活も社会も改善していけると考えるのである。

次の人間の理性という特質は、多くの人びとが「科学的な仏教」に惹かれたことに見られる。十九世紀末期では、ポール・ケーラスであり、かれは仏教を「科学の宗教」とまで見た。二十世紀に入ってからは、アインシュタインも仏教のことを、自然とは対立せず、自然を含む「広大無辺の宗教」の一つであると高く評価した。また、この理性を重視する自由近代主義は、「仏教を心理学」としてとらえる傾向を生んだのである。今日、心理学や心理療法は仏教の導入のため、重要な窓口となっているということは前章で述べた通りである。この心理学との類似性は、特に一九六〇年代以降の仏教の伸びに大変大きく貢献している。

第三の特質である顕現性は、前章で述べた「この世・今」という解釈に最も良く反映されている。宗教の証は、主に死後や他界に求めるのではなく、現生に体験し活かしていくものであるととらえられる。この顕現性は、以上言及した社会参加、メディテーション、科学、心理学等を重視する特徴に共通する原動力ともなっているのである。それは、これらの特徴こそ「この世・今」という点を趣旨の重要な要素としているからである。

最後の特質である批判精神（critical spirit）は、第四章で述べた個人化宗教でも見られたように、伝統や組織を軽視したり、権威に対して疑念を抱いたりする傾向を生むのである。この批判精神を重視する人たちは、仏教に惹かれる傾向が強い。それは、仏教こそが批判精神を最も強く伴う宗教であると評価されているからである。

例えば、「経典に書いてあるから、師が言ったからとそのまま信じるな」という『カーラーマ経』等に出る釈尊の有名な警告の言葉が非常によく引用される。チベット系仏教指導者のラマ・スリヤ・ダス（Lama Surya Das）は、アメリカ人としてアメリカ文化に合った仏教を提唱するに当って、批判精神の必要性を強調し、このように述べている。

〔自分のためになる良い〕師や団体や実践（プラクティス）を探す時には、識別力（discernment）と常識（common sense）の両方が必要である。その際、私はよく釈尊のこの言葉を採用している。


ただ誰かから聞いたからと言って、それを信じるな。

何代も受け継がれたからと言って、その伝統を信じるな。

たくさんの人の間で語られ、噂になっているからと言って、それを信じるな。

ただ貴方が所属する宗教の聖典に書いているからと言って、それを信じるな。

ただ貴方の先生や先輩の権威だからと言って、それを信じるな。

しかし、観察（observation）と分析（analysis）を行った上で、道理（reason）に合っていて、全ての者の利益になると貴方が分かったならば、それを信じなさい。[34]

また、禅系統の言葉も魅力的に見えるようである。例えば、公案のような「仏に出会ったならば、仏を殺せ！」等という伝統や権威に拘る事を躊躇させる言葉が好評である。アメリカ仏教でこのような批判精神的な言葉が好まれる傾向について、ノーマン・フィシャー（Norman Fischer）という著名な禅指導者は、仏教雑誌 *Tricycle* にこうコメントしている。

これこそ我々の多くが最も仏教に惹かれる理由の一つであり、また我々の西洋文化の批判的、独立的な考え方によく合っているのである。[35]

二　ダライ・ラマが象徴する良いイメージ

現代アメリカ社会において、仏教は比較的良いイメージがある。私は、このポジティブなイメージには、世界的に知名度が高くアメリカでも非常に尊敬され親しまれているダライ・ラマの役割が大きいと考えている。このダライ・ラマへの高い評価には、ダライ・ラマ自身のイメージも反映されていて、そのイメージには三つの要素があると思われる。それは、一、平和的（peaceful）、二、寛容（tolerant）、および三、近づきやすさ（accessible）である。

ダライ・ラマは、長年の平和的な発言や行動が評価され、一九八九年にノーベル平和賞を受賞し、それによって師の平和的なイメージが強化された。その受賞式では、「仏教では、敵すらも愛し、慈悲の心を持てと教えております。」と発言し、この精神は、自分をチベットから追放した中国に対する行動にも反映されている。ダライ・ラマは、中国に対して常に非暴力の対応と平和的な解決を主張してきた。

実はアメリカでは、仏教が平和的であるというイメージは、ダライ・ラマの人気以前にあった。その理由として、仏教の歴史にはキリスト教の十字軍のような侵略戦争がなく、また、教義の違いに基づく争いもほとんど無かったということは、一般によく挙げられる点である。また、この他にもある。例えば、イエス・キリストは血を流しながら十字架で処刑されたが、釈尊は沙羅樹林で弟子達に看取られて亡くなった。このように、キリスト教の開祖の暴力的と思われる死に方と仏教の開祖の自然な死に方の違いもよく耳にするところである。

つまりダライ・ラマは、仏教が平和的であるという定評を一層高めたのである。それは、二〇〇四年の調査発表では、六三パーセントの回答者が仏教は平和的であると答えたことにも反映されていると言えよう[36]。

次の寛容という性格も、またダライ・ラマのノーベル賞受賞スピーチに表れている。ダライ・ラマは、「信仰の有無にかかわらず、誰でも温かい心と宇宙への責任感を育てることはできる。」と言い切っている。宗教家としてしては、大胆な発言である。なぜならば、「信仰の有無にかかわらず」ということは、宗教に関わっていなくても、宗教を持っている人と同じ心を育てることができると言っているからである。これは、神を信じないことを罪であると見る多くの宗教家とは、明らかに異なった寛容な見方である。

また、多くの宗教家は、自分の宗教に人々が興味を持ち、そして改宗することを求めるのが普通である。しかし、ダライ・ラマは、アメリカでの講演などでは仏教への勧誘は行なわず、それどころか、できる限り自分が生まれた宗教を離れず、そこで自分の理解と信仰を深めることを勧めるのである。ただ、その例外として、本来の宗教で色々な理由で心の傷を受けたその人たちには、仏教に改宗することを認めている。とにかく、ダライ・ラマにとっては、自分の宗教以外の宗教によっても救いは可能であると考えるので、この点でも、多くのアメリカの宗教家とは異なった意見を持っていることになる。

このように、宗教にも、仏教にもこだわらないという寛容な姿勢により、宗教対立などにうんざりしている多くのアメリカ人にとって仏教が新鮮に映るのである。[37] この仏教のイメージは、アメリカには根強くある「仏教は普通の宗教とは違う」という仏教への見解を補足し、伝統的な宗教のあり方を批判する人達には、仏教に好意的になっていく傾向が生まれるのである。

第三の近づきやすいという性格は、「近づきやすい」という言葉では十分説明できず、「非権力的」、「庶民的」、または「思いやりの深い」という意味も含むと考えた方が妥当である。ダライ・ラマは、チベット文化の最高指導者でありながら、非常に近づきやすい存在であることは、庶民的な性格を政治や宗教の指導者に強く求めるアメリカ人に好まれる原因となる。ここで、私の体験を含むダライ・ラマに関するエピソードをいくつか述べることで、近づきやすいという性格を明らかにしよう。

先述のように、アメリカでのダライ・ラマの人気は非常に高く、アメリカ神経科学学会でダライ・ラマを基調講演者として招待したが、一万四千人もの人が講演を聞きに来た。私自身も数年前、ダライ・ラマの講演に行ったことがある。カリフォルニア大学バークレー校で、水曜日という平日の午後四時頃の講演だったが、野外の会場にはなんと一万人余りの学生、教職員、および社会人が集まった。約一時間半にわたる参加仏教についての熱意がこもった講演だった。

私は用事があったため、数分早めに会場を出て歩道を歩いていたら、講演を終えたダライ・ラマのリムジンがゆっくり通りかかった。その時、ダライ・ラマは車の窓を大きく下げて歩道を歩く人々に合掌して挨拶をされていたのである。信じがたい光景であった。一万人もの前で一時間半も講演をされた直後なので大変お疲れだと想像するが、ダライ・ラマは一人ひとり道行く人に合掌していた。私もばったり師と目が合い、それは大変感動的な一瞬だったことを今でも鮮明に覚えている。

日本でも、同じような行動を取られた。数年前の来日の際に、ダライ・ラマはあるテレビ番組で日本の著名な二人の先生方と対談を行った。ダライ・ラマの話の内容も素晴らしかったが、終わった後でダライ・ラマが取った行動が、ある面でもっと魅力的であった。それは、裏方で働いているスタッフの人達に感謝の気持ちを伝えるために、わざわざ挨拶に行かれたことである。私はこの思いやりに満ちた行動には、大いに感動した。

その後、ダライ・ラマは、京都のある学校の講堂で講演された。後の質疑応答の際、ある女子学生が、自分は今いじめに会っているので、どうしたらいいでしょうかと半分泣きながらダライ・ラマ師に質問した。ダライ・ラマは、「おいで、おいで」(Come, come) と言って、その学生をステージに上がらせ、何をしたかと言うと、彼女をハグしながら「大丈夫だよ、大丈夫だよ。」(It's OK. It's OK.) と慰められた。私は、その行動こそ、ダライ・ラマの近づきやすいという性格を象徴していると受け取ったのである。

このように、気さくで思いやりがあり、そして前章で述べたようにユーモアも好まれる性格であるからこそダライ・ラマは、近づきやすい宗教指導者なのである。私は、この近づきやすいという性格は、アメリカ仏教全体の良いイメージに貢献していると思う。それは、特にメディテーションや題目といったプラクティス（行）は初心者でもできるように提供されていて、アメリカ仏教寺院やセンター

■ニューヨークのセントラル公園で
数千人の観衆を前にするダライ・ラマ。
（撮影 Don Farber）

では興味のある人であれば、仏教に入り易いという点にも繋がっているのである。また仏教は、民族や人種の差別を否定し、普遍性を説くので近づきやすい宗教であると感じるアメリカ人は多いと思われる。

最後に述べたこの近づきやすい性格に、平和と寛容の要素が加わることで、ダライ・ラマは非常に魅力的な人物となったのである。そして、ダライ・ラマの性格こそが、アメリカにおける仏教全体のイメージと重なり、一般アメリカ人にとって、仏教が平和的であり、寛容であり、そして近づきやすいと映っているのである。

■ Endnotes

1　これはFaith-based Initiativesというプログラムでブッシュ大統領時代盛んであったが、現在でも継続されている。

2　これを専門家は、civil religion（市民宗教）と呼んで、宗教と政治の繋がりがアメリカでは強いということを指摘している。注1のFaith-based Initiativesもその一例である。

3　Barry A. Kosmin and Ariela Keysar, *American Religious Identification Survey (ARIS)*,p. 8.

4　Wuthnow and Cadge, "Buddhists and Buddhism in the United States," p. 370. 二〇〇二年九月と二〇〇三年三月に調査が施行された。

5　同上。

6　福音派は、主流派（Mainline）を二九パーセントと一三パーセントで追い抜き、現在では最大のプロテスタントのグループとなっている。また、二四パーセントのカトリック教徒よりも多い。

7　この傾向は、特に旧および新アジア系仏教徒の寺院で強いが、最近は、改宗者仏教徒のグループでも増えている。

8　カリフォルニア州ユニオン・シティ市にある浄土真宗本願寺派所属の南アラメダ郡佛教会(Southern Alameda County Buddhist Church)。

9　Berger, *Sacred Canopy*, pp. 134–137.

10　The Immigration and Nationality Act of 1965.

11　Wade Clark Roof, "Religious Kaleidoscope: American Religion in the 1990s," *Temenos* 32 (1996): 183–193. ここでは、この論文のネット版を使用した。http://web.abo.fi/comprel/temenos/temeno32/roof.htm

12　例えば、Robert D. Putnam, *Bowling Alone: The Collapse and Revival of American Community*, New York: Simon and Schuster, 2000, pp. 70–72.

13　普通 volunteerism は「ボランティア活動」等と訳されるが、ここでの意味は「選択」に近い。

14　Wade Clark Roof, "Religious Kaleidoscope: American Religion in the 1990s," pp. 184–86.

15　ヒスパニックの数は、二〇〇八年に行われた調査による。Kosmin and Keysar, *American Religious Identification Survey*, p. 14.

16　一九五〇年代の人口の数字は、上のルッフ教授の論文により、二〇〇七年の数字は Pew Forum on Religion and Public Life. http://religions.pewforum.org/maps　に基づく。ユダヤ教の三・五パーセントというのは、教授が言う三〜四パーセントの数字に基づく。

17　前注（16）と同じ。

18　同。

19　Roof, "Religious Kaleidoscope: American Religion in the 1990s," p. 187.

20　同書に、下記の書物から引用している。Robert Bellah, *Habits of the Heart* (University of California Press, 1985), p. 221.

21　Roof, "Religious Kaleidoscope: American Religion in the 1990s," pp. 188–190.

22　Harvey Cox, *Turning East: The Promise and the Peril of New Orientalism*, Simon & Shuster, 1977, p.192. 本の副題は、「新オリエンタリズムの期待と危難」という意味を持つ。

23　*Ibid*., p.95

24 このインタビューは、二〇〇七年十月に東京で行われた。名字は、個人情報のため伏せることにする。
25 Cox, *Turning East*, pp. 96–97.
26 *Time*, Nov.13,1997,p. 81.
27 Cox, *Turning East*, p. 98.
28 これは、一九九〇年代の前半バークレー市辺りで行われた講演で聞いた私の記憶に基づくものである。
29 Cox *Turning East*, p. 99.
30 *Ibid.*,
31 *Ibid.*, p.100.
32 Robert Bellah, "The New Consciousness and the Crisis in Modernity," in Charles Y. Glock and Robert N. Bellah, eds. *The New Religious Consciousness*, Berkeley: University of California Press, 1976, p. 341.
33 Martin J. Verhoeven, "Americanizing the Buddha: Paul Carus and the Transformation of Asian Thought," in Prebish and Tanaka, eds. *The Faces of Buddhism in America*, p.323, note #7.
34 Lama Surya Das, *Awakening the Buddha Within*, Broadway Books, 1998, p. 388
35 Norman Fischer, "Revealing a World of Bliss," *Tricycle: The Buddhist Review* Vol. XVI No.2 (Winter, 2006), p. 71.
36 Robert Wuthnow and Wendy Cadge, "Buddhists and Buddhism in the United States: The Scope of Influence," *Journal for the Scientific Study of Religion* 43:3 (2004): 365.
37 同調査によれば、五三パーセントの回答者が仏教は寛容であると答えた。

結び

仏教も変わる、アメリカも変わる

■ロサンゼルス仏教連合会の共同儀式に集まる諸宗派の僧侶
(撮影 Don Farber)

キリスト教会でのできごと

まず、アメリカ社会における仏教の現状を象徴する、非常に興味深いできごとから始めることにしよう[1]。

コロラド州に住むジョン・ウェーバー（John Weber）は、数年前、十九才の時に仏教に改宗し、その後、同州のナローパ大学の宗教学専攻を卒業した。ナローパ大学は、第一章で述べたチベット仏教系の大学である。

ジョンが仏教徒になった当時、プロテスタントの一派であるメソジスト宗派（Methodist）に所属する両親にとっては、これは決して喜ばしいことではなかった。しかし、最近になって以前では考えられなかったような出来事が起きたのである。

それは、彼の両親が、息子のジョンに、自分たちのメソジスト教会で仏教の話をしてほしいと、招待したのである。それも一回ではなく、数回招待したというのである。ジョンは、メソジスト教会で仏教のことを話すというようなことは、昔だったらありえないことだと、驚嘆し、その上、当時は、両親にとって、自分が仏教徒となったことは、恥ずかしいことだったと、告白している。

このようなことが可能となったのは、最近になって、キリスト教会でスピリチュアルな面が盛んに求められるようになってきたからである。このようにスピリチュアルな面を強く求める人びとが増えているが、実は、彼らの多くはキリスト教には道徳と教義・ドグマしかないと思っているようなのである。歴史的には、キリスト教にもスピリチュアルな面は存在し、特に古代には旺盛であったのだが、近代に入って弱まったと見ることができる。この傾向は、特にジョンの両親のメソジスト宗派が所属する主流プロテスタント教会の間に著しく現れている。

そういう流れの中で、ジョンの両親のメソジスト教会が、過去に盛んだったスピリチュアルの面を取り戻そうとする際に、仏教の教えがその空白を埋めてくれるのではと期待したのである。このように、彼らの欠乏している面を仏教に求めてきたということこそが、仏教がそれほどアメリカ社会に浸透し、認められてきたということを証明していると言えよう。このことこそ、ジョンの反応にも見られたように、実に驚くべき変化なのである。

副題の「仏教も変わる」

変化は、仏教自体にも及んでいる。アメリカ仏教の伸びは、約二千五百年の仏教伝播史の視点からも三つの変化がうかがわれる。

第一に、過去の伝播において、仏教は東洋から西洋への「壁」を乗り越えられなかった。仏教が、古代ヨーロッパへ伝えられた痕跡はあるにしても、それは微々たるものであり、現代まで継続しているものは皆無である。[2] その反面、仏教は東へと進み「東洋」全体の代表的な宗教となった。しかし、現在のアメリカ仏教において、仏教の西洋への本格的な進出がようやく実現しつつあるのである。

第二に、過去の仏教伝播は、基本的に「中心」文化から「周辺」文化へと、水の波紋のように弘まった。それは、中国から韓国、日本、ベトナムへ、あるいはインドからチベットや東南アジアへと伝わったことに見られる。また中国でも、本格的に仏教を取り入れ始めた三〜六世紀は、漢王朝が滅びた後、南北に分裂した時代であった。例えば、北魏（三八六〜五三五年）のような漢民族でない王朝は、仏教を自分たちよりも高い文明を象徴する宗教として積極的に取り入れたのである。しかし、アメリカへの仏教の伝播の仕方は、中心文化から周辺文化へという以前のパターンとは異なっている。それは、アメリカは、現時点では種々な面で世界の中心国であるからである。従って、仏教はその歴史において初めて、周辺文化から中心文化へと伝播し発展を遂げたと、見ることができるのである。

第三に、過去の伝播において、仏教の魅力は必ずしも「悟り」という仏教の「本質」にあったのではなく、受け入れた側の「国造り」のために必要とされた仏教に伴う技術や文化という「余分」の面にあった。これは、日本の場合も、八世紀の東大寺や国分寺の建立が行政に貢献したことでも明らかである。しかし、今日のアメリカ仏教の発展では、主に求められているのは仏教の「本質」の面、すなわち、悟りを目的とする教えと修行法である。そして、仏教を輸入するのは、過去のように為政者たちではなく、仏教に惹かれる一般の人々なのである。

もちろん、アメリカ仏教に関する特徴は、異なる時代に基づく宗教の質的相違点によるものもある。専門家たちの中では、「古代」（釈尊〜紀元前三世紀）「伝統」（紀元前三世紀〜十九世紀末）と「近代・現代」（十九世紀末〜）という時代の区別がなされ、近代・現代には、古代や伝統の時代には顕著に見られなかったいくつかの特徴が現れたという意見がある。それは、一、仏教の宇宙観の否定、二、理性的な解釈、三、聖典の重要性の再確認、四、瞑想の重要性の再確認、五、普遍性の重視、六、社会の改革への貢献、という六つである。[3]

これらの特徴、特に第二、第四、および第六に関しては、現在のアメリカ仏教に実に顕著に現れている。理性的な解釈は、本書で考察してきたように、科学との接点や心理学との協力という面に現れている。また、瞑想の重要視は、多くの改宗者がメディテーションの魅力に惹かれて仏教に興味を持ったことに見られる。そして、社会の改革への貢献という特徴は、第四章で考察した参画仏教（エンゲージド・ブディズム）の面に現れている。

仏教は、よくその伝播において各地域の現状に適用して発展してきたと言われるが、アメリカ進出において仏教は未曾有の境地に入ったと言えるであろう。「西洋」と「近代」という二つの領域に同時に突進し、仏教の伝達の歴史という視点からは非常に興味深い展開となっていると言わざるを得ない。

副題の「アメリカも変わる」

仏教は、変化をアメリカ社会にも及ぼしている。アメリカ仏教にはいくつかの懸念材料があることは否定できないが、今後の仏教の伸びは今世紀半ばへ向かっても継続すると思われる。[4] その際、仏教が爆発的に伸び、キリスト教より上位にくるようなことはないであろうが、本書で描いた仏教の勢いが弱まる可能性は低いと考えられる。

当面、仏教の伸びと社会への影響は高まり、近い将来には人口の二パーセントであるユダヤ教徒の数を超すということも考えられる。[5] そうなると、人数の面からはキリスト教徒との間には圧倒的な差はあるものの、仏教がアメリカの第二の宗教の座に就くことになる。また、仏教への改宗者や同調者の間には、経済的に裕福で教育レベルの高い人びとが比較的多いこともあり、彼らがアメリカ社会に人数の割合以上により大きな影響力を持ち続けることになるであろう。

そうなると、アメリカが「ユダヤ・キリスト教文明」(Judeo-Christian civilization) の社会であるというような見方は適切ではなくなるであろう。少なくとも、「アメリカはキリスト教の国である」("America is a Christian country") と、以前よく耳にした発言は、安易に言えなくなるはずである。そしてこの変化は、仏教やイスラム教の伸びに加えて、宗教の無所属層が全人口の一六パーセントに達したことで、さらに、アメリカの宗教多元化社会への移行を促すことになるのである。

この多元化とは、上記のジョンの両親のキリスト教会が象徴している。このように仏教を学ぶキリスト教徒が増えるのであれば、アメリカ仏教の存在感は、一層高まることになる。そして、この本で述べた三種類の仏教人口(仏教徒、同調者、影響された)に、「キリスト教会内の仏教探求者」とでも名付けられる第四種のグループを加えることも可能になるかもしれない。

もちろん、キリスト教宗派の多くはそんなに寛容ではない。他宗教には排他的である保守的なキリスト教の勢力が非常に強いということは否定できない。しかし、ジョン・ウェーバー氏の両親のような教会が現れてきたということは注目すべきことなのである。これこそ、本書の副題である「アメリカも変わる」を象徴するできごとなのである。

とにかく、この変化に関して言えることは、序章でも述べたことだが、私の中学と高校時代の一九六〇年代前半頃考えられていた「おへそを眺めながら瞑想するアジアのカルト」という程度の仏教と、今日の仏教とはかけ離れたものとなったのである。だからこそ、アメリカ宗教研究の専門家であるハーバード大学のダイアナ・エック(Diana Eck)教授は、既に、一九九三年にこのように断言しているのである。

Today, Buddhism is an American religion.(今日、仏教はアメリカの宗教である。[6])

■ Endnotes

1 コロラド州の『ザ・デンバー・ポスト』(The Denver Post) の二〇〇九年八月九日付けのエレクトラ・ドレーパー (Electra Draper) による「教会と関係を強める仏教」(Buddhism Strengthens Ties to Church) という記事に基づく。

2 例外としては、中世のキリスト教会では Baarlam と Josaphat (バーラム、ジョーサファット) という二人の聖徒 (saint) が認められていた。このジョーサファットは、釈尊の伝説に基づき、Bodhisattva (菩薩) の意味であり、その由来に関して種々な説があるが、ペルシャ語やアラブ語などを通じてキリスト教文化に伝わった。しかし、それが本来仏教の開祖の伝説に基づくものであるということはヨーロッパでは知られていなかった。中世のヨーロッパでは盛んであり文学等にも影響を与えたが、それ以降一般には知られていない。

3 Martin Baumann, "Protective Amulets and Awareness Techniques, or How to Make Sense of Buddhism in the West." In Prebish and Queen, eds., *Westward Dharma: Buddhism beyond Asia*, p. 55.

4 仏教の伸びを抑える懸念材料として、一、仏教の人気に対する保守キリスト教からの抑圧策、二、仏教の象徴的存在であるダライ・ラマ (一九三五年生まれ) の近い内訪れる引退、三、同じレベルの優秀なアメリカ人仏教指導者がたち養成されるかどうかという点などが挙げられる。これらの他には、仏教徒の不祥事によって仏教への不信感が高まるということも考えられる。実は、一九八〇年代、特にメディテーションを中心とする第三種のグループのいくつかのセンターでは、指導者と弟子たちとの間の性的不祥事が相次いだ。例えば、サンフランシスコ禅センターの最高指導者であったベーカー老師は辞任に追い込まれた。その後、センターは反省のもとに、新しい倫理規定や組織改革を実施し、その辛い時代を乗り越えてきたが、当時の不祥事で仏教を離れていった元メンバーは少くないと聞いている。

5 その理由としては、ユダヤ教は民族的な要素が強く、また歴史的に伝道を積極的に行わないことが挙げられる。

6 ビデオ、"Becoming the Buddha in L.A." (WGBH Educational Foundation, 1993)

あとがき

本書で述べたアメリカ仏教と日本仏教の過去の繋がりの密接さと、最近のアメリカ仏教の発展の目覚ましさは、日本の読者の興味と関心を喚起したことと期待している。なぜなら、本書のアメリカ仏教というテーマは、日本人が、日本仏教の将来を考えていくための参考にもなると思われるからである。もっとも、両国における宗教の立場や役割も異なり、わずか百五十年の歴史しかないアメリカ仏教が千五百年の歴史を持つ日本仏教に対して、新たに示唆するものはないかもしれない。私自身、そのように考える時もある。

しかし、特に仏教を新しい視点から考えたり、日本仏教の改善や改革を目指したりする人々にとっては、上記の近代的要素をしっかりと含むアメリカ仏教は、貴重な参考となるのではあるまいか。また日本では、「アメリカで起こる社会現象は十年、二十年後に日本でも起こる」とよく言われるが、宗教現象としての仏教についても例外ではないと思われる。

そして、今後日本仏教とアメリカ仏教の対話がいっそう促進され、両者の対話がグローバルな視野での仏教理解を深めることに貢献することを願っている。

この研究を完成するには、武蔵野大学による精神的・資金的支援は不可欠であった。十一年前、私を前田専學先生（当時、副学長）及び田中教照先生（現在、学院長）がアメリカから当時の武蔵野女子大学（現・武蔵野大学）へ招いてくださった。両先生はじめ武蔵野大学の皆様には、心から感謝の意を述べたい。また、本書の出版にあたり、サンフランシスコに在住している私の母セツコ・タナカ、東洋大学教授渡辺章悟先生、私の武蔵野大学の大学院授業と生涯学習講座の受講生の皆さん（特に小髙利之氏）、及び武蔵野大学出版会の芦田頼子さんには、非常にお世話になった。特に芦田氏には、本書が私としては初めて日本語で書く本であったため、大変な苦労をおかけした。心よりお礼を申し上げたい。

二〇一〇年　春

ケネス・タナカ

禅文化研究所編集部編集『禅僧留学事始』禅文化研究所、1990年
多田稔『仏教東漸－太平洋を渡った仏教』禅文化研究所、1990年
田中ケネス「インサイトメディテーション－現代社会に適するアメリカ仏教の一派」、『宗教研究』333号（2002年9月)、287～314頁。
タナカ，ケネス著、島津恵正訳『真宗入門』法蔵館、2003年
田中公明「現代欧米のチベット仏教」、『東洋学術研究』第40巻第1号、2003年5月、194～209頁。
長尾佳代子「芥川龍之介『蜘蛛の糸』原作の主題－ポール・ケーラスが『カルマ』で言おうとしたこと－」、『仏教文学』第27号、平成15年3月
ヌームリック，P. 著、阿部貴子訳『アメリカ仏教徒、ヒンドゥー教徒、シーク教徒』、世界の宗教教科書プロジェクト『世界の宗教教科書』大正大学出版会、2008年
ハモンド，フィリップ、デヴィッド・マハチェク著、栗原淑江訳『アメリカの創価学会－適応と転換をめぐる社会学的考察』紀伊国屋書店、2000年
バスカーリア，レオ著、みらいなな訳『葉っぱのフレディ－いのちの旅』童話屋、1998年
バチェラー，スティーブン著、藤田 一照訳『ダルマの実践―現代人のための目覚めと自由 (世界からの仏教―アメリカ篇) 』四季社、2002年
フロム，エーリヒ、鈴木大拙、リチャード・デ・マーティノ著、佐藤幸治・豊村左知訳「精神分析と禅仏教」、『禅と精神分析』東京創元社、1960年
前田專學「来日前のラフカディオ・ハーンと仏教」、『瓜生津隆真博士退職記念論文集』永田文昌堂、2003年、1～15頁
ムコパディヤーヤ，ランジャナ『日本の社会参加仏教－法音寺と立正佼正会の社会活動と社会倫理』東信堂。2005年
守屋友江『アメリカ仏教の誕生－二〇世紀初頭における日系宗教の文化変容』(阪南大学叢書 (64))、現代史料出版、2001年
ヤマオカ，セイゲン著、粕川寿裕訳『アメリカへの真宗伝道－宗教教育の新しいかたち－』永田文昌堂、2005年
山口静一「『蜘蛛の糸』とその財源に関する覚書き」、『成城文芸』32号、1963年
ヨハネ・パウロ2世著、曾野綾子、三浦朱門訳『希望の扉を開く』同朋舎出版、1996年
渡辺章悟「寺田福寿と仏青運動」、『共生思想研究年報2007』東洋大学共生思想研究センター、2007年、63～79頁

Findings in Recent Scholarship. Curzon Press, 1999.
Williams, Duncan Ryūken and Tomoe Moriya,eds. *Issei Buddhism in the Americas*. University of Illinois Press, 2010.
Wuthnow, Robert and Wendy Cadge, "Buddhists and Buddhism in the United States: The Scope of Influence," *Journal for the Scientific Study of Religion* 43:3 (2004):363-380.
Yamaoka, Seigen. Jodo Shinshu Religious Education Studies: A Study into the Meaning of Transmission (Dendo) in the West.
ヤマオカ・セイゲン著、粕川壽裕訳『アメリカへの真宗伝道－宗教教育の新しいかたち－』永田文昌堂、2005年

■日本語

安藤治『心理療法としての仏教－禅･瞑想･仏教への心理学的アプローチ』法蔵館､2003年
アルボム，ミッチ著、別宮貞徳訳『モーリー先生との火曜日』、日本放送協会出版、1998年
岩本明美「ユダヤ人とアメリカ仏教－仏法を愛するユダヤの民」、『京都産業大学論集・人文科学系列』41号、2010年3月。http://ci.nii.ac.jp/naid/110007523048
エック，ダイアナ著、池田智訳『宗教に分裂するアメリカ－キリスト教国家から多宗教共生国家へ』明石書店、2005年
エプスタイン,マーク著､井上ウィマラ訳『ブッダのサイコセラピー－心理療法と"空"の出会い』春秋社、2009年
五木寛之『21世紀　仏教への旅　日本・アメリカ編』講談社、2007年
カプラ，フリッチョフ著、吉福伸逸等訳『タオ自然学－現代物理学の先端から「東洋の世紀」がはじまる』工作舎、1979年
カールソン，リチャード著、小沢瑞穂訳『小さいことにくよくよするな！－しょせん、すべては小さなこと』サンマーク出版、1998年
川添泰信、那須英勝編集、松本・デービッド監修『犀の角－世界に拓く真宗伝道－』永田文昌堂、2005年
佐藤哲朗『大アジア思想活劇－仏教が結んだ、もうひとつの近代史』サンガ、2006年
島薗進『スピリチュアリティの興隆―新霊性文化とその周辺』、岩波書店、2007年

Shuh, Sharon A. *Being Buddhist in a Christian World: Gender and Community in a Korean American Temple*. University of Washington Press, 2004.

Smith, T.W., "Religious Diversity in America: The emergence of Muslims, Buddhists, Hindus, and others," *Journal for the Scientific Study of Religion* 41:3 (2002): 577-585.

Smith-Hefner, N., *Khmer American: Identity and Moral Education in a Diasporic Commmunity.* University of California Press, 1999.

Tanahashi, Kazuaki and Roko Sherry Chayat. *The Endless Vow: The Zen Path of Soen Nakagawa*. Shambhala, 1996.

Tanaka, Kenneth K. *Ocean: An Introduction to Jodo Shinshu Buddhism in America.* Wisdom Ocean Publications, 1997.
ケネス・タナカ著、島津恵正訳『真宗入門』法蔵館、2003 年

Tucker, Mary Evelyn and Duncan Ryūken Williams, eds., *Buddhism and Ecology: The Interconnection of Dharma and Deeds.* Harvard University Center for the Study of World Religions, 1997.

Tweed, Thomas A. *The American Encounter with Buddhism 1844 – 1912: Victorian Culture and the Limits of Dissent.* Indiana University Press, 1992.

________________. "Nightstand Buddhists and Other Creatures: Sympathizers, Adherents, and the Study of Religion." In Duncan Williams and Christopher Queen, eds. *American Buddhism.* Curzon Press, 1999.

Tweed, Thomas and Stephen Prothero, eds., *Asian Religions in America: A Documentary History.* Oxford University Press, 1999.

Van Esterik, P. *Taking Refuge: Lao Buddhism in America.* Arizona State University, 1992.

Verhoeven, Martin J. "Americanizing the Buddha: Paul Carus and the Transformation of Asian Thought." In Charles Prebish and Kenneth Tanaka, eds. *The Faces of Buddhism in America.* The University of California Press, 1998.

Wallace, Alan B. "Overlapping Worlds," *Tricycle: The Buddhist Review* vol. 12, no. 3 (Spring 2003).

Welwood, John. "The Psychology of Awakening" *Tricycle: The Buddhist Review.* vol.9, no. 3 (Spring, 2000).

Williams, Duncan and Christopher Queen. *American Buddhism: Methods and*

Nattier, Jan. "Visible and Invisible: The Politics of Representation in Buddhist America," *Tricycle: the Buddhist Review* vol. 5, no. 1 (fall 1995): 42-47.
Numrich, Paul. *Old Wisdom in the New World: Americanization in Two Immigrant Theravada Buddist Temples.* University of Tennessee Press, 1996.
P・ヌームリック著、阿部貴子訳『アメリカ仏教徒、ヒンドゥー教徒、シーク教徒』、世界の宗教教科書プロジェクト『世界の宗教教科書』大正大学出版会、2008 年
Pietz, Wendell. "Anonymous Was a Woman—Again," *Tricyle: the Buddhist Review* vol 3, no. 1 (Fall, 1993).
Pew Forum on Religion and Public Life. http://religions.pewforum.org/maps.
Pope John Paul II. *Crossing the Threshold of Hope.* Alfred A. Knopf, 1994.
ヨハネ・パウロ２世著、曾野綾子、三浦朱門訳『希望の扉を開く』同朋舎出版、1996 年
Prebish, Charles S. *American Buddhism,* Duxbury Press, 1979.
________________. "The Academic Study of Buddhism in America: A Silent Sangha," 183-214. In William Duncan and Christopher Queen, eds. *American Buddhism: Methods and Findings in Recent Scholarship.* Curzon Press, 1999.
Prebish, Charles S. and Kenneth K. Tanaka, eds., *The Faces of Buddhism in America.* University of California Press, 1998.
Prebish, Charles S. and Martin Baumann, eds.,*Westward Dharma: Buddhism Beyond Asia.* Univ. of California Press, 2002.
Prothero, Stephen. *The White Buddhist: The Asian Odyssey of Henry Steel Olcott.* Indiana University Press, 1996.
Putnam, Robert D. *Bowling Alone: The Collapse and Revival of American Community* (New York: Simon and Schuster, 2000),
Roof, Wade Clark. "Religious Kaleidoscope: American Religion in the 1990s," *Temenos XXXII* (1996): 183-193.
Rothberg, Ronald. "Responding to the Cries of the World: Socially Engaged Buddhism in North America." In Charles Prebish and Kenneth Tanaka, eds. *The Faces of Buddhism in America.* The University of California Press, 1998.
Seager, Richard Hughes. *Buddhism in America.* Columbia University Press, 1999.
____________________. *Encountering the Dharma: Daisaku Ikeda, Soka Gakkai, and the Globalization of Buddhist Humanism.* The University of California, 2006.

______.“The Treasures of the Theravada: Recovering the Riches of Our Tradition,” *The Inquiring Mind.* Vol. 12, No. 1(Fall 1995).

Hammond, Phillip and David Machacek. *Soka Gakkai in America: Accomodation and Conversion.* Oxford University Press, 1999.

フィリップ・ハモンド、デヴィッド・マハチェク著、栗原淑江訳『アメリカの創価学会－適応と転換をめぐる社会学的考察』紀伊国屋書店、2000 年

Hanson, J.W. ed. *The World's Congress of Religions: The addresses and papers delivered before the Parliament,* Vol.1 & 2. W.B.Conkey Company, 1893. Reprint. Tokyo: Edition Synapse, 2006.

Hurst, Jane. *Nichren Shoshu Buddhism and the Soka Gakkai in America: The Ethos of a New Religious Movement.* Garland. 1992.

______. “Nichiren Shōshū and Soka Gakkai.” In Charles Prebish and Kenneth Tanaka, eds., *The Faces of Buddhism in America.* The Univ. of California Press, 1998.

Kamenetz, Rodger. *The Jew in the Lotus: A Poet's Rediscovery of Jewish Identity in Buddhist India.* Harper, San Francisco, 1994.

Kashima, Tetsuden. *Buddhism in America: The Social Organization of an Ethnic Religious Institution.* Greeenwood Press, 1977.

Kerouac, Jack. *The Dharma Bums.* Heartcout Brace and Company, 1958.

Kosmin, Barry A. and Keysar, Ariela. *American Religious Identification Survey* (ARIS). Trinity College, 2008.
http://www.americanreligionsurvey-aris.org/reports/ARIS_Report_2008.pdf

Kraft, Kenneth, ed., *Inner Peace, World Peace: Essays on Buddhism and Non-Violence.* State Univ. of New York Press, 1992.

McMahan, David, *The Making of Buddhist Modernism.* Oxford University Press, 2008.

Macy, Joanna. *Mutual Causality in Buddhism and General Systems Theory: The Dharma of Natural Systems.* State Univ. of New York Press, 1991.

Matsuura, Shinobu. *Higan: Compassionate Vow, Selected Writings of Shinobu Matsuura.* Matsuura Family, 1986.

Morgan, Diane. *The Buddhist Experience in America.* Greenwood Pub Group, 2004.

Morreale, Don, ed. *The Complete Guide to Buddhist America.* Shambhala, 1998.

America. University of Chicago Press, 2004.

Capra, Fritjof. *The Tao of Physics: An Exploration of the Parallels between Modern Physics and Eastern Mysticism.* Reprint. Shambhala, 1975 and 1991.

フリッチョフ・カプラ著、吉福伸逸等訳『タオ自然学―現代物理学の先端から「東洋の世紀」がはじまる』工作舎、1979 年

Carlson, Richard.*Don't Sweat the Small Stuff...and it's all small stuff: Simple Ways to Keep the Little Things From Taking Over Your Life*. Hyperion, 1997.

リチャード・カールソン著、小沢瑞穂訳『小さいことにくよくよするな！―しょせん、すべては小さなこと』サンマーク出版、1998 年

Chen, C., *Getting Saved in America: Taiwanese Immigration and Religious Experience.* Princeton University Press, 2004.

Coleman, James. *The New Buddhism: The Western Transformation of an Ancient Tradition.* Oxford University Press, 2004.

Cox, Harvey. *Turning East: The Promise and the Peril of New Orientalism.* Simon & Schuster, 1977.

Das, Lama Surya. *Awakening the Buddha Within.* Broadway Books, 1998.

Eck, Diana. *A New Religious America: How A "Christen Country" Has Become the World's Most Religiously Diverse Nation.* Harper, San Francisco, 2001.

ダイアナ・L・エック著、池田智訳『宗教に分裂するアメリカ―キリスト教国家から多宗教共生国家へ』明石書店、2005 年

Epstein, Mark. *Thoughts without a Thinker: Psychotherapy from a Buddhist Perspective.* Basic Books, 1995.

マーク・エプスタイン著、井上ウィマラ訳『ブッダのサイコセラピー―心理療法と"空"の出会い』春秋社、2009 年

Fields, Rick. *How the Swans Came to the Lake: A Narrative History of Buddhism in America.* Shambhala, 1981.

Fromm, Erich, D.T. Suzuki and Richard de Martino. *Zen Buddhism and Psychoanalysis.* Harper & Bros., 1960.

エーリヒ・フロム、鈴木大拙、リチャード・デ・マーティノ著、佐藤幸治・豊村左知訳「精神分析と禅仏教」、『禅と精神分析』東京創元社、1960 年

Fronsdal, Gil. "Insight Meditation in the United States: Life, Liberty, and the Pursuit of Happiness." In Charles Prebish and Kenneth Tanaka, eds., *The Faces of Buddhism in America.* The Univ. of California Press, 1998.

参考文献

■英語（及び日本語訳）

Albom, Mitch. *Tuesdays with Morrie: an old man, a young man, and life's greatest lesson.* Doubleday, 1997.
ミッチ・アルボム著、別宮貞徳訳『モーリー先生との火曜日』、日本放送協会出版、1998 年。

Baumann, Martin. "The Dharma Has Come West: A Survey of Recent Studies and Sources," *Journal of Buddhist Ethics* 4 (1997):1-5.

________________. "Protective Amulets and Awareness Techniques, or How to Make Sense of Buddhism in the West." In Charles Prebish and Martin Baumann, eds., *Westward Dharma: Buddhism Beyond Asia.* Univ. of California Press, 2002.

Batchelor, Stephen. *Buddhism Without Beliefs: A Contemporary Guide to Awakening*. Riverhead Books, 1997.
スティーブン・バチェラー著、藤田 一照訳『ダルマの実践―現代人のための目覚めと自由への指針（世界からの仏教―アメリカ篇）』四季社、2002 年

Berger, Peter. *Sacred Canopy*, Doubleday, 1966, pp.134-137.

Bhushan, Nalini, Jay L. Garfield, and Abraham Zablocki, eds. *TransBuddhism: Transmission, Translation, Transformation*. University of Massachusetts Press, 2009.

Buscaglia, Leonardo. *The Fall of Freddie the Leaf: A Story of Life for All Ages*. Slack Incorporated, 1982.
レオ・バスカーリア著、みらいなな訳『葉っぱのフレディ―いのちの旅』童話屋、1998 年

Cadge, Wendy. *Heartwood: The First Generation Practices Theravada Buddhism in*

■ろ

■す

■せ

■そ

■た

■ち

■さ

■し

索引 ■人名・事項／テーマ・課題

■あ

■い

■う

■え

ケネス・タナカ (Kenneth Tanaka)

1947年山口県生まれ。

日系二世の両親を持ち、カリフォルニア州サンフランシスコ付近で育つ。国籍アメリカ。

スタンフォード大学（文化人類学、学士）。Institute of Buddhist Studies、（仏教学、修士）。東京大学（印度哲学、修士）。カリフォルニア大学、バークレー校（仏教学、哲学博士.）。

Institute of Buddhist Studies（Berkeley、California）准教授及びカリフォルニア州南アラメダ仏教会駐在開教使を経て、1998年より武蔵野大学教授、現在に至る。

元・龍谷大学及び東京大学非常勤講師

元・国際仏教キリスト教神学対話会評議員

元・北カリフォルニア仏教連合会会長

国際真宗学会会長

武蔵野大学仏教文化研究所所長

日本仏教心理学会、創立者の一人・事務局長

■主な著書

- *The Dawn of Chinese Pure Land Buddhist Doctrine: Ching-ying Hui-yuan's Commentary to the Visualization Sutra*（中国浄土教の暁─浄影寺慧遠の『観無量寿教義疏』）（ニューヨーク大学出版、1990年）
- *Ocean: An Introduction to Jodo Shinshu Buddhism in America*（オーシャン─アメリカにおける浄土真宗入門）（Wisdom Ocean出版、1997年）。
- *The Faces of Buddhism in America*（共編）（アメリカにおける仏教の顔々）（カリフォルニア大学出版、1998年）
- 『真宗入門』島津恵正訳。法蔵館、2003年（日本語）
- *Pure Land Buddhism: Historical Development and Contemporary Manifestation*（浄土教－歴史的発展と現状）（インド国ダーマラム大学出版、2004年）

■連絡先

個人ホームページ（HP）：http://kenneth-tanaka.life.coocan.jp/index_j.html

アメリカ仏教《ぶっきょう》——仏教《ぶつきょう》も変《か》わる、アメリカも変《か》わる

発行日——————2010年5月20日　初版第1刷
2018年7月20日　　第4刷

著者——————ケネス・タナカ

発行——————武蔵野大学出版会
〒202-8585 東京都西東京市新町 1-1-20
武蔵野大学構内
Tel. 042-468-3003 Fax. 042-468-3004

印刷 ——————株式会社ルナテック

装丁・本文デザイン———田中眞一

ISBN 978-4-903281-15-5 C1015

武蔵野大学出版会ホームページ
http://mubs.jp/syuppan/